Sven Gábor Jánszky | Stefan A. Jenzowsky

Rulebreaker

Dieses Buch stellt faszinierende Menschen vor. Es ist eine Anleitung zum Besser-Machen, zum Grenz-Überschreiten und zum Welt-Verändern! Rulebreaker gestalten unsere Welt neu. Auch sie stoßen auf Probleme, scheitern, verzweifeln, aber: Sie stehen wieder auf und machen weiter.

Lassen Sie sich entführen und anstecken von diesen realen Geschichten, die vor Lebensfreude und Lust auf Veränderung sprühen und uns zeigen, dass wahrer Erfolg im Kopf beginnt.

Als „Chefstratege" leitet **Sven Gábor Jánszky** eine der innovativsten Denkfabriken Deutschlands, den 2b AHEAD Think-Tank. Bereits seit zehn Jahren entwirft er gemeinsam mit 300 Innovations-Chefs verschiedener Branchen jene Geschäftsmodelle, die unsere Zukunft prägen. An seinen Trendanalysen richten Unternehmen ihre Produktentwicklungen aus. Für Kunden die radikal neue Märkte erobern wollen, hat er Deutschlands erste Rulebreaker-Agentur gegründet. Hier trainiert er Manager im strategischen Denken und berät seine Kunden, jene Regelbrüche zu entwickeln, die zu echten Gamechangern werden können.

Mit Rulebreakern hat **Stefan A. Jenzowsky** schon seit langem zu tun: Als Vice President für Strategie und Business-Innovation bei Siemens Communications war er für das Aufspüren und Ausprobieren neuer, innovativer Geschäftskonzepte weltweit zuständig. Oder als Partner bei einer Unternehmensberatung für Marketing und Innovation, wo er Unternehmen dazu beraten hat, wie man Rulebreakern auch in großen Unternehmen soviel Freiraum einräumen kann, dass sie Neues schaffen: neue Produkte und neue Geschäfte. Heute leitet er als Geschäftsführer ein Unternehmen für Fernseh-Dienstleistungen und arbeitet am intelligenten und personalisierten Fernsehen der Zukunft.

Sven Gábor Jánszky | Stefan A. Jenzowsky

RULEBREAKER

Wie Menschen denken, deren Ideen die Welt verändern

GOLDEGG
VERLAG

Der Verlag und seine Autoren sind für Reaktionen, Hinweise oder Meinungen dankbar. Bitte wenden Sie sich diesbezüglich an verlag@goldegg-verlag.com.

Der Goldegg Verlag achtet bei seinen Büchern und Magazinen auf nachhaltiges Produzieren. Goldegg Bücher sind umweltfreundlich produziert und orientieren sich in Materialien, Herstellungsorten, Arbeitsbedingungen und Produktionsformen an den Bedürfnissen von Gesellschaft und Umwelt.

FSC www.fsc.org
MIX
Papier aus verantwortungsvollen Quellen
FSC® C083411

ISBN: 978-3-902903-68-6

ISBN Hardcover: 978-3-902729-09-5
ISBN E-Book: 978-3-902729-10-1

Friedrichstraße 191 • D-10117 Berlin
Telefon: +49 800 505 43 76-0

Goldegg Verlag GmbH, Österreich
Mommsengasse 4/2 • A-1040 Wien
Telefon: +43 1 505 43 76-0

E-Mail: office@goldegg-verlag.com
www.goldegg-verlag.com

Layout, Satz und Herstellung: Goldegg Verlag GmbH, Wien
Druck und Bindung: CPI books GmbH, Leck

Vorwort

Liebe Leserin, lieber Leser,
haben Sie sich schon einmal gefragt, was jene Menschen, die unsere Welt verändern, anders machen als Sie? Sie denken anders! Wir haben in den vergangenen zwei Jahren einige der interessantesten Innovatoren im heutigen Deutschland beobachtet. Zuerst aus der Ferne, später haben wir persönlich mit ihnen über ihr Leben und ihre Innovationen diskutiert.

Um es vorwegzunehmen: Wir haben faszinierende Menschen getroffen: Einen Finanzmanager, der die Bank der Zukunft entdeckt! Einen Reeder, der den Kreuzschifffahrtsmarkt neu erfindet! Einen Immobilienmakler, der gegen die ganze Branche aufsteht und viele andere mehr.

So unterschiedlich ihre Geschichten und Charaktere auch sein mögen, sie alle kennen ein Erfolgsgeheimnis: die Kunst des Regelbruchs! Sie suchen nach Regeln, die sie bewusst oder unbewusst, aber immer mit Leidenschaft verletzen! Diese Menschen sind Rulebreaker. Durch ihre Regelbrüche haben sie neue Märkte entdeckt, ganze Branchen an den Rand des Abgrunds gebracht, Millionen verdient und mit eigenen Händen unsere Welt verändert. Der Preis dafür: ein Leben als Balanceakt, Rückschläge, drohender Bankrott, Morddrohungen und ein Leben lang das rastlose Gefühl, noch nicht am Ziel zu sein.

Als Zukunftsforscher und Innovationsberater wollten wir wissen, was andere von den besten Innovatoren lernen können. Ob jeder von uns zum Rulebreaker werden kann. Die Antwort ist: Ja! Gemeinsam mit unseren Gesprächspartnern haben wir die Regeln des Regelbrechens analysiert und in den zehn Punkten des Rulebreaker-Manifests beschrieben.

Dieses Buch ist eine Anleitung zum Besser-Machen, zum Grenzen-Überschreiten und zum Welt-Verändern! Lassen Sie sich entführen und anstecken von fünfzehn Geschichten, die vor Lebensfreude und Lust auf Veränderung sprühen.

Wir widmen es all jenen Rulebreakern, die noch auf dem Weg sind. Jenen Zigtausenden unter uns, die vorübergehend scheitern, manchmal verzweifeln und morgen wieder aufstehen ... auch sie verändern unsere Welt! Täglich! Wir sehen es nur noch nicht!

Sven Gábor Jánszky und *Stefan A. Jenzowsky*

August 2010

Inhaltsverzeichnis

Schluss mit der Schönwetter-Wirtschaft

Die Reihe der frisch aufgeschütteten Gräber ist lang. Bis zum Horizont: Grabstein an Grabstein und darauf einige der klangvollsten Namen der deutschen Wirtschaftsgeschichte: Arcandor, Escada, Hertie, Kampa, Karmann, Karstadt, Märklin, Qimonda, Quelle, Rosenthal, Schäffler, Schiesser, Schimmel, Wadan-Werften, Woolworth, ... Auch für Opel gibt es schon ein Loch. Es ist noch einmal leer geblieben. Wir sind auf dem Friedhof der deutschen Wirtschaft. Allein im Jahr 2009 wurden hier 33.762 neue Gräber ausgehoben.

Die globale Wirtschaftskrise der vergangenen Monate hat uns schmerzlich bewusst gemacht, wie anfällig unsere Wirtschaft für Marktveränderungen ist. Inzwischen nehmen wir die immer neuen Pleitemeldungen aus den Nachrichten fast als naturgegeben hin – die Krise eben. Doch wir täuschen uns. Keine einzige der vergangenen und kommenden Insolvenzen ist zwangsläufig. All diese Unternehmen könnten noch existieren und gutes Geld verdienen, wenn sie nicht überholte Geschäftsmodelle verfolgt hätten, bis es zu spät war.

Die traurige Wahrheit ist: Wir haben uns zu lange ausgeruht auf veralteten Geschäftsmodellen und deren austauschbaren Produkten, die allenfalls für die Schönwetter-Wirtschaft taugten. Als es stürmisch wurde, fielen sie zusammen. Was fehlte? Innovation!

Wir meinen damit nicht jene Innovationsabteilungen, die in den vergangenen Jahren wie Pilze aus dem Boden der Unternehmen schossen. Wir meinen nicht jene Produkt- und Prozessinnovationen aus dem unternehmensinternen

Vorschlagswesen. Darin sind wir Weltspitze! Unsere Unternehmen sind ganz vorn im weltweiten Effizienzwettbewerb. Wir haben Innovation planbar gemacht, haben uns Innovationsabteilungen, Innovationspreise und Innovationsprozesse gegeben und perfektioniert. Und doch stellen wir fest, dass effizientere Prozesse und Produkte zu immer weniger Differenzierung führen. Es scheint verrückt: In all der Innovation fehlt Innovation!

Wir haben in unserem Perfektionsdrang vergessen, dass es eine andere Art von Innovation ist, die uns neue Geschäftsmodelle und Märkte, neue Technologien und Produkte, neue Partner und Netzwerke bringt. Es ist die strategische, „zerstörerische" Innovation, die neue Geschäftsmodelle schafft. Sie übertritt Grenzen, sie stört gewohnte Modelle, bricht mit bekannten Regeln und schafft neue Märkte. Doch sie bringt nicht nur Neues, sie zerstört auch Altes. Wirkliche Innovation bedeutet die Störung funktionierender Geschäftsmodelle, verteilter Märkte, traditioneller Branchen und etablierter Netzwerke!

Rulebreaking nennen wir diese erste disruptive Phase der Entstehung neuer Märkte.

Dieses Buch will keine neuerliche Managementtheorie entwerfen. Von Schumpeters schöpferischer Zerstörung bis zur modernistischen Blue-Ocean-Strategy gibt es genügend theoretische Gedanken zur Innovation. Doch selten beantworten sie die wirklich wichtigen strategischen Fragen, denen sich Unternehmen in der Praxis ausgesetzt sehen.

Die folgenden Kapitel erzählen einige der interessantesten Rulebreaking-Strategien unserer Zeit und der Geschichte, in denen durch das bewusste Brechen von Regeln tatsächlich neue Märkte erobert wurden. Einige der Protagonisten sind Millionäre geworden. Andere treten den Beweis ihres Erfolgs gerade an. Sie alle bieten Ihnen einen ungeschönten Blick hinter die Kulissen der Strategien. Sie helfen uns, die wesentlichen strategischen Fragen konsequent aus der Perspektive der handelnden Rulebreaker und ihrer Situation zu beantworten.

Alle Handlungen sind von den Autoren durch Dokumente und Interviews mit den Hauptpersonen rekonstruiert und durch diese bestätigt worden. Details, die nicht rekonstruiert werden konnten, wurden nach bestem Wissen und Gewissen aus der Fantasie der Autoren hinzugefügt.

Am Ende des Buchs finden Sie das Rulebreaker-Manifest. Es ist ein kurzes theoretisches Regelwerk und umfasst aus Sicht der Autoren jene Regeln des Regelbruchs, die alle Protagonisten bewusst oder unbewusst beachtet haben. Abschauen und kopieren ist erwünscht! Das Manifest soll Ihnen als persönlicher Leitfaden für Ihr strategisches Denken dienen.

Doch tun Sie uns bitte einen Gefallen: Machen Sie daraus keinen Prozess! Denn die erste Regel des Regelbruchs heißt:

Innovation entsteht nie durch Prozesse –
Innovation entsteht durch Menschen!

Ein Blick zurück: Rulebreaker formten die Welt, die uns umgibt

Wir leben in einer Welt der Regelbrüche. Jeden Tag arbeiten wir mit Produkten, die Regelbrecher durchgesetzt haben. Wir essen sie und spielen mit ihnen. Deshalb soll die Analyse der heutigen Rulebreaker und ihrer Strategien mit einem Rückblick beginnen. Es ist ein Blick zurück, der zeigt, dass die Eroberung neuer Märkte keine Frage von Prozessen ist, sondern eine Frage von Menschen. Offenbar geht es um eine ganz besondere Spezies von Menschen. Doch lesen Sie selbst.

Das Mensch-Maschine-Interface

Die vergangenen Jahre waren keine Zeiten für Erfinder gewesen. Es waren die Zeiten der Militärs gewesen. Jeder Penny, jeder Gedanke hatte sich in den vergangenen vier Jahren um das Siegen gedreht. Und bei den fast vier Millionen Soldaten auch ums Überleben. Nun ist der Bürgerkrieg zu Ende. Auch in Milwaukee, im US-Bundesstaat Wisconsin, zieht langsam wieder Normalität ein.

Hier ist es, wo zwei Jahre nach Kriegsende die Erfinder Christopher Latham Sholes, Carlos Glidden und Samuel Soulé zusammentreffen. Sholes ist ein wichtiger Mann mit vielen Talenten. Geboren in Pennsylvania, ist Sholes nicht nur ausgebildeter Drucker, sondern auch Herausgeber einer Zeitung und erfolgreicher Politiker. Immerhin wurde er zweimal in den State Senat und in das State Assembly gewählt. Und seine Zeitung, der Kenoscha Telegraph, war in seiner Berichterstattung 1851 hart mit der Todesstrafe ins Gericht gegangen – mit der Folge, dass sie in Wisconsin abgeschafft wurde. Und Sholes ist Erfinder!

An jenem warmen Abend im Sommer 1867 kommt Glidden in die Werkstatt von Sholes. Der hatte ihn eingeladen. Er und sein Freund Samuel Soulé hätten eine Idee, die sie Glidden unbedingt zeigen müssten, hatte Sholes gesagt. Als Glidden vor der Maschine steht, ist er beeindruckt. Es ist eine Nummernstempelmaschine. Mit ihr können Tickets, Geldscheine oder Ähnliches mit einer fortlaufenden Nummer versehen werden. Sholes und Soulé haben schon ein Patent darauf, angemeldet ein halbes Jahres davor am 13. November 1866.

Doch Glidden belässt es an diesem Abend nicht bei höflichen Bewunderungsfloskeln. Sein Gedanke geht weiter. Wenn die beiden es hinbekommen, mit einer Maschine Nummern auf Papier zu drucken, dann müssten sie es doch auch schaffen, Buchstaben, Worte oder ganze Sätze auf das Papier zu bringen! Wenn die beiden es schaffen, ihre Maschine zu einer Schreibmaschine umzubauen, die funktioniert und verkaufbar wäre, dann wäre diese Idee umso wertvoller.

Erste Prototypen von Schreibmaschinen gibt es ja bereits. Schon vor fünfzehn Jahren hat in Europa bei der Großen Ausstellung, der Londoner Industrieausstellung 1851, Clavier Impremeur die Goldmedaille gewonnen. Seine Apparatur war ein komisches Ungetüm. Etwas kleiner war der Hughes Typograph gewesen, der elf Jahre später, 1962, auch in London auf der Weltausstellung gezeigt wurde: Ein Koffer mit einem Stempel, unter dem man per Drehrad einen Buchstaben drehen konnte. Später war aus dem Drehrad beim Hughes Printing Telegraph eine Klaviertastatur geworden. Und vor zwei Jahren hatte in Dänemark der Direktor einer Taubstummenanstalt, Johan Rasmus Malling Hansen, die sogenannte „Skrivekugel“ erfunden. Er hatte eine Reihe von Stempeln halbkugelförmig angeordnet, so dass Buchstaben von oben in das Papier gedrückt werden konnten. Doch am meisten war Glidden von einem Bericht beeindruckt, den er vor ein paar Tagen erst im Scientific American gelesen hatte. Darin war der „Pterotype“ beschrieben worden, ein riesiger Koffer mit komplizierter Mechanik. Erfunden von John Pratt.

Als Christopher Latham Sholes und Carlos Glidden sich an diesem Abend über die Zukunft der Nummernstempelmaschine unterhalten, schwebt ihnen aber etwas anderes vor. Im Gegensatz zu den riesigen Maschinen von Pratt & Co. würden sie eine kleine Schreibmaschine bauen, die sich an jeden Menschen verkaufen ließe, der Briefe schreibt. Es muss eine Schreibmaschine sein, mit der man Briefe oder sogar ganze Bücher mühelos schreiben kann! Sholes verwirft an diesem Abend seine Nummernstempelmaschine zugunsten des größeren Plans.

Gemeinsam arbeiten die drei Erfinder in den folgenden Monaten intensiv an ihrem ersten Prototypen. Und da sich die Druckmechanik als besonders wichtiger Teil der Umsetzung herausstellt, nehmen sie zudem noch Matthias Schwalbach, einen Uhrmacher, zu Hilfe. Im September 1867 ist es soweit. Stolz präsentieren sie ihre erste Schreibmaschine: Es war ein krudes und einfaches Modell. Genau genommen ist es ein umgebauter Küchentisch. In ihn hatten die Erfinder ein kreisrundes Loch gesägt, über das ein Farbband und darüber wieder ein Bogen Papier gespannt wird. Seitlich gibt es Hebel, die die Drucktypen von unten durch das Loch gegen Farbband und Papier pressen. Dafür gibt es zwar ein Patent, aber kein Geld. Denn in dieser Form und Größe ist das Modell absolut unverkäuflich.

Für Sholes, Glidden und Soulé beginnt hier die vielleicht härteste Phase ihrer Erfindung. Sie haben kein Geld.

Und dennoch müssen sie ihre Maschine weiterentwickeln. Also beginnen sie, Briefe zu schreiben. In hunderten Briefen schildern sie potenziellen Investoren ihre Idee, bis schließlich der Patentanwalt James Densmore einsteigt. Er ist ein dynamischer, aber auch ungeliebter Investor. Ohne die Maschine je besichtigt zu haben, zahlt er Sholes, Glidden und Soulé ihr bisheriges Investment von 600 Dollar zurück. Dafür bekommt er 25 Prozent am Patent der Erfinder.

Vielleicht hätte er es besser tun sollen. Denn als Densmore später im März 1868 nach Milwaukee fährt, trifft ihn ein Schock: Die Maschine ist kolossal. So riesengroß hatte er sie sich nicht vorgestellt. Densmore begreift, wenn er für sein Geld einen Gegenwert bekommen will, dann muss er die Erfinder zu tiefgreifenden Änderungen zwingen. Für Soulé und Glidden ist dies das Ende der Geschichte. Ernüchtert über das Verhalten von Densmore verlassen sie das Projekt.

Sholes gibt nicht auf. Unter seiner Führung entsteht eine zweite Maschine. Sie ist deutlich kleiner und mit einer Klaviertastatur ausgerüstet. Nun ist es Densmore, der am 1. Mai 1868 das Patent für dieses geänderte Design einreicht. Um schnell sein investiertes Geld zurückzubekommen, lässt Densmore sofort die Serienproduktion anlaufen. Doch als die ersten fünfzehn Maschinen allesamt erhebliche Defekte aufweisen, wird die Produktion abgebrochen.

Sholes muss wieder zurück ans Zeichenbrett. Es gibt viel zu verbessern. Ganze 25 weitere Prototypen entstehen unter Sholes Leitung. Und doch dauert es noch drei weitere Jahre, bis 1871 ein Patent angemeldet werden kann, das die wichtigsten Elemente einer Schreibmaschine aufweist, wie sie später weltbekannt werden wird. Und doch ist auch dieses Modell noch zu fehleranfällig, als dass es sich gut verkaufen würde. Der erhoffte kommerzielle Erfolg bleibt für die Erfinder aus. Schließlich verkauften Glidden und Soulé ihre nahezu wertlos gewordenen Anteile. Sholes und Densmore machen weiter. Irgendwie muss die Fehleranfälligkeit doch behoben werden können!

Es war schon ein Jahr zuvor, als Sholes verstanden hat, dass für die künftigen Nutzer seiner Schreibmaschinen vor allem eine Frage wichtig ist: Welche Anordnung der Buchstaben auf der Tastatur ist ideal? Die drei wichtigsten Parameter zur Bewertung einer Tastatur sind: die leichte Auffindbarkeit der Buchstaben, die Schreibgeschwindigkeit und die empfundene Leichtigkeit des Schreibens.

Selbstverständlich kennt Sholes alle Möglichkeiten der Tastaturanordnungen, die bisher versucht wurden. Die alphabetische Anordnung zum Beispiel. Mit ihr findet der Schreiber sehr schnell die gesuchten Buchstaben. Das ist nicht unwichtig, denn zu dieser Zeit wird in den USA grundsätzlich mit zwei Fingern auf der Schreibmaschine geschrieben. Der Name des Systems ist Programm. Es heißt „Columbus System", das Entdeckersystem. Doch Sholes weiß auch, dass bestimmte Buchstaben und deren Kombinationen bei der Bildung von Worten häufiger vorkommen als andere. Folglich lässt sich die alphabetische Tastatur noch verbessern! Es dauert ewig, doch dann hat Sholes es geschafft: In zahllosen Tests und Übungen hat er jene Tastaturanordnung entwickelt, die ganz besonders schnell und leicht ist.

Es ist ein kalter Wintertag im Dezember 1871, als Densmore in das Büro seines Partners Sholes kommt. Er will ihn noch einmal auf das dringlichste Problem aufmerksam machen, das die beiden haben: die hohe Zahl der Defekte und der retournierten Geräte. Von den ersten fünfzehn Geräten wurden alle von den Käufern mit einem Defekt zurückgeschickt, auch von der zweiten Serie sind nach kurzer Zeit alle Geräte aufgrund mechanischer Defekte ausgefallen. Auf diese Weise wird ihnen bald das Geld ausgehen. Und das, obwohl sie wirklich gute Fortschritte gemacht haben. Beide wissen, dass der gesamte kommerzielle Erfolg ihrer Erfindung von der Lösung dieses Problems abhängen wird. Ungewöhnliche Ideen sind gefragt. Und so werden sie zu Rulebreakern.

Sholes hört seinem Partner genau zu. Er versteht an jenem Wintertag, dass die komplexe Anordnung der vielen mechanischen Einzelteile die Achillesferse ihrer Erfindung darstellt. Was Sholes in dieser Lage tut, würde 150 Jahre später wohl als „Lead User Testing" beschrieben werden. Sholes vermutet, dass Stenografen eine der ersten Berufsgruppen sein könnten, welche die neuartige Schreibmaschine einsetzen. Er verschickt seine Prototypen genau an diese Stenografen. Er bittet sie, die Maschinen nicht zu schonen und auch nicht besonders pfleglich zu behandeln, aber in jedem Falle über Defekte zu berichten.

Die Stenografen nehmen Sholes' Bitte ernst. Am meisten setzt ihm James O. Clephane aus Washington, D. C., zu. Dieser verschleißt die mit 200 Dollar sehr teuren Prototypen in einem enormen Tempo. Es kommt vor, dass er seine Maschine bereits wieder zerstört hat, bevor die nächste Maschine überhaupt produziert ist. Sholes, eigentlich ein ruhiger Zeitgenosse, verliert über die rasante Zerstörung seiner Prototypen durch Clephane immer häufiger seine Fassung. Doch es ist James Densmore, der seinen Partner Christopher Latham Sholes darauf hinweist, dass das Feedback von Clephane die wichtigste Basis ihrer Weiterentwicklung ist: „*We had better have it now than after we begin manufacturing. Where Clephane points out a weak lever or rod, let us make it strong. Where a spacer or an inker works stiffly, let us make it work smoothly. Then, depend upon Clephane for all the praise we deserve.*"

Es dauert nicht lange, bis sich herausstellt, dass das Verklemmen der Typen das schlimmste Problem für die Mechanik ist. Schnelle Stenotypisten wie Clephane sind genau das, was ein Schreibmaschinenkonstrukteur wie Sholes hasst. Das Schlimme dabei: Je vertrauter Clephane mit Schreibmaschine und Tastatur wird, desto schneller findet er auch die Buchstaben. Und je schneller er schreibt, desto häufiger verklemmen die filigranen Typen. Es wird also in Zukunft eher mehr kaputte Maschinen geben als weniger. Für Sholes eine frustrierende Perspektive.

Wieder ist es Densmore, der Sholes zum entscheidenden Gedanken treibt. Wie wäre es, wenn er die drei Grundregeln für gute Tastaturen bricht und ins Gegenteil verkehrt, fragt Densmore? Ließe sich nicht die Schreibgeschwindigkeit reduzieren, wenn die Anordnung der Buchstaben auf der Tastatur völlig unlogisch wäre, wenn die häufig vorkommenden Buchstaben an den ungünstigsten Stellen liegen würden und wenn man häufig nacheinander vorkommende Buchstaben nicht nebeneinander, sondern weit voneinander entfernt platziert? Sholes schüttelt den Kopf: Das wäre die schlechteste Tastatur der Welt! All sein Wissen, das er sich in den vielen Monaten über optimale Tastaturen angeeignet hat, wäre umsonst gewesen! Doch Densmore widerspricht. Im Gegenteil! Sholes würde sein Fachwissen nur anders einsetzen. Er würde mit all diesem Wissen über Tastaturanordnungen und Buchstabenhäufigkeiten eine Anordnung entwickeln, die die Mechanik möglichst optimal schont.

Christopher Latham Sholes versteht in diesem Augenblick, dass er lange Wochen, wie alle anderen Schreibmaschinenentwickler auch, einer falschen Regel hinterhergelaufen ist. Wenn er diese bricht, würde es plötzlich ganz einfach werden. Sholes versteht, dass er die Menschen dazu bringen muss, langsamer zu schreiben. Er versteht, dass ganze Wörter in einer Zeile oder häufig verwendete Buchstabenkombinationen nebeneinander ein Problem bedeuteten. Und er versteht, dass die leichte Auffindbarkeit von Buchstaben keine gute Idee ist.

Es vergehen wieder Wochen mit Tests und Untersuchungen. James Densmore bittet seinen Bruder Amos Densmore, sie mit einer kleinen Untersuchung über das Vorkommen von Buchstabenkombinationen in der englischen Sprache zu unterstützen. Auf Basis dieser Untersuchungen und Überlegungen entwickelt Sholes schließlich eine ganz besondere Tastaturanordnung. Es ist eine Anordnung, die das Schreiben beschwerlich und langsam macht. Es ist eine Anordnung, wie sie kein anderer Hersteller einsetzt. Für den Nutzer ist diese Tastatur ein Albtraum, da sie konsequent die drei wichtigsten Parameter leichte Auffindbarkeit, Schreibgeschwindigkeit und die empfundene Leichtigkeit des Schreibens minimiert. Mit anderen Worten: Für den Nutzer handelte es sich wohl um die schlechteste aller möglichen Anordnungen. Doch für Sholes und Densmore ist sie die beste. Denn sie verhindert das Verklemmen der Typen. Fortan gehen ihre Schreibmaschinen nicht mehr so oft kaputt.

Sholes und Densmore haben inzwischen einen talentierten Verkäufer für ihre Schreibmaschinen gefunden. Dieser George Washington Yost ist es, der es schafft, das Interesse des Nähmaschinenherstellers und ehemaligen Waffenfabrikanten Remington in New York für diese neuartige Maschine zu wecken.

Nach dem Ende des Sezessionskriegs sucht Remington nach neuen Gelegenheiten. Die Produktion der Schreibmaschine von Sholes und Densmore ist so eine. Zudem scheinen die Ähnlichkeiten dieser Schreibmaschine zu den Nähmaschinen von Remington groß zu sein! Remington kauft Sholes und Densmore das Patent am 1. März 1873 ab. Während Sholes sich für 12.000 Dollar auszahlen lässt, sichert sich Densmore eine Lizenzzahlung für alle künftigen Maschinen. Sie wird ihn am Ende um etwa 1,5 Millionen Dollar reicher machen.

Doch so weit ist es noch lange nicht. Es ist eine zur Schreibmaschine umfunktionierte Nähmaschine, die im September 1873 die Werkshallen von E. Remington and Sons im 8000-Seelen-Dorf Ilion im Bundesstaat New York verlässt. Sie heißt: „Sholes and Glidden Type Writer". Blümchenmotive zieren den Schaft, das Papier wird in die Stoffhalterung eingespannt und die Nähmaschinen-Fußtaste wird zum Wagenrücklauf verwendet. Sholes hat die größten Probleme gelöst. Vom Nachfolgermodell „Remington No. 2" werden schon mehr als 4.000 Stück produziert. Und doch wird der kommerzielle Erfolg für die „Sholes and Glidden Type Writer" erst einige Insolvenzen und Protagonisten später kommen.

Christopher Latham Sholes indes gibt auch nach dem Verkauf seines Patents seine Experimente für die optimale Schreibmaschinentastatur nicht auf. Fünf Jahre später, im Jahr 1878, wird er jene Tastatur zum Patent einreichen, die später um die ganze Welt gehen wird. Es ist die sogenannte QWERTY-Tastatur, benannt nach den ersten sechs Buchstaben in der obersten Reihe.[1] Ihr Siegeszug verläuft rasant: Genau zehn Jahre später ernennen die amerikanischen Schreibmaschinenhersteller auf ihrem Kongress in Toronto die QWERTY-Anordnung zur Universaltastatur. Heute ist QWERTY als Tastatur von Computern bis zur virtuellen Tastatur auf Touchscreens zur wichtigsten Schnittstelle zwischen Menschen und Maschinen geworden.

Selbst heute, da wir auf Computern und digitalen Geräten schreiben, deren Mechanik nicht mehr durch eine besonders langsame Schreibgeschwindigkeit geschützt werden muss, wird Sholes' Erfindung mehr denn je genutzt. Und obwohl in der Zwischenzeit schon häufig Alternativen vorgeschlagen wurden, deren Überlegenheit sogar empirisch bewiesen ist, bleibt Sholes' QWERTY unsere Hauptpforte zur digitalen Welt. QWERTY ist heute das wohl wichtigste Mensch-Maschine-Interface der Welt.

Und doch hat Sholes noch einen Regelbruch gebraucht, um erfolgreich zu werden. Es ist sozusagen der Bruch seines eigenen Regelbruchs. Denn es gibt ein einziges Wort auf Sholes Tastatur, das selbst für ungeübte Menschen im Bruchteil einer Sekunde zu schreiben ist. Warum? Es waren natürlich die Marketingleute, die ein Problem mit der neuen QWERTY-Anordnung hatten. Sollten sie den Kunden erklären, dass sie ihnen die schlechteste Tastatur der Welt verkaufen wollten? Nein! Sie brauchten auch eine einfach zu bedienende Schreibmaschine. Und selbstverständlich wollten die meisten Käufer ihre künftige Maschine beim Verkaufsgespräch auch ausprobieren. Also erkundigte sich Sholes, welches Wort die Käufer bei den Verkaufsgesprächen am liebsten schreiben. Er erfuhr, dass ein typisches Verkaufsgespräch etwa so abläuft: „Schreiben Sie doch mal etwas." „Was soll ich denn schreiben?" „Na, vielleicht das Wort ‚Schreibmaschine'."

Die oberste Zeile von Sholes' Tastatur lautet: QWERTYUIOP. Darin steckt das Wort „Typewriter". Es ist das einzige derartig lange Wort in der englischen Sprache, das sich leicht auf einer QWERTY-Tastatur schreiben lässt.[2]

Durst kennt keine Saison

„Jeden Morgen werden ihre Gesichter mürrischer", geht es ihm durch den Kopf, als er von seiner Morgenzeitung aufschaut. Durch das kleine Fenster kann er sie genau sehen. An seinem Pförtnerhäuschen müssen alle vorbei, die zur Arbeit in die Fabrik wollen. Und die Sorgenfalten in den Gesichtern werden von Tag zu Tag tiefer. Schon seit Wochen geht das so. Der Grund dafür ist so einfach wie unglaublich. Er ist das Dauerthema hier in der Zeitung: Die Prohibition soll aufgehoben werden. Eine Sensation! Seit dreizehn Jahren wird es erstmals wieder erlaubt sein, alkoholische Getränke auszuschenken. Bier im freien Verkauf! Doch so freudig die Nachricht für die meisten Amerikaner im Jahr 1933 ist, so betroffen sind die Gesichter vor ihm. Auch dafür steht der Grund in seiner Morgenzeitung. Etwas weiter hinten, im Wirtschaftsteil, bei den Aktienkursen. Der Kurs der Aktie fällt und fällt. Denn die Anleger fürchten, dass mit dem Bier auch eine große Flaute für Cola kommt. Bier ist der größte Feind des Unternehmens.

Es ist kein schöner Morgen hier am Werkstor der Coca-Cola-Fabrik in Atlanta. Jedenfalls im Vergleich zu den letzten Jahren. Die Prohibition hatte die Firma mit der braunen koffeinhaltigen Brause groß gemacht. Viele Saloons und Eckkneipen mussten in dieser Zeit schließen. Getrunken wurde hauptsächlich zu Hause. Und dort griffen die Amerikaner am liebsten zu Cola. Die Coca-Cola-Aktien kannten in Zeiten der Prohibition nur eine Richtung: nach oben!

Sollte es jetzt mit diesen schönen Zeiten jetzt vorbei sein? Noch dazu steht der Winter vor der Tür. Der Wetterbericht sagt einen der kältesten Winter der Geschichte voraus. Und vermutlich würde es sein, wie in jedem Winter: Der Absatz von Cola würde dramatisch einbrechen.

Deshalb die sorgenvollen Gesichter bei den Mitarbeitern. Aber auch die Manager, die in ihren Autos am Pförtnerfenster vorbeifahren, sehen nicht fröhlicher aus. Ob sie schon an Entlassungen denken?

Doch was hier im Herbst des Jahres 1933 noch niemand wissen kann: Es wird anders kommen! Der Umsatzeinbruch im Winter wird in diesem Jahr weniger stark sein als bei der Konkurrenz. Und unbeeindruckt von Bier und den wieder öffnenden Kneipen wird sich der Aktienkurs von Coca-Cola rasant entwickeln. Er wird über 100 Dollar schießen, über 200 Dollar und im Sommer 1935 schließlich bei der Rekordmarke von 224,75 Dollar landen. Es wird der höchste Kurs der gesamten Aktienbörse in New York sein. Coca-Cola wird siegen! Doch warum? Es ist ein verwegener Plan, der gegen alle Regeln guten Marketings verstößt. Und dieser Plan wird nicht nur den Aktienkurs auf eine Rekordhöhe treiben. Er wird die Welt für immer verändern. Besser gesagt: Er tut es schon. Denn er hat schon vor elf Jahren begonnen:

Als Arthur Archie Lee durch das Tor der Coca-Cola Fabrik in Atlanta geht, ahnt er noch nicht, dass er an diesem Tag jenen Auftrag erhalten soll, der ihn in der Werbewelt berühmt machen wird. Es ist Frühjahr 1922. Lee ist Kreativdirektor der Werbeagentur D'Arcy. Doch diese Coca-Cola-Fabrik kennt er wie sein eigenes Büro. Schon sechzehn Jahre arbeitet Coca-Cola mit D'Arcy und noch 34 weitere Jahre stehen bevor. Diese Agentur lebt Coca-Cola. Sie ist Coca-Cola! Umso überraschter ist Lee über die Aufgabe, die er an diesem Tag im Konferenzraum der Unternehmensleitung erhält: „Wir haben da noch ein Thema, das Sie für uns lösen müssen. Wir denken, Sie können das." Einhelliges Nicken erfüllt den Raum. „Archie, unserer Firma geht es wunderbar. Wir haben ein großartiges Produkt. Wir expandieren. Aber wir haben immer noch dieses eine, fundamentale Problem: Wir verkaufen zu wenig Coca-Cola, wenn es kalt ist. Im Winter." Archie Lee traut seinen Ohren kaum. „Diese verdammten saisonalen Schwankungen", hört er den Marketingchef sagen. „Aber Sie kriegen das hin!" Mit einem brüderlichen Klaps auf den Rücken ist das Meeting beendet.

Saisonale Schwankungen? Heißt das, die wollen Coca-Cola auch im Winter verkaufen? Archie Lee kann noch immer nicht glauben, was er da gehört hat. Es ist doch ganz natürlich, dass Erfrischungsgetränke eher im Sommer getrunken werden. Daran könnte doch auch die beste Werbeagentur der Welt nichts ändern!

Doch Auftrag ist Auftrag, Lee macht sich an die Arbeit. Er entwickelt einen Slogan, der genau das reflektiert, was die Marketingleute wollen. Als er auf dem Papier steht, ist Lee sich sicher: Dieser Slogan würde ihnen gefallen: „Thirst Knows No Season!" Ja, das ist es! Ein Slogan, mit dem man Menschen sagen konnte, dass Coke ein Getränk für jede Jahreszeit war!

Die Marketingleute sind sehr zufrieden. Archie Lee hat mal wieder ins Schwarze getroffen. Wenige Monate später, noch im Herbst des Jahres 1922, beginnt Coca-Cola erstmals jene großangelegte Kampagne, die erklärt, dass Coca-Cola auch ein Getränk für den Winter ist.

Es dauert acht Jahre, bis das Thema wieder auf die Tagesordnung kommt. Erneut ist es ein denkwürdiges Meeting. Denn diesmal ist es der Vorstandsvorsitzende Robert Woodruff persönlich, der Arthur Lee etwas Dringliches zu sagen hat. „Kinder und Jugendliche! Das sind unsere Kunden von morgen. Die müssen Sie mehr fokussieren!", ruft Woodruff ihm zu. In der Tat: Jetzt, da Coca-Cola zum festen Inventar des Kühlschranks eines amerikanischen Durchschnittshaushalts gehörte, hatten auch Kinder und Jugendliche einen guten Zugang zu der braunen Brause.

„Sie gehören zu unseren besten Kunden!", sagt Woodruff. Dann wird er ernst: „Archie! ‚Thirst Knows No Season', das war ja ganz gut. Ein solides Stück Handwerksarbeit. Ein guter Slogan. Aber unser Umsatz geht immer noch spürbar zurück, sobald es kalt wird. Wir wollen aber auch im Winter richtig gut verkaufen. Im Winter gibt es sogar noch mehr Potenzial für Verkaufssteigerungen als im Sommer. Geben Sie sich Mühe! Das können Sie doch besser!"

Doch wie? Man müsste Coca-Cola und Winter zusammenbringen, in einem Bild zusammenbringen, denkt Lee, in einem Bild, das jeder Amerikaner im Kopf hat. Vor allem aber die Kinder! Doch wie soll das funktionieren? Lee denkt an die goldene Marketingregel, dass man ein Testimonial braucht, wenn man neue Attribute auf ein Produkt übertragen will. Eine Person muss jene Attribute ergänzen, die für jene Eigenschaften stehen, die dem Produkt fehlen. Doch wer ist die Person, die Freude am Winter macht? Doch nicht etwa ...? Nein, das kann nicht sein! Santa Claus?

Lee ist selbst verblüfft über seine Idee. Eine fiktive Figur würde allen Regeln eines guten Testimonials widersprechen. Lee kennt die Regeln der Werbebranche. Er ist einer der Besten seines Fachs. Ein Testimonial muss entweder ein realer Mensch oder eine neu erschaffene Kunstfigur sein. Auf jeden Fall muss sie exklusiv für das Unternehmen stehen: Mit Unternehmenslogo und Markennamen. Sonst ist es kein gutes Testimonial. So lautet die Regel. Darf man sie brechen?

Man kann ja nicht mal einen richtigen Exklusivvertrag mit Santa Claus abschließen. Und das Coca-Cola-Logo kann man auch nicht draufkleben! Außerdem sieht er nicht aus, als ob er zu Coca-Cola passen würde. Er trägt einen weißen oder braunen Mantel. Oder ist es eher Knecht Ruprecht? Doch der eignet sich charakterlich wohl kaum als Testimonial. Lee überlegt weiter. Gibt es nicht seit einigen Jahren schon Darstellungen von Santa Claus mit dunkelrotem Mantel? Das passt ja schon eher! Die Idee, den Weihnachtsmann für Coca-Cola unter Vertrag zu nehmen, klingt absurd. Aber sie hat Arthur Lee gefangen genommen. Er wird mit Haddon darüber sprechen müssen.

Wenige Stunden später sitzt Lee bei Haddon Sundblom im Büro. Haddon Sundblom ist Zeichner, einer der besten weit und breit. Lee erzählt ihm von seinem Plan. Er brauche einen Santa Claus mit hellrotem Mantel, der freundlich und spaßig ist und Lust auf den Winter macht, sagt er, und ist überrascht, als ihm Sundblom wenig später eine alte Zeichnung zeigt. In einer 67 Jahre alten Zeitschrift.

1863 hatte Thomas Nast, ein deutscher Auswanderer und Karikaturist, Santa Claus für das Magazin Harper's Weekly gezeichnet. Er wählte einen bärtigen, rundlichen alten Mann nach Vorlage des Gedichtes „A Visit from St. Nicholas“ von C. C. Moore. Als er gebeten wurde, seine Zeichnungen zu kolorieren, hatte er die Farben rot und weiß für den Weihnachtsmann gewählt. Das passte doch gut zu Coca-Cola!

Haddon Sundblom greift das Motiv auf und zeichnet den ersten Weihnachtsmann für Coca-Cola. Zuerst zeigen seine Skizzen einen gewöhnlichen Mann, der als Weihnachtsmann verkleidet Coca-Cola trinkt. Doch Archie Lee ist das nicht radikal genug. Das wäre noch im Rahmen der alten Regeln. Aber für Lee ist inzwischen klar: Der Weihnachtsmann selbst soll zum Testimonial für Coca-Cola werden! Das hat noch nie jemand vor ihm versucht. Er würde mit einer der wichtigsten Regeln der Werbewelt brechen.

Im Frühjahr 1931 werden die Zeichnungen von Sundblom erstmals dem Vorstand von Coca-Cola vorgestellt. Die Manager bestellen sofort eine Winterkampagne mit diesem Weihnachtsmann bei D'Arcy. Der Coca-Cola-Weihnachtsmann soll in der Kampagne Weihnachtsgeschenke ausliefern und nebenbei den Kühlschrank der Eltern plündern. Denn vom Geschenkeausliefern wird man durstig. Und er soll einen Mantel in Coca-Cola-Farben tragen. Rot! „Sundbloms Weihnachtsmann war der perfekte Coca-Cola-Mann. Er war größer als normal, hellrot, immer fröhlich und in drolligen Situationen eingefangen, in denen er als Belohnung dafür, eine ganze Nacht lang Spielzeug verteilt zu haben, einen berühmten Soft Drink erhielt", wird der Coca-Cola-Chronist Mark Pendergrast später schreiben.[3]

Nun liegt es an Haddon Sundblom, diese Geschichte über viele Jahre weiterzuführen. Anfangs nutzt er als Modell für seine Santa-Claus-Zeichnungen seinen Freund und Coca-Cola-Auslieferer Lou Prentiss. Von 1931 bis 1964 zeigt die Coca-Cola Werbung einen Weihnachtsmann, der Geschenke ausliefert, den Wunschzettel liest, mit Kindern spielt, Kühlschränke plündert und vor allem Coke genießt.[4] Es ist Lou Prentiss, der Coke-Ausfahrer mit dem weißen Bart!

Als Prentiss stirbt, sucht Sundblom dringend nach einem Ersatzmodell. Schließlich findet er seinen Ersatz auch. Beim Blick in den Spiegel! Er selbst war über die vielen Jahre der Coca-Cola-Weihnachtsmann-Kampagne so gealtert, dass er nun sich selbst als Vorbild für seine Zeichnungen nehmen konnte. Die ist der Grund dafür, dass Kinder, wenn sie heute in der westlichen Welt gebeten werden, den Weihnachtsmann zu zeichnen, mit hoher Treffsicherheit einen übergewichtigen Haddon Sundblom mit weißem Vollbart in einem Coca-Cola-roten Mantel malen. Der Rulebreaker Arthur Lee hatte es geschafft, dem Weihnachtsmann die Farbe von Coca-Cola zu geben. Er hat damit die Welt verändert.[5]

Ein Kleber, der nicht klebt

Es ist ein ganz besonderer Auftrag, den Dr. Spencer Silver an diesem Sommertag bekommt. Wir schreiben das Jahr 1968. St. Paul, Minnesota, USA. Silver ist jung, zu jung vielleicht für diese sehr alte und traditionsreiche Firma. Vor zwei Jahren war er noch jeden Tag über den Campus der University of Colorado gelaufen. Er hatte Chemie studiert und war einer der besten seines Jahrgangs. Das war auch der Grund, warum sich die Recruiting-Manager der Minnesota Mining and Manufacturing Company schon vor Ende seines Studiums gemeldet hatten. Sie suchten junge Wissenschaftler für ihre wissenschaftliche Abteilung, um neue Produkte zu entwickeln.

Spencer Silver hatte einiges über dieses 3M gehört. Eigentlich war das Unternehmen gegründet worden, um Mineralien zur Herstellung von Schleifpapier für die Automobilindustrie abzubauen. Das war 1902, vor 66 Jahren, gewesen. Doch offenbar hatten die Manager es sich zur Aufgabe gemacht, ihre Kunden in jedem Gespräch zu fragen, welches Hauptproblem diese haben. Dann wird versucht, ein Produkt zu entwickeln, das dieses Problem löst. Und das in nahezu allen Bereichen. Beim nächsten Wiedersehen wird dem Kunden das neue Produkt präsentiert und zusätzlich angeboten. Es ist eine ungewöhnliche Methode. Aber sie sorgt dafür, dass fast alle Produkte sofort bestellt werden und die Kunden sehr zufrieden sind.

Offenbar hat einer der Kunden ein Problem beim Kleben. Denn vor ein paar Minuten war Silvers Chef zu ihm ins Labor gestürmt und hatte gerufen: „Wir haben ein neues Forschungsprogramm. Ich will, dass Sie das entwickeln. Es geht um einen Klebstoff.“ Das Ziel des neuen Auftrags war leicht: Gesucht wird ein neuartiger Klebstoff für den Haushaltsbereich, der eine deutlich höhere Haftkraft und Klebewirkung aufweist. Denn sollte es gelingen, einen sehr starken Kleber als Klebeband einzuführen, könnte man andere Befestigungsmöglichkeiten obsolet machen: ein Riesengeschäft! Spencer Silver sollte diesen neuartigen Superklebstoff entwickeln, den vielleicht stärksten Kleber der Welt.

Als Spencer Silver wenige Wochen später die ersten Ergebnisse seiner Forschungsarbeiten demonstrieren soll, ahnt er: Es würde ein schwarzer Tag für ihn werden. Denn tatsächlich hatte er einen neuen Klebstoff entwickelt. Und wie geplant, hat der Klebstoff auch völlig neuartige Eigenschaften: Er formt beim Auftragen kleine runde Sphären, jede etwa mit dem Durchmesser einer Papierfaser. Und jede einzelne Sphäre klebt. Zudem können die Sphären nicht abgewischt werden. Alles, wie es sein soll! Und doch hat Silvers neuer Kleber ein Problem: Er trocknet nicht. Das wiederum macht ihn sehr speziell, denn wenn ein Kleber nicht trocknet, dann klebt er auch kaum. Der neue Superkleber kann nicht, wie gefordert, ein hohes Gewicht verkleben. Die Klebkraft ist viel zu schwach. Im Gegenteil! Die verklebten Teile lassen sich sehr leicht und ohne Rückstände wieder voneinander lösen.

Silver hat keine Wahl. Seine Präsentation ist für heute angesetzt. Er wird seinen Chefs etwas vorführen müssen. Silver trägt seinen neuen Superkleber auf Papier auf. Hierauf hält sich der Kleber überraschend gut. Also besteht seine Präsentation aus zwei miteinander verklebten Papierblättern. Als er seine neue Sphären-Technologie erklärt hat, gibt er dem Publikum die beiden verklebten Zettel zum Begutachten in die Hand. Seine Chefs trauen ihren Augen kaum: Sogar die beiden Blätter kann man wieder auseinanderziehen! Ein Kleber, der nicht klebt! Was für eine Katastrophe! Das Projekt wird eingestellt. Spencer Silver und sein „Nichtkleber“ werden zur kuriosen Anekdote unter den Mitarbeitern der Minnesota Mining and Manufacturing Company.

Doch der Misserfolg kann Silvers Ehrgeiz nicht bremsen. In jener Sekunde der Schmach in der Präsentation vor seinem Chef hat er sich geschworen, dass er sich und den anderen beweisen wird, dass seine Erfindung doch für etwas gut ist. Er arbeitet ohne Auftrag weiter. Er entwickelt ein Klebe-Spray und entdeckt, dass man Pinnwände mit dem Kleber bestreichen kann. Die Zettel kleben dann ohne Nadel. Silver hält Produktschulungen unter den Mitarbeitern über die Anwendungsmöglichkeiten seines neuen Klebers. Auch Art Fry, einer der Forscher aus der Produktentwicklungsabteilung, ist bei einer solchen Produktschulung dabei. Und tatsächlich: Silvers Chefs beschließen, die Pinnwände zu produzieren. Es wird nur ein kurzes Intermezzo: Sie verkaufen sich so schlecht, dass sie wenig später wieder vom Markt genommen werden. Silvers „Superkleber" gerät in Vergessenheit.

Es ist schon sieben Jahre später, ein Frühlingssonntag im Jahr 1974, als Fry sich an Silver erinnert. Chorale Gesänge erfüllen das Kirchenschiff. Art Fry steht in seiner Heimatkirche inmitten der anderen Chormitglieder und hat ein Problem: sein Gesangsbuch! „Wenn hier in der Kirche doch nicht immer solch ein Luftzug wäre", denkt Fry. Ständig weht ihm sein Lesezeichen aus dem Gesangsbuch davon. Heute hatte er beim Gottesdienst sogar den Einsatz verpasst, weil er dem fliegenden Lesezeichen hinterhersprang. Sehr zum Ärger seines Pfarrers. Doch noch einmal würde ihm das nicht passieren. Fry erinnerte sich an die Legende vom „Nichtkleber". Am Montag würde er den armen Silver aufsuchen.

Silver erklärte sich bereit, ihm noch einmal eine Probe des legendär nutzlosen „Nichtklebers" herzustellen. Selbst wenn Frys Kirchenchor nicht der erhoffte Massenmarkt ist – wenigstens einem Menschen könnte er ja Nutzen bringen. Silver bestreicht Frys Lesezeichen. Es hat genau die gewünschte Wirkung: Frys Lesezeichen haftet. Es verrutscht nicht mehr. Aber es kann komplett rückstandslos und beschädigungsfrei aus dem Gesangbuch entfernt werden. Fry ist begeistert. Er zeigt sein neues Lesezeichen im Kirchenchor herum. Doch die Sänger reagieren verhalten. Ein solches klebriges Lesezeichen konnte vielleicht einen Chemiker oder auch einen Produktentwickler begeistern, die Kollegen im Kirchenchor reagierten allenfalls irritiert. Nur Spencer Silvers Leidenschaft für seine Idee ist wieder entflammt.

Art Fry war 1953 in die Minnesota Mining and Manufacturing Company gekommen. Auch ihn hatte man mit dem erklärten Ziel geholt, dieses mittlerweile in 3M umbenannte Unternehmen mit neuen, modernen Produkten in die Zukunft zu führen. Da passten haftende Lesezeichen doch ganz gut! Fry lässt sich einen Termin bei seinem Chef geben. Doch der Forschungsleiter reagiert anders, als erhofft. Er hatte erwartet, eine neuartige Erfindung vorgestellt zu bekommen. Nun sieht er sich einem haftenden Lesezeichen in einem Gesangsbuch gegenüber. Das soll ein Produkt sein?! Wenn Fry nicht schon seit 21 Jahren in der Firma wäre und schon oft das Gegenteil bewiesen hätte, würde er sich ernsthafte Sorgen um die Kompetenz seines Mitarbeiters machen müssen. Fry solle wieder an sinnvollen Themen forschen, lautet die Anweisung.

Doch Art Fry lässt sich nicht so schnell entmutigen. Er glaubt an das haftende Lesezeichen. Er selbst hat den Nutzen ja schon am eigenen Leib gespürt. Vielleicht würde der Marketingchef das Potenzial erkennen? Fry fragt nach einem Termin und tatsächlich: der Marketingchef nimmt sich für ihn Zeit. Als es so weit ist, trägt Art Fry seinen besten Anzug. Diesmal soll nichts schiefgehen. Er hat nicht nur Lesezeichen vorbereitet, sondern auch haftende Zettel. Denn vor einigen Tagen hatte ihm ein Kollege eine Berichtsmappe zurückgeschickt. Obendrauf klebte ein Lesezeichen, zweckentfremdet als klebriger Notizzettel. Dies war der Moment der Erleuchtung für Silver und Fry gewesen. Nicht nur Lesezeichen, sondern Notizzettel sind es!

Genau genommen muss Silver seine Idee der Pinnwand einfach nur gedanklich umdrehen. In jenem Augenblick haben sich die Grundregeln des Notizzettel-Marktes verändert. Es geht nicht mehr darum, bestimmte Stellen für das Anpinnen von Notizen zu präparieren. Sondern es geht darum, die Notizzettel so herzustellen, dass sie überall hinklebbar sind. Nicht die Pinnwand wird mit Kleber bestrichen, sondern die Notizzettel. Damit wird die ganze Welt zur Pinnwand.

Doch auch der Marketingchef reagiert irritiert. Man könne sich ja vieles vorstellen. Und 3M sieht sich als moderne, innovative Firma. Aber haftende Lesezeichen? Dafür gibt es doch keinen Markt! „Sie sind auf dem Holzweg. Machen Sie lieber was Vernünftiges“, muss Fry sich anhören. Auch der Produktionschef wiegelt ab: „Wie soll das denn gehen? Ein Block aus haftenden Zetteln, alle miteinander verklebt vielleicht? Na, Sie sind lustig. Als Blöcke geht das nicht. Das könnten wir nur einzeln produzieren. Haben wir schon analysiert.“ Niemand bei 3M will das Potenzial seiner haftenden Zettel erkennen.

Doch Fry misstraut der Analyse der Produktionsleute, die das unliebsame, verrückte Thema nur schnell vom Tisch haben wollen. Er schlägt die Anweisungen seines Chefs in den Wind. Genau genommen, entwendet er sogar Firmeneigentum, als er eine große Menge des nicht klebenden Klebers mit nach Hause nimmt.

Fry sieht ein Potenzial, für das offenbar kein anderer Augen hat. Er spricht mit Kollegen aus der Papierproduktion. Er baut heimlich Prototypen. Er experimentiert zu Hause. An den Wochenenden sitzt er in seiner Garage und tüftelt, wie seine Haftzettel hergestellt und zu verkaufbaren Blöcken verbunden werden können. Sein Haus, seine Garage, sein Keller gleichen bereits einem Forschungslaboratorium, als er den nächsten, alles entscheidenden Anlauf nimmt. Er investiert seine Ersparnisse. Im Keller seines Hauses baut er eine Produktionsmaschine. Die Maschine wird größer als geplant: Jahre später, als sie von seinem Keller in die Maschinenhalle von 3M gebracht werden soll, wird Fry dafür seine Kellerwand einreißen müssen.

„Was ist bloß mit diesem Mann los?“ Es sind nicht nur Frys Kollegen, die an ihm zweifeln. Es ist auch seine Ehefrau. Als sie ihn vor Jahren geheiratet hat, war er eine gute Partie gewesen, mit geregeltem Einkommen und guten Aufstiegsmöglichkeiten. Und heute verschleudert er das Geld der Familie für eine Maschine, die klebrige Zettel herstellt?!

Als in der Firma bekannt wird, was Fry in seinem Keller und seiner Garage treibt, wird er noch einmal in die Chefetage zitiert. Diesmal ist der Vorstandsvorsitzende persönlich anwesend, ebenso der Finanzchef, der Marketing- und der Produktionschef. Und der Marketingchef ist stocksauer. Hatte er doch Fry ausdrücklich angeordnet, diesen Unsinn mit den Zetteln zu unterlassen! Der ungeliebte Fry ist deprimiert. Dreißig Jahre später hätte er in dieser Situation wahrscheinlich über einen Spin-off nachgedacht. Doch 1974 sind noch andere Zeiten. Dass er seiner Firma 3M treu bleibt, steht außer Frage. Er muss sie nur von seinem Produkt überzeugen.

Da kommt Art Fry die rettende Idee. Am folgenden Morgen tritt er noch einmal den Weg in die Chefetage an. Diesmal kommt er unangemeldet. Und er will auch nicht zum Marketingchef. Er will zu dessen Sekretärin. Nach vielen durcharbeiteten Nächten und Wochenenden begeht Fry an jenem Tag seinen wichtigsten Regelbruch: Er schenkt der Sekretärin des Marketingvorstands einen Block. Es ist einer jener Blöcke, die er auf seiner selbstgebauten Produktionsmaschine im Keller hergestellt hatte. Es ist der erste jemals produzierte Block jener 3M-Post-it-Haftzettel, die heute aus keinem Büro mehr wegzudenken sind. Auch in anderen Büros hinterlässt Fry einige der von ihm eigenhändig produzierten Haftzettelblöcke, als Geschenk für die hart arbeitenden Sekretärinnen der Vorstände, Chefs und Abteilungsleiter.

Frys Kalkül geht auf: Bereits nach wenigen Tagen finden sich seine Haftzettel überall. In Unterschriftenmappen, an Wänden, am Telefon. Irritiert erkundigt sich der Marketingchef schließlich bei seiner Sekretärin nach der Herkunft der vielen kleinen Zettel. „Die sind von Herrn Fry aus der Entwicklungsabteilung. Sehr praktisch! Können Sie sich erinnern? Der hatte Ihnen doch diese Zettel auch schon einmal vorgestellt", erhält er zur Antwort. Es dauert kaum zwei Wochen, da häufen sich die Anfragen aus allen Teilen der Firma. Immer mehr Sekretariate wollen noch einen von Frys seltsamen Blöcken haben. Auch die Damen vom Vorstand fragen wieder an, ob sie nicht noch ein paar Zettel bekommen können. Die Ersten waren so schnell aufgebraucht. Fry leitet all diese Anfragen geradewegs in die Marketingabteilung weiter. Dort türmen sich inzwischen die Anfragen nach Haftzettelblöcken.

Schließlich hat Fry doch noch einen Weg gefunden, das Interesse der Kollegen aus der Marketingabteilung zu wecken. „Wir würden die Haftzettel gerne als Büroartikel in einem Testmarkt versuchen. Wir denken da an Richmond in Virginia und Boise in Idaho", heißt es, als er wieder zum Gespräch geladen wird. Doch noch hat er nicht gewonnen. Auch diese Testmärkte zeigen eine sehr verhaltene Kundenresonanz. Die Menschen verstehen nicht, warum sie für klebrige Haftzettel mehr bezahlen sollen?

Dieses Phänomen kennt Fry ja schon aus der eigenen Firma. Und auch seine Überzeugungsstrategie aus der eigenen Firma lässt sich nun wiederholen. Denn inzwischen wissen auch die 3M-Marketingexperten: Wer einmal solche Klebenotizen benutzt hat, will mehr und bestellt weitere. Also werden Promotionteams durch die Straßen von Richmond und Boise geschickt. Sie klingeln bei Banken und Geschäften und verschenken die Haftzettel in unzähligen Büros. Dann geschieht das Unvermeidliche: Zufriedene Kunden bestellen nach, sobald die kostenlosen Probepäckchen zur Neige gehen. Und sie senden die kleinen, bunten Klebenotizen an Geschäftspartner weiter.

Es dauert noch sechs weitere Jahre, bis 3M im Jahr 1980 beginnt, die Post-it-Haftzettel in den ganzen USA zu vertreiben. Schon ein Jahr später werden sie zum „Outstanding New Product“ erklärt. Heute sind sie eines der meistverkauften Produkte von 3M und in mehr als 100 Ländern der Erde erhältlich. Ohne den Rulebreaker Art Fry hätte es sie nicht gegeben.[6]

Fall 1: Wie der Kreuzschifffahrtmarkt neu entdeckt wurde

Es soll ein denkwürdiger Flug werden, zu dem die Passagiere an jenem Morgen am Hamburger Flughafen aufbrechen. Doch das weiß in diesem Moment noch keiner der Anzugträger, die im schmalen Mittelgang der kleinen Propellermaschine nach hinten drängen. Während der Pilot die letzten Startvorbereitungen für den kurzen Flug nach Berlin Tegel mit gelassener Routine absolviert, wandern in der Kabine die Blicke umher.

Plötzlich bleibt einer der Blicke hängen. „Ist das nicht …?“ Horst Matthies schaut noch einmal genauer hin. Tatsächlich! Ein paar Reihen weiter vorn hat er einen Bekannten erspäht. Aus seiner Hamburger Zeit kennt er das Gesicht und den Namen dazu: Horst Rahe, Eigentümer der Reederei Töpfer in Hamburg. Doch seit Matthies in Berlin ist, läuft man sich nicht mehr so einfach über den Weg.

Dr. Horst Matthies hat vor zwei Jahren einen der ambitioniertesten Jobs des Landes übernommen. Als Generalbevollmächtigter der Treuhandanstalt für den gesamten Verkehrsbereich ist es seine Aufgabe, alle ehemals volkseigenen Verkehrsbetriebe der DDR so gewinnbringend und so nachhaltig wie möglich zu privatisieren. Ein Job, der viel Macht, aber wenig Freunde bringt. Das „Treuhand-Bashing“ ist ein beliebtes Spiel in Ostdeutschland. Mal mehr, mal weniger begründet, hissen Medien, Gewerkschaften, Politik und Wirtschaft immer abwechselnd die Protestfahne gegen die weltgrößte Holding der Wirtschaftsgeschichte. Zweieinhalb Jahre später wird sich die Treuhand auflösen und 14.000 DDR-Staatsunternehmen in die Marktwirtschaft gebracht haben. Oder auch nicht.

Doch so weit ist es an diesem Morgen im Jahr 1992 noch lange nicht. Im Gegenteil: Für eine seiner wichtigsten Aufgaben findet Horst Matthies einfach keine Lösung. Nach zahllosen Gesprächen in Hamburg und Bremen fasst er in den folgenden vierzig Flugminuten an Bord der Airbus nach Berlin einen der besten Entschlüsse seines Lebens.

Als sich die Kabinentür öffnet und die Passagiere hastig in ihren Arbeitstag stürzen, muss Matthies schnell sein. In Tegel gibt es für die ankommenden Passagiere keine endlosen Wege aus dem Flughafenbereich. Nach zwei Türen und zwanzig Metern verstreuen sie sich bereits in alle Richtungen. Mit ein paar schnellen Schritten ist er neben Horst Rahe. „Hallo Herr Rahe, wohin fahren Sie?" Horst Rahe ist überrascht: „Richtung Potsdamer Platz", gibt er zurück. Das ist zwar nicht ganz Matthies' Richtung, der Sitz seines Direktorats „Verkehr" ist in der Hans-Beimler-Straße, östlich vom Alexanderplatz. Aber vielleicht lohnt sich ja der kleine Umweg: „Da muss ich auch hin. Wollen wir nicht zusammen ein Taxi nehmen?" Rahe nickt.

Was Horst Rahe in den folgenden zwanzig Minuten auf der Rückbank des alten Mercedes-Taxi hört, überrascht ihn dann doch. Auf der Fahrt durch die Berliner Rush Hour berichtet Matthies von seinem Leid. Er hat die Unterlagen eines der größten zu privatisierenden Unternehmen der ehemaligen DDR auf dem Schreibtisch liegen: Die DDR-Staatsreederei. Zahllose Gespräche hat er mit seinen alten Bekannten in den Reederkreisen in Hamburg und Bremen geführt. Dort hat der Gedanke an das vielleicht einzustreichende Staatsgeld zwar zu glitzernden Augen, nicht aber zu einer Perspektive für das Überleben des Unternehmens geführt. Die Hamburger Hapag-Lloyd-Reeder hatten sofort abgewunken. Der Bremer Vulkan wollte zwar das Unternehmen, setzte aber nur auf Schifffahrt und Schiffsbau. Dass dieses Konzept nicht funktionieren konnte, lag für Experten auf der Hand. Kurz: Es gibt kein Konzept für die Privatisierung der Deutschen Seereederei. Und es gibt nicht einmal genügend Interessenten.

Ein Wunder ist das nicht, schließlich umfasst dieses ehemalige, volkseigene Kombinat nicht nur die komplette DDR-Handelsflotte mit ehemals 340 Schiffen, sondern zugleich Häfen, Immobilien und immer noch 5.846 der ehemals 14.500 Mitarbeiter. Es ist die zweitgrößte Reederei der Welt nach der russischen Staatsreederei.

„Haben Sie nicht irgendeine Idee?“, fragt Matthies.

Rahe kennt die DSR ein bisschen. Seine eigene Reederei Töpfer hatte ein paar Geschäfte mit den „Ossis“ gemacht. Mit den Augen des Hamburger Reeders betrachtet, braucht es natürlich keine weitere Reederei in Deutschland für die klassische Schifffahrt. Erst recht nicht am Standort Rostock. Aber immerhin ist da noch der Immobilienbesitz. Und die DSR hat mit der „Arkona“ ein Kreuzfahrtschiff und ein Seemannshotel.

„Da muss doch was machbar sein?!“, denkt Rahe, als das Taxi am Potsdamer Platz hält. Ihm ist klar, dass er im Gegensatz zu den Reederkollegen in Hamburg und Bremen die Sache aus einem anderen Blickwinkel betrachten muss. Wenn man es ehrlich versuchte, musste man Dinge finden, die auch von Rostock aus machbar sein würden. „Ich denke mal darüber nach und schreibe Ihnen etwas auf. Vielleicht hilft Ihnen das!“, sagt er zur Verabschiedung. Er will diesem Horst Matthies gern einen Gefallen tun.

Erfolgsrezept: Das kindliche „Warum?"

Dass es ihm nicht schwer fallen wird, sein Versprechen einzulösen, spürt er schon beim Aussteigen aus dem Taxi. Horst Rahe ist ein Denker. Er liebt es, sich mit Zukunftsprognosen zu beschäftigen. Die Prognosen des berühmten englischen Astrophysikers Stephen Hawking und des deutschen Trendforschers Horst Opaschowski sind ihm geläufig. Auch in seinem eigenen Unternehmen befasst er sich mit der Frage: Wie mag die Welt in zehn Jahren aussehen? Vieles von dem, was er in Büchern oder Zeitungen liest, hält er für Quatsch. Aber er liebt diese Denkanstöße, um die Szenarien in seinem eigenen Kopf weiterzuentwickeln. „Meine Arbeit ist Denken", sagt er über sich. „Wenn ich wach bin, dann denke ich. Das Schöne in meinem Leben ist, dass Arbeit nicht irgend so eine begrenzte Zeit am Tag ist. Bei mir sind Arbeit und Privatleben eine Einheit, die fließend ineinander übergeht."

Vielleicht hat er diese ganzheitliche Art zu leben in der Schule gelernt. Als er ein Jahr nach Kriegsende in Hannover eingeschult wird, gibt es noch keine richtigen Schulen. Stattdessen: Klassen mit 80 Schülern, die in Räumen sitzen, in denen die Fensterscheiben fehlen. Morgens ein Stück Kohle zum Heizen mitbringen – so beginnt die Schule des Horst Rahe im Herbst 1946. Seine Eltern schicken ihn in die freie Waldorfschule. Sie verspricht den inhaltlich besten Unterricht: vier Sprachen, Praktisches von Gartenbau bis Stricken und vor allem Kunst. In Dutzenden Theateraufführungen lernt Horst das freie Sprechen.

Später wird er sagen, dass er in dieser Zeit ohne Zeugnisdruck Denkräume bekommen und das Denken gelernt habe. Das wichtigste seiner Erfolgsrezepte auch als Geschäftsmann sei, dass er sich über sein ganzes Leben die kindliche Frage nach dem „Warum?" erhalten habe. Er glaube nicht alles, was er hört, und nehme nichts so hin, wie es ist. Vielmehr beschäftige er sich mit der Frage „Warum ist das so?" Und wenn er keine befriedigende Antwort finde, dann denke er eben weiter darüber nach. Diese Neugier treibe ihn auch noch mit siebzig Jahren.

Doch Horst Rahe ist nicht nur ein Denker für das stille Kämmerlein. Schon der kleine Horst sieht am eigenen Vater, einem Diplomingenieur, dass Techniker in jeder Firma immer nur die Nummer zwei sind. Kaufleute sind hingegen die Nummer eins. Für Horst ist klar: Ich werde Kaufmann!

Von diesem Plan lässt er sich nur kurz und vorübergehend abbringen. Beim Trampen durch England, Schottland und Wales und als Barmixer in Spanien packt ihn die Lust auf das Reisen in ferne Länder. Sie sorgt dafür, dass er sich vom Auswärtigen Amt die Bewerbungspapiere für eine Diplomatenkarriere schicken lässt. Doch schon beim Ausfüllen der Formulare wird ihm klar, dass der Traum vom fröhlichen Botschaftsleben in der Ferne zunächst als trockener Bürojob in einem Ministerium in Bonn beginnt. Rahe schickt die Bewerbung nicht ab.

Also Kaufmann: Er studiert Wirtschaft und finanziert das Studium durch einen Nebenjob bei einem Wirtschaftsprüfer. Er macht einen außerordentlich guten Job. Sein Chef erkennt schnell, dass der junge Rahe binnen weniger Wochen zu seinem besten Mitarbeiter geworden ist. Doch er kann ihn nicht halten. Schon kurze Zeit später wird Rahe Leiter des Finanz- und Rechnungswesens eben jener Firma, bei der die Wirtschaftsprüfer gerade noch geprüft haben.

Es ist eine Anstellung, die heute jeden Gewerkschaftsfunktionär auf die Barrikaden treiben würde. Seine Verantwortung: die komplette Rechnungsprüfung des Unternehmens. Seine Kündigungsfrist: täglich! „Ich hatte nie einen Arbeitsvertrag wie ein normaler Mensch", erzählt

Rahe später. Ihn stört das nicht. Er verfolgt andere Ziele als geregelte Arbeitszeiten und Urlaubstage. Sein Arbeitgeber will den besten Mitarbeiter nicht an die Konkurrenz verlieren. Also bekommt der Student Rahe Firmenanteile. „Ich arbeitete schnell, viel und gut. Nach einem Jahr gehörten mir zehn Prozent des Unternehmens. Freiwillig!“ Wenn er heute darüber spricht, lacht er etwas verlegen, als hätte ihn seine Geschichte gerade selbst überrascht.

Der rasante Erfolg dieses Mannes, der zu jung ist, um etwas mit der Nazizeit zu tun zu haben, bleibt nicht unbemerkt. Die Zeitschrift Capital nimmt ihn als „Unternehmer des Jahres“ auf die Titelseite. Es ist die Zeit, als die Bank für Gemeinwirtschaft einen jungen Manager sucht, den sie nach Israel schicken kann. BfG-Chef Walter Hesselbach wird auf Rahe aufmerksam. Der Vorschlag überrascht den erfolgsverwöhnten Jungunternehmer dann aber doch: Er soll das Hilton-Hotel in Tel Aviv für deutsche Rechnung kaufen.

Ein Auftrag mit politischer Dimension. Natürlich ist die Bundesregierung eingebunden. Die Bonner Regierenden wollen beweisen, dass das neue Deutschland jung, unbelastet und vertrauensvoll ist. Rahe erhält eine Einladung zum Gespräch ins Bonner Regierungsviertel. Finanzminister Alexander Möller befindet ihn wohl für geeignet.

Denn kurz darauf, es ist das Jahr 1969, fliegt Rahe zum ersten Mal in seinem Leben nach Israel. Die Reise ist ein Politikum, schon am nächsten Tag sitzt er mit dreißig der wichtigsten Persönlichkeiten am Verhandlungstisch. Darunter sind der Finanzminister, der Wirtschaftsminister und Dutzende Anwälte. Er ist der einzige Krawattenträger im Raum. Die Juden tragen weiße Kurzarmhemden. Es ist still, als alle Platz nehmen, doch ein Schrei könnte nicht lauter sein: Einer nach dem anderen legen sie ihre nackten Unterarme gut sichtbar auf den Tisch. Horst Rahe prangen fünfzehn eingebrannte KZ-Nummern entgegen. Er steht auf, blickt in die Runde und sagt, dass er Verständnis hat, wenn mit ihm als Deutschem kein Geschäft zustande käme. Vielleicht sei die Zeit noch nicht reif. Er wolle jetzt aus dem Raum gehen, draußen eine halbe Stunde warten und wenn jemand der Meinung sei, er solle wieder hereinkommen, dann würde er dies gern tun. Wenn nicht, fliege er ohne schlechte Gefühle wieder nach Hause. Dann sei es eben zu früh gewesen.

Ein paar Minuten später holt ihn der israelische Wirtschaftsminister wieder herein ...

Von diesem Tag an steht der Name Horst Rahe fast täglich in der „Jerusalem Post". Und es dauert nicht lange, da kommen seine neuen israelischen Freunde mit einer heiklen Mission auf ihn zu: Sie haben gerade die „Israel Corporation", eine staatliche Entwicklungsgesellschaft auf Dollar-Basis, zum Aufbau des Staates Israel gegründet. Um Steuervorteile nach Devisenrecht aufrechtzuerhalten, müssen nun aber 25,1 Prozent nichtjüdisches Kapital in die Gesellschaft fließen. Ob der junge Deutsche dafür sorgen kann?

Er kann. Rahe pendelt zweieinhalb Jahre lang jeden Monat zwischen Deutschland und Israel hin und her, verkauft Israel-Anleihen in Europa und trifft dabei alle, die Rang und Namen haben. Zum Aufsichtsratsvorsitzenden der Israel Europe Corp., dem Finanzmagnaten Edmond de Rothschild, entwickelte sich eine enge Freundschaft. Mit geschätzten 1,5 Milliarden Schweizer Franken ist de Rothschild damals einer der reichsten Menschen der Welt. Einige Jahre später werden beide sogar auf die Idee kommen, Rothschild-Sohn und Rahe-Tochter zu verheiraten. Doch sie machen die Rechnung ohne ihre Kinder.

Horst Rahes Engagement in Israel ist nicht überall willkommen. Er kommt auf Todeslisten. Als Feind Nummer 2 kursiert er eine Zeit lang im arabischen Raum. Den Preis seines Erfolgs zahlt vor allem Rahes Familie. Seine Tochter Tanja, so erzählt er später einmal, habe er erst richtig kennengelernt, als sie sechzehn Jahre alt war und sie gemeinsam eine Reise in die USA unternahmen. Doch würde er alles wieder genauso machen? Horst Rahe überlegt einige Sekunden, obwohl er die Antwort schon tausendmal gegeben hat. Er sagt nicht „Ja“, sondern: „Ich kann mir keine Alternative vorstellen.“ Es klingt ein bisschen so, als sei er mit dem Nachdenken noch nicht fertig.

„Ich will die DSR nicht haben“

Die Gefahr des Nahen Ostens hat Horst Rahe schon Jahrzehnte hinter sich gelassen, als er an diesem Abend in seiner Hamburger Wohnung einen Stift nimmt und seine Gedanken zur Deutschen Seereederei (DSR) zu Papier bringt. Er hat inzwischen viel Geld verdient, sich an etlichen Unternehmen beteiligt und sie wieder verkauft. Das, was er an diesem Abend per Fax an den Treuhand-Vorstand Horst Matthies schickt, sind nur drei Seiten. Vielleicht werden es die wichtigsten seines Lebens.

Ein paar Tage später klingelt das Telefon. Rahes Sekretärin ist dran und hat einen „gewissen Herrn Matthies aus Berlin“ in der Leitung. Matthies klingt begeistert. Im Vergleich zu allem anderen, was er bisher über die Zukunft der DSR gehört hat, seien Rahes Ideen ja ein richtiges Konzept, das eine Perspektive für den Standort Rostock aufzeigt. Rahe hat geschrieben, dass es vermutlich nicht sinnvoll sei, die DSR als Reederei in Konkurrenz zu den West-Reedereien weiterzuführen. Stattdessen sollte größerer Wert auf den Immobilienbesitz gelegt werden. Die Vision eines großen Touristikkonzerns mit Sitz in Rostock durchzieht das Schreiben. Nach all den lobenden Worten fragt Matthies plötzlich: „Können Sie uns das Ganze nicht als Bewerbung reingeben?“ Rahe sagt: „Nein, das geht nicht. Das waren ja nur ein paar Gedanken, um Ihnen zu helfen. Ich will die DSR ja nicht haben.“

Doch das soll nicht sein letztes Wort bleiben. Es ist sein Geschäftspartner Nikolaus Schües, dem Rahe als Erstem von seiner Begegnung in diesem Berliner Taxi erzählt hatte. Die beiden Hamburger Reeder haben zu dieser Zeit einige gemeinsame Firmen. Schües ist wie elektrisiert: „Das ist die Riesenchance, noch einmal etwas ganz Großes in der Schifffahrt in Deutschland zu machen!“ Doch Rahe ist Kaufmann, kein Hasardeur. Seine Antwort ist hanseatisch kühl: „Ok, lass uns das mal angucken.“ Er ist nicht überzeugt davon.

Dennoch beginnt er zu überlegen. Er erinnert sich an eine alte Geschichte: Damals in den 1970ern kam der amerikanische Reeder Ted Arison nach Deutschland. Arison besuchte Rahe, legte ihm einen Businessplan vor und sagte: „Ihr habt in Deutschland Schiffsfinanzierungsbanken, ihr habt dieses KG-Modell und ich habe in Amerika einen gigantischen Markt. Lass uns doch gemeinsam eine Kreuzschifffahrt-Gesellschaft aufbauen. Aber man muss die Kreuzschifffahrt volkstümlicher machen, man muss Drei-Tages-Fahrten für breite Bevölkerungsschichten machen, jedes Reisebüro muss das verkaufen können und alles muss viel einfacher und preiswerter sein. Rahe schaut sich den Businessplan an. Doch er zweifelt! Und nicht nur er, sondern auch die Banken, die das Geld für diesen großen Plan aufbringen sollen. Arison geht zurück in die USA, gründet mit diesem Konzept Carnival Cruises Lines und macht sie zur größten Kreuzfahrtgesellschaft der Welt.

Diese Geschichte hat Horst Rahe nie vergessen. Mit jeder neuen Erfolgsmeldung von Carnival Cruises ärgert er sich, damals nicht mutiger gewesen zu sein. Und insgeheim nimmt er sich vor, irgendwann auch in Deutschland den Markt der Kreuzschifffahrt auf diese Weise zu revolutionieren. Denn anders als in den USA hatte sich hierzulande in diesem Markt seit hundert Jahren nichts verändert. Noch immer waren Kreuzfahrten überteuerte Langzeitreisen für eine kleine Gruppe von Superreichen, die sich ohne Krawatte nicht an Deck trauten und sich von steifen Dienern bewirten ließen. Ein Journalist hatte einmal gesagt: „Landgang, Tischgang, Stuhlgang!" Er hatte recht!

Und nun plötzlich bietet diese alte, marode Ost-Reederei die Chance, einen ganz neuen Konzern aufzubauen, der statt klassischer Schifffahrt vor allem Kreuzschifffahrt, Immobilien- und Tourismusgeschäfte macht.

Dieses Prinzip hat Rahe vor Augen, als er im Dezember 1992 in den Weihnachtsurlaub in seine Wohnung nach St. Moritz fährt. Schon Anfang 1993 muss die offizielle Bewerbung bei der Treuhandanstalt eingehen. Doch Rahe zögert immer noch. Zu groß scheinen die Risiken zu sein. Am Heiligabend schickt er ein Fax an seinen Geschäftsfreund Schües. Darauf steht: „Es sprechen nur drei Gründe dafür, ein Angebot abzugeben. Aber über hundert Gründe dagegen!" Da ist klar: Er will das Risiko einfach nicht eingehen!

Ein paar Minuten später klingelt sein Faxgerät. Auf dem herausquellenden Papier steht der Satz: „Und trotzdem: Lass es uns versuchen!"

Alles oder nichts

Über 150 Jahre früher, am 6. November 1828, trafen sich ein paar Bremer Junggesellen zum Kartenspielen und Trinken in einer damaligen Hafenkneipe. Sie machten das schon seit Jahren und immer wieder hatten sie bei dieser Gelegenheit untereinander unterhaltsame Wetten abgeschlossen. Doch an diesem Tag wurde eine ungewöhnliche Wette vorgeschlagen. Ob die Weser am 1. Januar 1829 „geiht oder steiht"?[7] Ein Schneider von 99 Pfund sollte versuchen, mitsamt seinem glühenden Bügeleisen über das Eis der Weser zu gehen. Wenn er trockenen Fußes am anderen Ufer ankäme „steiht" sie, andernfalls „geiht" sie.

Die Bremer Eiswette ist seit diesem Jahr 1829 ein festes Ritual in der Stadt. Immer mehr Bremer aus verschiedensten Berufen und jeden Alters wollten mitwetten. Über die Jahre entstand so am Dreikönigstag, dem 6. Januar, ein alljährliches Großereignis, bei dem 600 Menschen zusammenkommen. Sie sitzen an großen Tischen, es werden launige Reden gehalten, das „Logbuch des Lebens" aufgeschlagen, die Toten geehrt, getafelt und plattdeutsche Lieder gesungen. Um die Wette geht es schon lange nicht mehr, denn die Weser friert seit ihrer Begradigung nicht mehr zu.

Am 6. Januar 1993 ist Horst Rahe aus St. Moritz zurück. Er sitzt zur Eiswette im Restaurant „Zur Glocke" neben dem ehemaligen Daimler-Benz-Chef Edzard Reuter. Ihm gegenüber plaudert Bundespräsident Richard von Weizäcker über die anbrechenden letzten zwölf Monate seiner Amtszeit. Sechs Stunden dauert die Eiswette, bei der traditionell Rotwein mit Schnaps getrunken wird. Etwa nach der Hälfte der Zeit gibt es eine Pause, in der zur Erholung Bier ausgeschenkt wird. Es ist die Gelegenheit zum Umherlaufen und Smalltalk-Halten.

Horst Rahe hat genug gesessen. Er nutzt die Erholungspause zum Spazieren zwischen den Tischen. Doch plötzlich bleibt er stehen. Hinter ihm sind einige Leute ins Gespräch gekommen, die auch Rahe gut kennt. In der Runde sind unter anderem Dr. Horst Köhler, die graue Eminenz von Bremen, Friedrich Hennemann, der damalige Chef des Bremer Vulkan, und DSR-Geschäftsführer Uwe Grambow. Nicht wissend, dass Rahe zufällig zuhört, sprich Grambow den Vulkan-Vorstand Hennemann auf die Zukunft der Deutschen Seereederei an. Ob er von Horst Rahes Idee gehört habe und was er davon hält, will Grambow wissen.

Rahe dreht sich nicht um. Er lauscht und hört den Vulkan-Chef sagen, dass Rahe ein guter Mann sei und auch eine Menge schaffe. Aber gegen den Bremer Vulkan habe er bei der Übernahme der DSR nun wirklich keine Chance!

Es ist dieser Moment zwischen Rotwein, Schnaps und launigen Reden, in dem der kühle, hanseatische Rahe die Rationalität beiseite legt und emotional wird. Die Überheblichkeit des Vulkan-Chefs hat seinen Sportsgeist herausgefordert. „Jetzt zeig ich Dir das mal!“, denkt sich Rahe und beschließt in diesem Moment aus seinem Konzept bei der Treuhandanstalt eine Bewerbung zu machen. Später wird er sagen: „Wenn mir jemand sagt, ich könne irgendetwas nicht, dann versuche ich zu beweisen, dass ich es kann!“ Rahe verliert nicht gern. Wenn er kämpft, dann will er gewinnen. Er reicht seine Bewerbung ein.

Fünf Monate später, im Mai 1993, teilt die Treuhandanstalt überraschend mit, dass die mittelständischen Reeder Rahe und Schües die Deutsche Seereederei übernehmen werden. Sie bekommen für die Sanierung 200 Millionen D-Mark Staatsgelder. Angesichts der Aufgaben ist das ein Tropfen auf den heißen Stein. Bei der vergleichbaren Privatisierung der Jenoptik durch Lothar Späth wurden 3,6 Milliarden D-Mark an Unterstützung beigegeben.

Entsprechend fassungslos reagiert auch die Branche: „Was tun die beiden sich mit diesem unsanierbaren Unternehmen an?“, fragen die Gutmütigen. Eine Verschwörung vom Ballindamm vermuten die anderen. Denn dort, in der prunkvollen Zentrale der Hapag-Lloyd direkt an der Hamburger Innenalster, dürfte man sich gefreut haben, dass die bedrohliche Konkurrenz eines gemeinsamen Konzerns aus DSR und Bremer Vulkan abgewendet ist.

Doch echte Gratulanten trifft Horst Rahe in diesen Tagen kaum. Stattdessen ungläubige Blicke. Ein paar Tage später bekommen die Reederkollegen im Hamburger Überseeclub eine noch unglaublichere Nachricht zu hören. Rahe will Hamburg verlassen. Er will nach Rostock ziehen. Und noch schlimmer: Offenbar sind er und Schües die Einzigen in der ganzen Republik, die ihre gut gehenden westdeutschen Unternehmen mit einem maroden Ost-Kombinat verschmelzen wollen. Wenn etwas schiefläuft im wilden Osten, würde er nie sagen können: „Ok, hat nicht geklappt. Aber wir haben ja noch unsere Firmen in Hamburg. Wir gehen einfach zurück.“ Er reißt die Brücken hinter sich ab. Freiwillig! Keiner zwingt ihn!

Er wolle keine Rückfahrkarte haben, versucht er seinen alten Freunden zu erklären. Wenn man eine Hintertür habe, dann kämpfe man nicht richtig. Horst Rahe setzt sich selbst unter Zwang. „Gemeinsam gewinnen oder mit unseren Mitarbeitern untergehen“, hat er sich und Geschäftspartner Schües ins Stammbuch geschrieben. Er darf einfach nicht verlieren! Auf Kongressen im nächsten Jahrtausend wird er den staunenden Zuhörern berichten, dass dieses „Alles oder Nichts“ sein Erfolgsrezept war. Dass er dafür unter Kollegen belächelt wird, stört ihn nicht. „Mich interessiert mein persönlicher Spaß, nicht der Spaß, den die anderen haben." Doch im Hamburger Überseeclub will jetzt im Mai 1993 endgültig keiner mehr auf ihn wetten. Ob Dummheit oder Verschwörung: Der Rahe weiß offenbar nicht, was er da tut, heißt es.

Plattenbau und Trauermarsch

Es ist Winter geworden in Rostock. Die Kälte kriecht durch die Ritzen seiner neuen Wohnung. Horst Rahe dreht den Elektroofen im Badezimmer auf volle Leistung. „Anders kriegen Sie die Bude sowieso nicht warm", hatte ihm der Nachbar im Treppenhaus geraten. Er ist einer jener Nachbarn, von denen er durch die dünne Wand jedes Wort hört, wenn er vor der alten DDR-Wohnzimmer-Einbauwand auf der Couch sitzt und auf die Balkontür starrt. Jene Balkontür, die seine Frau Wera ihm verboten hat, zu benutzen. „Bitte gehe nicht auf den Balkon. Ich trau dem nicht. Der ist irgendwann weg!"

Horst Rahe ist angekommen. In der „Platte"! Drei-Zimmer-Wohnung in Rostock-Südstadt, direkt hinter dem Hauptbahnhof. Zwischen 1961 und 1965 war hier Rostocks erste sozialistische Plattenbausiedlung entstanden. 20.000 Menschen in 7.917 Wohnungen. Die Straßen sind heute noch nach Führern der Arbeiterklasse und nach Wissenschaftlern benannt. Vor allem Studenten und Senioren wohnen heute hier ... und ein millionenschwerer Hamburger Reeder, der gerade die ehemals zweitgrößte Reederei der Welt gekauft hat.

Horst Rahe ist im Wiedervereinigungsrausch. Plötzlich gibt es die Chance, aktiv dabei zu sein, wenn Geschichte geschrieben wird. Es ist eine einmalige Gelegenheit, richtig große Unternehmen aufzubauen. Diese Chance hat seine

Generation der Nach-Grundig-Ära schon einmal knapp verpasst. Damals nach dem Krieg gab es in Westdeutschland eine ähnliche Aufbruchstimmung wie heute in Ostdeutschland. Es ist der Idealzustand für Unternehmen in der Marktwirtschaft: große Nachfrage, wenig Angebot. Damals nach dem Krieg nutzten einige Unternehmer die Gunst der Wirtschaftswunderzeit und bauten große Unternehmen auf. Rahe war damals noch zu jung. Jetzt aber würde er seine Chance bekommen. Er will jetzt so nah wie möglich am Ort des Geschehens sein.

Dass sich der neue West-Chef in der sozialistischen „Platte" niederlässt, während seine Mitarbeiter, so schnell es geht, aus den sogenannten „Arbeiterwohnregalen" flüchten, kommt im Unternehmen gut an. Er gibt sich wirklich Mühe, sich in die Gefühle und Lebensumstände seiner neuen Ost-Mitarbeiter hineinzudenken. Er sammelt Akzeptanz.

Dies ist nicht immer so gewesen. Als er vor einem halben Jahr als neuer Besitzer erstmals durch das Firmentor getreten ist, hingen aus dem Verwaltungsgebäude lange schwarze Fahnen. Arbeiter waren kaum da, denn die waren gerade auf einem Trauermarsch zur Landesregierung unterwegs. Und der Betriebsrat gab ihm beim ersten Treffen zur Begrüßung nicht einmal die Hand. Man traute dem westdeutschen Privatunternehmer nicht.

Doch jetzt im kalten Winter 1993/94 legt sich das Misstrauen langsam. Horst Rahe hat Gewerkschaft und Betriebsrat mit seiner Vision angesteckt. Gemeinsam werden sie aus der alten DSR einen modernen Touristik-Schifffahrt-Gesundheitskonzern aufbauen. Und sie werden den verstaubten Kreuzschifffahrtsmarkt neu erobern. Sie werden eine neue Art von Kreuzfahrtschiffen erfinden, die weniger ein Schiff als ein Robinson Club auf See sind. Sie werden damit hunderttausendfach Kunden gewinnen, die sonst nie eine Kreuzfahrt gemacht hätten. Und sie werden die ersten sein, die der Branche beweisen, dass man richtig viel Geld mit diesem Regelbruch verdienen kann. Nun gilt es die Vision nur noch in die Tat umzusetzen.

Feuer auf See!

Bisher gibt es in ganz Deutschland nur 300 Spezialreisebüros, die Kreuzschifffahrten verkaufen. Jährlich gehen 150.000 bis 200.000 Menschen auf eine Kreuzfahrt. Diese Kundenzahl ist seit dem Beginn der Kreuzschifffahrt 1889 konstant. Es wurden nie mehr! Rahes Analyse ist einfach: Kreuzfahrten funktionieren seit 100 Jahren nach drei Regeln: Sie sind teuer, exklusiv und steif. All diese Hauptregeln der Branche will Rahe brechen und damit einen neuen Markt erfinden. Sein Plan lautet: Günstige Kreuzfahrten für jedermann mit Spaß und Action. Rahes Vision ist eine Mischung aus Kreuzfahrt und Cluburlaub.

Doch wie sehen entsprechende Kreuzfahrtschiffe aus? Welche Routen fahren sie? Wie funktionieren Marketing und Vertrieb? Mit diesen Fragen ist Horst Rahe anfangs allein. Seine Mitarbeiter sind „Klassiker“, von Cluburlaub haben sie keine Ahnung. Also schaltet Rahe einen Headhunter ein. Mit Produkt- und Positionsbeschreibung zieht der los und kommt Wochen später mit dem Hauptgewinn zurück: Horst Rahe verpflichtet die gesamte Geschäftsleitung der Robinson-Clubs: Johann-Friedrich Engel, den Vordenker, Wolfgang Arthur Mankel, den Operationsmann, und den Architekten und Techniker Hans-Wilm Zühlke.

Rahes Urvertrauen ist wohl der Grund, warum er die

Zukunft seiner Reederei in die Hände einer neuen Geschäftsführung legt, in der die meisten Mitglieder von Seefahrt keine Ahnung haben. Die Aufgabe, die Rahe ihnen gibt, klingt einfach: „Macht mir Euren Robinson-Club auf See. Ich will das Beste aus beiden Welten und ein wirklich gutes Pauschalprodukt!"

Doch so einfach wird es nicht. Nach einer Woche stehen die Traditionalisten vor Rahes Bürotür und drohen mit Kündigung: „Feuer auf See! Die verrückten Robinsons wollen auf dem Schiff auf offenem Feuer kochen!" Die Schifffahrtsexperten sehen eine Grundregel ihrer Branche in Gefahr. Und es ist nur die Erste von Hunderten, die in den folgenden Monaten gebrochen werden.

Rahe handelt in dieser Zeit nach drei Grundregeln eines Rulebreakers. Erst viel später wird er dies auch formulieren können. Aber hier und heute spielt er sie aus. Ein Rulebreaker braucht Charisma, denn er muss sein Team mitreißen. Ein Rulebreaker muss konsequent, fast stur bleiben. Er darf sich nicht von den üblichen Ratschlägen der Freunde, Banken und Berater verunsichern lassen. Er muss seinen Weg gehen, auch wenn dieser am Anfang durch tiefe Täler führt. Und ein Rulebreaker darf die Zeit nicht unterschätzen, die es braucht, bis das Produkt im Markt ist. Er muss einen finanziellen Weg finden, um nicht auf halber Strecke stecken zu bleiben. Seine Erfahrung: „Meistens sind die Probleme doppelt so groß wie erwartet und der Erfolg braucht die doppelte Zeit wie erwartet!"

Allmählich gewöhnen sich Kreative und Experten in Rahes Team aneinander. Auf Visionen folgen Umsetzungsideen. Ein Schiff nimmt Gestalt an, das so auf der Welt noch niemand gebaut hat. Doch ein neues Schiff ist noch kein neuer Markt. Noch fehlen die Kunden. Rahe hat ausgerechnet, dass solch eine Kreuzfahrt exakt 1.500 D-Mark kosten darf. Neben dem einzigartigen Produkt mit neuem Kundennutzen ist dies der zweite Baustein seiner Strategie: der strategische Preis! Bis zur Grenze von 1.500 D-Mark gibt es einen Markt von vier bis sechs Millionen Menschen, darüber bricht die Nachfrage extrem zusammen, haben ihm die Marktforscher berichtet. Also werden die Reisen 1.500 D-Mark kosten, keinen Cent mehr. Von seinen Kollegen erntet er ungläubiges Kopfschütteln. „Mit diesen Preisen musst Du doch pleitegehen?!" „Nein", sagt er. Denn trotz der Kraft, die er in neue Nutzeninnovationen investiert, gelingt es ihm auf der anderen Seite zu sparen. Jeglicher unnötige Kostenballast wird abgeschafft. Rahes Vision ist, mit einem Drittel der Besatzung bisheriger Kreuzfahrten auszukommen.

Auf die Frage, wie das denn gehen soll, hat er sich inzwischen angewöhnt mit einer Gegenfrage zu antworten: „Will unser Gast den sechzig Jahre alten Ober im Frack, der ein Würstchen serviert? Oder will unser Gast Hummer, den er sich selbst vom Büfett holt? Es sind ungefähr die gleichen Kosten." Die Antwort liegt auf der Hand: Der Gast möchte lieber ein paar Schritte für seinen Hummer laufen, als auf einen verdrießlichen Ober mit Würstchen zu warten.

All diese Überlegungen der vergangenen Monate finden sich an diesem Vormittag in Rahes Konferenzraum wieder. Acht Männer blicken stolz auf die Mitte des Konferenztischs. Da steht sie nun! Ein großes weißes Schiffsmodell: die AIDA – Deutschlands erstes Clubschiff. Das Konzept, das dieser Herrenrunde heute präsentiert wird, will die eingefahrenen Wege der Kreuzschifffahrtsbranche sprengen und einen ganz neuen Markt entdecken. Dafür hatten Rahe und seine Männer in den vergangenen Monaten die Welt der klassischen Reeder vollkommen auf den Kopf gestellt.

Wunderschön ist das schneeweiße Schiffsmodell auf dem Konferenztisch anzuschauen. Stolz und Genugtuung erfüllen den Raum. Doch einer in der Runde schaut nachdenklich. Friedrich Engel ist es, der lange nach Worten sucht und schließlich sagt: „Normalerweise müsste man da noch ein bisschen was farbig machen. So richtig nach Urlaub sieht das Ganze noch nicht aus." Er sagt es zögerlich, denn er weiß, dass Hamburger Reeder traditionell ihre Schiffe weiß haben wollen. Horst Rahe und Nikolaus Schües schauen sich an. Zaghaft wiegt Rahe den Kopf: „Also, das ist kein Gesetz. Wenn es vernünftig ist, kann man da auch etwas mit Farbe machen."

Und wieder gehen Rahe und Engel auf die Suche nach verrückten Konterparts zu den eigenen Schiffsexperten. Sie finden Felix Büttner. Der Zeichner hatte zu DDR-Zeiten mehrfach als Regimekritiker im berüchtigten Stasi-Knast in Bautzen gesessen, weil er um seine Mühle, die er in der Nähe von Rostock bewohnte, einen großen Wall aufgeschüttet hatte. Auf diesen stellte er internationale Fahnen und erklärte sich zum exterritorialen Gebiet.

Jetzt bitten ihn Rahe und Engel, sich etwas Verrücktes für ein Schiff namens AIDA zu überlegen. Ein paar Tage später bringt er eine Skizze mit Knutschmund und Kulleraugen an. Rahe weiß sofort: „Das ist es!" Dieses Bild wird sein Schiff weltbekannt machen.

Ein Schiff geht auf die Reise

Doch so weit ist es noch lange nicht. Es ist Anfang Juni 1996, als bei Rahe die Alarmglocken schrillen. Die AIDA ist fertig. Im finnischen Turku hat sie die Werft verlassen und Kurs auf Rostock genommen. Hier im Hafen soll sie am 7. Juni von der Ehefrau des Bundespräsidenten, Christiane Herzog, getauft werden. Fünf Tage später wird sie zu ihrer Jungfernfahrt nach Palma de Mallorca auslaufen.

Doch was weder Taufpatin Herzog noch die Öffentlichkeit wissen: Die 2.000 Betten in den 1.200 Kabinen sind nur zu zehn Prozent gebucht. In der Branche gibt es schon erste Gerüchte. Viele warten nur darauf, dass Rahe scheitert. Er aber greift eine Idee seiner Marketingabteilung auf. Er lässt bei der BILD-Zeitung anrufen und einen Deal vorschlagen. Die Zeitung soll über das Schiff berichten und ihren Lesern einen außerordentlich günstigen Preis anbieten. Vier Stunden, nachdem die BILD an den Kiosken liegt, ist das Schiff ausgebucht.

Doch bevor die 2.000 AIDA-Jungfernfahrer zu ihrer fast geschenkten Reise ablegen, geht Horst Rahe mit seinen Mitarbeitern an Bord: 1.500 Mitarbeiter für einen Tag und eine Nacht. Nicht wenige von ihnen weinen, als das Schiff ablegt. Ihr Schiff! Zum ersten Mal seit dem Ende der DDR haben die Mitarbeiter der Deutschen Seereederei wieder ein eigenes Produkt. Sie sind wieder wer! Sie werden es der Welt beweisen!

Diese Jungfernfahrt vor der Jungfernfahrt hat Kalkül. Am Hamburger Ballindamm unken die Konkurrenten schon von einer baldigen Pleite der DSR. Und auch Horst Rahe weiß, dass die schweren Zeiten erst noch kommen werden. Dafür braucht er den Rückhalt seiner Mitarbeiter. Wenn zusätzlich zu den externen Gegnern auch intern die Zweifler die Übermacht bekommen sollten, wird er keine Chance haben. Doch es fällt ihm nicht schwer, seine Leute emotional mitzunehmen. Er braucht keine Motivationstrainer. Er lebt die Begeisterung einfach vor. „Nur wer selbst brennt, kann andere wärmen“, sagt er.

Rahe wärmt nicht nur seine Mitarbeiter. Kurz darauf lädt er alle Reisebüros Deutschlands ein, ein paar Tage auf dem Schiff zu verbringen. 6.000 Verkäufer, die ihren Kunden mit Begeisterung von der tollen Reise auf der AIDA berichten. Dies ist der Zeitpunkt, an dem einige in der Branche beginnen zu glauben, dass dieser Horst Rahe es schaffen kann. Doch er selbst kennt die Zahlen besser.

Wasser bis zur Reling

Da sitzt er nun! Rahe muss innerlich schmunzeln, zu grotesk ist die Szene, in die er sich hineinmanövriert hat. Da residiert er auf einem Dachboden in Zürich mit zwei Schweizern, die gedanklich soweit vom Meer entfernt sind wie Möwen von den Alpen. Die beiden sind sein Schweizer Vermögensberater und sein Schweizer Anwalt. Das größte Geschäft, das sie bisher gemacht haben, mag vielleicht 50.000 oder 100.000 Schweizer Franken wert gewesen sein. Nun bringt Rahe sie gerade dazu, zwei Schiffe im Wert von 400 Millionen D-Mark zu bestellen. Vom visionären Geist der letzten Jahre ist in diesem Dachbodenbüro nichts zu spüren. Das schräge Dach macht den Raum klein und gedrückt. Die Stimmung ist angespannt.

Schon lange weiß Rahe, dass es ernst wird. Zwar fährt die AIDA in diesem Jahr 1997 die ersten Gewinne ein, aber sie reichen nicht. Die Kosten fressen ihn auf. Über 100 Millionen hat die Deutsche Seereederei allein an ausscheidende Mitarbeiter gezahlt, zu fünfzig Prozent muss die DSR für die jährlichen Verluste der drittgrößten Containerreederei der Welt aufkommen. Und sie blutet weiter durch überteuerte Dienstleistungsverträge, die westdeutsche Unternehmen der Ossi-Reederei vor Rahes Übernahme aufgedrängt hatten. Alles in allem macht Rahe Jahr für Jahr zweihundert Millionen Verlust.

Jetzt ist das Geld alle. In der Kasse sind nur noch fünf Millionen. Alle Grundstücke und Schiffe sind bereits beliehen oder verkauft. Sogar sein Prachtstück, die AIDA, hat Rahe verkauft und zurückgechartert. Noch zwei Jahre läuft die Charter, dann wird die AIDA irgendwelchen Amerikanern gehören, die schon begierig nach ihr lechzen.

Es ist die Zeit für schwere Entscheidungen. Die ehemaligen Partner Horst Rahe und Nikolaus Schües trennen sich. Schües geht zurück nach Hamburg und nimmt das Bereederungsgeschäft mit. Rahe bleibt in Rostock und führt die Deutsche Seereederei mit Hotellerie, Kreuzschifffahrt und Immobilien weiter. Doch wie geht es weiter? Inzwischen ist klar, dass der Markt für das AIDA-Konzept funktioniert. Doch solange Rahe nur ein Schiff betreibt, sind die Marketingkosten zu hoch und die Alternativen für die Kunden zu klein. Mindestens zwei neue Schiffe müssen her!

Deshalb sitzt Horst Rahe nun hier auf diesem Züricher Dachboden. Er selbst bekommt keine Kredite mehr von den Banken. Das wissen auch die Werften. Doch, so Rahes Gedanke, wenn diese beiden Schweizer eine Gesellschaft gründen und die Schiffe bestellen, dann würden die weiteren Verhandlungen mit den Partnern viel einfacher sein.

Obwohl seiner AIDA das Wasser bis zur Reling steht, ist Horst Rahe überzeugt, dass er einen Ausweg findet. „Ich gehe einfach immer davon aus, dass ich nicht Pleite gehe!“, sagt er. „Immerhin habe ich das jetzt 45 Jahre lang geschafft, dann wird das doch auch so weitergehen.“

Dinner ohne Ende

Im Vergleich zum Züricher Dachboden fühlt sich Horst Rahe ein paar Monate später fast königlich umsorgt. Kein Wunder: Seine Gastgeber kommen in der Rangordnung gleich nach dem englischen Königshaus. Das ehrwürdige Bürohaus in der Londoner Pall Mall atmet die Geschichte der vergangenen Jahrhunderte, der vornehme Butler mit seinen weißen Handschuhen erreicht scheinbar mühelos das Alter des Hauses.

Noch keine zehn Tage ist es her, da hatte Rahe in Frankfurt einen guten Freund um Rat gefragt. Dr. Peter Klaus ist Vorstand der KfW. Am Telefon hatte Rahe ihm seine Lage geschildert: die zwei designierten Schiffseigner in der Schweiz und seine Finanzierungsprobleme. Zu seiner Überraschung hatte Klaus sofort eine Antwort parat. „Ich weiß, dass die britische P&O sehr interessiert ist, ihr Geschäft weiter auszubauen." Die P&O ist nicht nur die drittgrößte Kreuzfahrtgesellschaft der Welt, sondern hat auch einen Ableger für die normale Handelsschifffahrt. „Ich mache Ihnen einen Kontakt zu Lord Sterling, dem Chairman und CEO", verspricht Klaus. Die Einladung aus London kam prompt.

Nun sitzt Rahe also hier bei Moorhuhn im edlen Ambiente des englischen Geldadels. Nicht nur Lord Sterling speist mit ihm, sondern auch Tim Harris, der zweite Chef. Rahe berichtet von den Erfolgen der AIDA, vom neuen Marktsegment, das er in Deutschland erobert hat, und von seinen Finanzsorgen. Er braucht Geld, um zwei neue Schiffe zu finanzieren. Er macht den Engländern ein konkretes Angebot.

Nach einer Stunde steht Lord Sterling auf. Er verabschiedet sich höflich, er müsse jetzt ins Parlament: Eine Sitzung des Oberhauses, die nicht warten könne. Kein Wort kommt aus seinem Mund, ob er Rahes Angebot nun für gut oder schlecht hält. Beim Nachtisch mit dem am Tisch verbliebenen Tim Harris beschleichen Horst Rahe die ersten Zweifel.

Vor einigen Wochen war schon einmal ein Versuch gescheitert, die Finanzierung zu stemmen. Damals war er gleich zu den Größten der Welt gegangen, zu Carnival Cruises Lines. Hier hat inzwischen Mickey Arison das Sagen, der Sohn jenes Ted Arison, der Horst Rahe schon in den 1970ern eine Zusammenarbeit vorgeschlagen hatte. Arison hatte auch diesmal zugesagt. Aber bevor es zum Vertrag gekommen war, tauchten Meinungsverschiedenheiten auf. Rahe bestand darauf, dass das Produkt deutsch und am Standort Rostock bleiben müsse. Die Arisons wollten das Unternehmen nach Monaco verlegen. Sie kamen nicht zusammen.

Entsprechend hohe Erwartungen hatte Horst Rahe in dieses Dinner in der Londoner Innenstadt gesteckt. Als er die Treppe des ehrwürdigen Bürohauses herunterbegleitet wird, hat er immer noch keinerlei Reaktion bekommen. Es wird wohl eher nichts werden, befürchtet er.

Der Lord und die Kühe

Jetzt braucht er Zeit zum Nachdenken. Alle Optionen scheinen gezogen. Was bleibt? Horst Rahe fährt in die Schweiz. Er liebt die Berge, er liebt die Ruhe und er liebt es, irgendwo auf dem Berg zu sitzen, in die Weite zu schauen und nachzudenken. Hier auf dem Berg klingelt sein Handy. Er weiß sofort, wer dran ist, denn an diese royale Stimme kann er sich gut erinnern. Lord Sterling fragt: „Wie geht es?“ Und mitten in den beginnenden Smalltalk hinein fragt der Lord plötzlich: „Was ist das denn für ein Gebimmel bei Dir?“ Rahe lacht. „Das sind die Kühe.“

„Wieso Kühe?“

„Ich bin heute nicht im Büro. Ich bin in der Schweiz auf dem Berg.“

„Gibt es da in der Nähe einen Flugplatz?“

„Ja, in St. Moritz, in Samedan gibt es einen Flugplatz.“

„Kann ich morgen zu dir kommen?“

„Natürlich. Ich habe da ein hübsches kleines Hotel im Unterengadin. Dort können wir uns treffen.“

„Okay, ich komme. Aber wir reden nicht über Geschäfte. Das musst Du versprechen!“

Am nächsten Nachmittag ist Lord Sterling in der Schweiz. Rahe schlägt ihm eine kleine Wanderung vor. Danach gehen sie essen und reden über Musik, Politik und Sport. Rahe kommt es so vor, als hätten sie eine Wellenlänge. Aber was will der Engländer eigentlich? Kein Wort verliert er über Rahes Angebot und den Grund ihres Kennenlernens.

Am nächsten Morgen geht das komische Gebaren weiter. Jetzt lädt Lord Sterling ihn zum Frühstück ein. In Rahes Hotel! Der wundert sich. Doch dann beim Frühstück sagt Sterling plötzlich: „Horst, wir machen das!“ Rahe ist verblüfft. Damit hatte er heute Morgen nicht mehr gerechnet. Statt einer Dankesarie sagt er: „Jetzt erkläre mir mal bitte, was die ganze Geschichte sollte?“

Sterling setzt sich aufrecht: „Geschäfte werden von Menschen gemacht! Die Zahlen können gut oder schlecht sein. Das ist zweitrangig. Aber wenn die Menschen nicht zusammenpassen, dann funktionieren keine Geschäfte. Und weil es hier doch um große und langfristige Dinge geht, wollte ich dich erst einmal kennenlernen. Das hat mir alles gut gefallen. Wir beide kriegen das hin. Jetzt setzen wir unsere Manager daran und wenn es irgendwo knirscht, dann rufen wir uns gegenseitig an, treffen uns und ziehen das gerade."

An diesem Morgen beginnen eine lange Freundschaft und ein gutes Geschäft. Zusammen mit P&O Cruises baut Rahe die beiden neuen Schiffe und kauft sogar die AIDA zurück. P&O wird der größte Aktionär bei ihm und er der größte bei P&O. Im Board ist er für die Strategien zuständig und hat die alleinigen Rechte für den deutschsprachigen Raum und Osteuropa. Alles scheint wunderbar. Die Gesellschaft hat in den darauffolgenden Jahren die beste Bilanz der ganzen Branche und eine Eigenkapitalquote von siebzig Prozent.

Doch sie wollen mehr und Ende 2003 scheint die Situation günstig. Wenn P&O jetzt die zweitgrößte Kreuzschifffahrtsgesellschaft der Welt, die überschuldete Royal Caribbean kaufen würde, dann zöge man sogar an Carnival vorbei. Also begeben sich die Briten aufs glatte Börsenparkett. Sie kaufen Royal Caribbean Aktien. Doch die Amerikaner schlagen zurück. Gemeinsam mit Hedgefonds versuchen sie einen Unfriendly Takeover von P&O. Ein Hauen und Stechen beginnt, an dessen Ende Carnival gewinnt. Dieser Machtkampf war nicht Horst Rahes Idee. Er ist auch an den Aktienkäufen nicht beteiligt. Doch als einer der wichtigen Aktionäre und Board Member muss auch er am Ende seine Aktien an die Amerikaner verkaufen. Zwar mit großem Gewinn und gesicherter Perspektive für den Standort Rostock ... aber er ist nicht mehr Eigentümer des Unternehmens. Damit gehören ihm auch die AIDAs nicht mehr.

Ein Huhn am Tag!

Wenn Horst Rahe heute an seinem Schreibtisch in der Hamburger Hafencity sitzt, schaut er rechts auf die Baustelle der Elbphilharmonie, geradeaus über den Hafen und linkerhand auf den historischen Wandschrank mit den sechs Tabakpfeifen, dem Foto seiner Tochter und dem unvermeidlich düsteren Gemälde von alten Kähnen auf stürmischer See.

Dass er hier im Nachbarhaus der Baustelle sitzt, ist wohl weniger Pech denn Weitblick. Unten im Erdgeschoss hat er eine Bar, Brasserie und ein Bistro eingerichtet. Wenn die Philharmonie fertig ist, wird das wohl zu einer der angesagtesten Adressen in Hamburg werden. Schon heute sind Salon Privé und Bar meist ausgebucht. Das mag der typische Rahe-Weitblick sein, der unzählige Geschäfte aufbaute und wieder abstieß. Ob Hotels, Ressorts, Linienschiffe, Flussschiffe, Gesundheitszentren, Bürohäuser – die Deutsche Seereederei ist überall aktiv. Und das gilt auch für den Chef: Drei Büros hat er in Rostock, Hamburg und im schweizerischen Engadin und drei Sekretärinnen.

Was er mit siebzig Jahren nicht hat, ist ein Unternehmensnachfolger. Nicht dass er wirkt, als ob er nicht mehr könnte. Im Gegenteil! Aber irgendwann … Er erzählt von jenem Tag, als ihm klar wurde, dass seine Tochter seine Firmen nicht haben will, als er erkannte, dass sie diese Verantwortung nicht tragen will. An diesem Punkt hat er seine Strategie überdacht: „Was macht man da?“, fragt er lächelnd. „Baut man so ein Riesending auf, wohlwissend, dass das alles zusammenbricht, wenn man mal weg ist? Oder gönnt man sich den Spaß zu sagen: ‚Ich kann ja sowieso nicht mehr als ein Huhn am Tag essen‘?“

Seit diesem Tag versteht er sich weniger als Besitzer, denn als Aufbauer. Seine Konsequenz ist, dass er die Unternehmen, wenn sie einmal stabil laufen, als Management-Buy-out verkauft. Auf diese Weise hat seine Deutsche Seereederei in Rostock inzwischen 8.000 Arbeitsplätze geschaffen. „Ich schaffe Unternehmen und sorge dafür, dass diese Unternehmen weiterleben“, sagt er und meint eigentlich, dass es ihn langweilt, Unternehmen weiterzuführen, wenn sie stabil laufen. „Dann kann es doch jeder machen. Die Verwaltung und das normale Geschäft sollen andere machen. Das ist für mich nicht mehr prickelnd!“

Er dagegen kann es einfach nicht lassen. Manager sei ein Beruf, Unternehmer dagegen ein Zustand. Er ist Unternehmer mit Leib und Seele. „Ich kann nicht einfach sagen: ‚Morgen komme ich nicht mehr!‘ Stattdessen mache ich gern neue Dinge und wenn sie in die Routine gehen, dann versuche ich sie auch wieder loszuwerden“, erklärt er sein Denken. Im Augenblick gehen seine Gedanken wieder zu etwas Großem. An einem aufsehenerregenden touristischen Produkt sei er dran. Noch einmal etwas AIDA-Ähnliches könnte das werden. Solche neuen Dinge zu machen, das fordert ihn. Doch Horst Rahe schwärmt nicht, auch wenn der Gedanke dazu angetan wäre. Er ist Kaufmann, er kalkuliert auch seine Worte.

Dann lädt er die Gäste in sein Bistro ein und bestellt sich selbst Kartoffelsuppe.

Fall 2: Gegen den Strom

Um die hellen, wachen Augen, die ihn aus dem Spiegel anstrahlen, tanzen lustige Fältchen. Auf seiner hohen Stirn lässt er abwechselnd tiefe Furchen erscheinen und verschwinden. Wenn seine ehemaligen Richterkollegen am Landgericht Stuttgart ihn hier beobachten könnten – die würden Augen machen! Den markanten Schnauzer umspielt ein verschmitztes Lächeln.

Als Querdenker galt Gerhard Goll schon immer. Ob als Richter oder später als hochrangiger Beamter in der Regierung. Ministerpräsident Hans Filbinger hatte ihn vor fünfzehn Jahren ins Staatsministerium geholt, bei Ministerpräsident Erwin Teufel saß er später sogar im Kabinett. Alle seine guten Freunde kennen Golls Verrücktheiten. Dass er, wenn ihm Diskussionen zu langweilig werden, aufsteht und sagt: „Leute, ich gehe jetzt mal zwei Tage wandern." Dass er sich dann seinen Schlafsack schnappt und allein über irgendeinen Hochgebirgspass läuft.

Doch das hier, in diesem Washingtoner Hotelzimmer, würde ihm vielleicht selbst sein bester Freund nicht zutrauen: In Unterhose steht die große, asketische Gestalt vor dem Badezimmerspiegel. Er ist in Eile. Sein Flieger hatte Verspätung. In einer halben Stunde wird er schon bei diesem Empfang erwartet. Eigentlich keine sonderbare Situation im hektischen Leben eines der wichtigsten deutschen Strommanager. Würde da um die Ecke auf dem Doppelbett nicht dieser junge Kerl sitzen, in Schlips und Kragen, hergerichtet wie zur eigenen Hochzeit. Der Vorstandsvorsitzende eines der großen Energieversorgungsunternehmen Deutschlands führt gerade ein Bewerbungsgespräch ... in Unterhosen.

Michael Zerr findet es einfach nur abgefahren. Innerlich grinst der 31-Jährige mit dem badischen Akzent in sich hinein, äußerlich gibt er sich Mühe, möglichst unbeteiligt vorbeizuschauen, wenn sein künftiger Chef mit seiner Unterhose zwischen Bad und Schrank hin- und herläuft.

Es ist keine fünf Tage her, da hatte ihm Goll am Telefon gesagt: „Wenn ich sowieso in Amerika bin, dann können Sie doch auch mal kurz vorbeikommen!" Zerr sagte Ja und fragt sich seitdem, ob Goll wohl klar war, dass San Diego nicht viel weniger weit von Washington entfernt ist wie Frankfurt. Doch er stieg in den Flieger und nun sitzt er hier.

Sie hatten sich vor ein paar Monaten während eines Praktikums kennengelernt. Michael Zerr war gerade in den Genuss eines Studiums an der Führungsakademie des Landes Baden-Württemberg gekommen. Fünf Jahre und zwei Führungsstellen nach Ende seines eigentlichen Studiums genoss er noch einmal den Luxus eines Perspektivenwechsels und verschiedener Praktika in den USA. Mit diesem Programm soll mehr Innovation in die Administration und Wirtschaft in Baden-Württemberg kommen, eine Idee der Regierung unter Lothar Späth.

In einem dieser Praktika waren sich die beiden begegnet. Es war ein Zukunftsworkshop für Querdenker im Schwarzwald gewesen, bei dem Goll von Zerrs analytischem Verstand und seinen Ideen beeindruckt war. Sie richteten sich oft gegen den Strom, schienen aber immer strategisch klug zu sein. Da war in Goll der Gedanke gereift, den jungen Mann an eine entscheidende Stelle in seinem geplanten Changeprozess zu setzen.

Fünfzehn Minuten später ist Michael Zerr Leiter der Unternehmensentwicklung des Badenwerkes.

Ein Unternehmen voller Regeln: Das Eldorado für Regelbrecher

Als Michael Zerr, frisch aus den USA zurück, das erste Mal in seine neue Arbeitsstätte in Karlsruhe einzieht, begegnet er zuallererst seinem Albtraum. Lange graue Gänge, Linoleumboden, zellenartige Zimmerchen links und rechts, alles Grau in Grau. Ältliche Herren in durchschwitzten, karierten Jacketts. Neben dem Pförtner am Eingangstor hängt das wichtigste Teil des Unternehmens: die Stechuhr. Sie geht drei Minuten vor. Drei Minuten vor sechzehn Uhr springt sie auf die volle Stunde. Fünf Minuten vor sechzehn Uhr stehen die Kollegen bereits an der Stechuhr, damit sie pünktlich herauskommen.

Dabei war die Energiebranche einst Innovationsmotor. Einige der langjährigen Mitarbeiter können sich noch erinnern, wie begeistert sie begrüßt wurden, als sie vor vielen Jahren den Strom erstmals in abgelegene Dörfer brachten. Es hatte Volksfeste gegeben. Darüber sprechen sie selten, aber wenn sie es tun, dann verströmen sie noch einmal den unglaublichen Stolz, der die Branche einst geprägt hatte. Doch später war sie immer mehr in die Defensive geraten: Bürokratie, Wagenburg und Obrigkeitshörigkeit statt Innovation.

Manchmal glaubt Michael Zerr seinen Augen nicht zu trauen: Wenn einer der Vorstände sich dem Fahrstuhl nähert, springen alle Mitarbeiter, die bereits im Aufzug sind, wortlos heraus, um den Vorgesetzten allein in die 18. Etage fahren zu lassen. „Verbote und Regeln prägten den Konzern. Vor allem unsinnige Regeln, die nur dafür da sind, zu testen, ob die Individualität der Mitarbeiter schon erfolgreich gebrochen ist“, beschreibt Zerr später die Atmosphäre. Im Flurfunk heißt es, angeblich seien schon Mitarbeiter rausgeflogen, weil sie gewagt hatten, mit einem Vorstand gemeinsam in den Fahrstuhl zu steigen. Ob dieses Gerücht auf Fakten beruht, weiß mit Bestimmtheit niemand zu sagen. Aber allein durch den Flurfunk wird es zur Realität.

„Was tun wir hier inmitten dieser Steifheit und Spießigkeit eigentlich?", fragen sich Zerr und seine fünf Mitarbeiter in der neuen Abteilung Unternehmensentwicklung regelmäßig.

Er fährt ab und zu in die 18. Etage. Wer hier aus dem Fahrstuhl steigt, steht in einem quadratischen Raum. In jeder Ecke findet sich die Tür zu je einem Vorstandsbüro. In der Mitte stehen zwei Sessel nebeneinander. Aus einer Laune heraus verstellt Zerr die Sessel, sodass sie sich nun gegenüberstehen. Er findet das kommunikativer. Doch als er eine halbe Stunde später wieder vorbeikommt, stutzt Zerr. Die Sessel stehen wieder in ihrer alten Ordnung. Er verstellt sie erneut. Und wieder stehen sie kurz darauf nicht mehr gegenüber, sondern nebeneinander. Wie zu Beginn.

Nach einigen Wiederholungen bemerkt Zerr, dass es in seinem neuen Unternehmen eine Regel dafür gibt, wie diese Sessel zu stehen haben. Seitdem wird es für ihn und seine Mitarbeiter zum großen Spaß, jede Stunde hier vorbeizukommen und die Sessel zu verschieben. Ein Regelbruch, so sinnlos wie die Regel selbst! Kurze Zeit später kommt es unternehmensweit zum Aufruhr über die Frage, welcher „gemeine Hund" trotz klarer Regel ständig die Sessel verstellen würde?!

Die Strategieabteilung am Boden

Michael Zerr genießt in diesem Umfeld so etwas wie Narrenfreiheit. Er gilt als der Protegé des Vorstandsvorsitzenden. Auch Gerhard Goll selbst ist die Spießigkeit seines Unternehmens zuwider. Die sinnlosen Regeln, die penible Ordnung, die gelangweilten Mitarbeiter ... Gerhard Goll will das alles ändern. Innovationsgeist soll in das Unternehmen hinein. Und Michael Zerr soll die Speerspitze eines Wandlungsprozesses sein. Als Zerr ihn einmal nach einer Zielvereinbarung für seinen Arbeitsvertrag fragt, antwortet Goll: „Sie wissen doch, was ich will. Tun Sie das, wozu Sie am meisten Lust haben und was Sie am besten können! Sie wissen selbst am besten, womit Sie den größten Beitrag zu diesem Innovationsprozess leisten können. Das ist ihre Zielvereinbarung."

Zerr nimmt seine Aufgabe ernst. Er will Farbe in das Grau-in-Grau der Badenwerke bringen. An die Wand über seinem Schreibtisch schreibt er seine persönlichen fünf Antiregeln:

- Wann hast du zum letzten Mal deine Kompetenz überschritten?
- Umgehe alle Vorschriften, die dein Projekt gefährden könnten!
- Verbrenne deine Stellenbeschreibung!
- Rechne damit, dass du jeden Tag gefeuert werden kannst!
- Es ist besser, nachher um Entschuldigung, als vorher um Genehmigung zu bitten!

Wenige Wochen später klopft es an seiner Bürotür. „Herein", ruft Zerr. Guido Lessner drückt die Klinke herunter und tritt ein. Das Bild, das sich ihm bietet, wird er sein Leben lang nicht vergessen. Der Strategiechef Zerr und seine Mitarbeiter liegen auf dem Boden und schauen sich die „Sendung mit der Maus" an. Lessner bleibt konsterniert in der Tür stehen. Er ist Student und hatte sich für ein Praktikum in der Zukunftsabteilung eines

Großkonzerns beworben. Nun steht er im extra gekauften Anzug, mit seinem weißen Einstecktuch im Büro des Strategiechefs und die ganze Strategieabteilung liegt auf dem Boden. So hatte er sich das nicht vorgestellt. Dennoch kommen sie zusammen. Nach dem ersten Schock wird Lessner zu einem der wichtigsten Mitarbeiter von Michael Zerr.

Gemeinsam werden sie Monate später ein Planspiel entwickeln, mit dessen Hilfe sie die Marktveränderungen und Reaktionen aller Marktteilnehmer während der Liberalisierung des Energiemarktes simulieren können. Und Zerr wird 20 Jahre später zugeben, dass er niemals so viel über den Energiemarkt gelernt habe wie in diesem Planspiel. Der heutige Personalchef der EnBW hatte im Planspiel die Rolle des Staates übernommen. Und alle anderen Akteure seien das ganze Spiel über völlig verzweifelt gewesen, weil der Staat nie etwas getan hatte, erinnert sich Zerr. „Doch genauso wie im Planspiel, kam es dann auch in der Realität. Egal, was die anderen taten, der Staat tat gar nichts“, erzählt Zerr. Er klingt heute noch verblüfft, dass ihr Planspiel diese Realität so perfekt vorausgesagt hatte.

Das Badenwerk ist inzwischen mit der EVS Energie-Versorgung-Schwaben AG zur EnBW fusioniert. Entstanden ist der viertgrößte Energiekonzern Deutschlands. An der Spitze hat die EnBW den Querdenker Gerhard Goll, der seinerseits dem Strategiechef Michael Zerr den Rücken freihält. Und für Rulebreaker Michael Zerr ist der Energiekonzern mit seinen tausenden Regalwänden voller Regeln ein ideales Spielfeld. Er braucht sie, um sie brechen zu können.

Er beginnt mit den sichtbaren Regeln. Die Firmenwagen, die bislang aussehen wie Müllautos, bekommen einen neuen Anstrich. Auch die Wände und Flure werden farbenfreudiger gestrichen. Zerr arbeitet an neuen Produkten, einem neuen Logo, neuen Slogans und Plakatmotiven. Doch im Grunde kämpft er den täglichen Kampf gegen Hunderte sinnloser Regeln in seinem Unternehmen. Auch mit dem Vorstandsvorsitzenden im Rücken dauert es Monate, bis erste Erfolge sichtbar sind. Doch eines Tages gelingt Michael Zerr der große Coup: Der EnBW-Vorstand beschließt, dass alle Regeln des Unternehmens außer Kraft gesetzt sind und durch den gesunden Menschenverstand ersetzt werden. Dies ist kein allgemeiner Wunsch. Nein! Sie meinen es ernst: Es gibt keine Regel mehr im Unternehmen. Es gilt der gesunde Menschenverstand!

Vermutlich wird dieser Vorstandsbeschluss einmalig bleiben in der deutschen Wirtschaftsgeschichte!

Doch nicht alle lieben den verrückten „Ziehsohn" des verrückten Chefs. Genau genommen, sind es wohl die wenigsten. Von den 3.000 Mitarbeitern des Badenwerkes gibt es, so empfinden Zerr & Co., vielleicht 200, die Hoffnung in den frischen Wind setzen. Die anderen sind Gegner. Es sind jene, die einen Aufstand machen, als die Firmenwagen, die bis dato wie Müllwagen aussehen, eine modernere Lackierung bekommen sollen. Kleinigkeiten der Veränderung lösen unglaubliche Widerstände aus und nicht selten hat Michael Zerr das Gefühl, keinen Millimeter weiterzukommen. Es ist unendlich mühsam. In diesen Situationen hat er sich angewöhnt, an das Bild der alten Dampflokomotive zu denken, die seit Jahren nicht bewegt wurde und auf dem Gleis eingerostet ist. Wenn man sie anschieben will, dann sind die ersten Millimeter die schwersten. Doch wenn man weiterschiebt, löst sich irgendwann der Rost, die Lokomotive nimmt Fahrt auf und ist irgendwann kaum noch aufzuhalten.

Der Widerstand hat zugleich eine wichtige Funktion.

Zerr braucht ihn: „Ich wäre nie in das Unternehmen gegangen, es sei denn mit genau dieser Aufgabe, da irgendwas zu verändern", sagt er später. „Es hätte mich überhaupt nicht gereizt, Teil eines Ganzen zu werden." Stattdessen fühlen sich er und seine Truppe als Piratencrew, die dabei ist, einen trägen Dampfer zu entern. „Wir haben nicht gedacht ‚Jetzt bin ich auf dem Dampfer. Jetzt bin ich Steuermann oder erster Offizier.' Sondern wir haben gedacht ‚Ich bin Pirat und jetzt werden wir mal schauen, wie wir das Schiff da irgendwo hinkriegen, wo wir es haben wollen.'"

Es ist jene Zeit, da der deutsche Energiemarkt liberalisiert wird. Es zeichnet sich ab, dass die Energieversorger bald eine ganz neue Kundengruppe bekommen. Sie werden miteinander um Privatkunden konkurrieren. Zerr bekommt die Aufgabe, die Strategien der EnBW für den Privatkundenmarkt zu entwerfen.

„Das ist nicht das Unternehmen, in dem ich arbeiten will" [8]

Als Michael Zerr im Januar 1998 in das Besprechungszimmer seines Chefs kommt, liegt gespannte Erwartung in der Luft. Zwölf Männer und zwei Frauen sind in dem hellen, aber nüchternen Raum versammelt. Es wird geraucht. Auch zwei Gäste sind dabei: die Ein-Mann-Agentur Bernd Kreutz und seine Mitarbeiterin Inge Reuhl. Vor drei Monaten hatte Kreutz einen Anruf von Gerhard Goll bekommen. Der Vorstandsvorsitzende sagte, er brauche für den entstehenden Wettbewerb auf dem Strommarkt einen „Wahlkampfmanager". Das Wort hatte Kreutz gefallen. Er vermutet dahinter ein Denken, das sich mit dem seinen trifft. Er versteht sich nicht als Werbeagentur, er will die Dinge ganzheitlich verstehen.

Es geht um eine neue Kampagne, mit der die EnBW den Markt aufmischen will. Vor einem Jahr ist durch die Fusion den beiden altmodischen Unternehmen Badenwerk und EVS die EnBW hervorgegangen. Sie soll den begonnenen Changeprozess weitertreiben und ein neues, innovatives Erscheinungsbild bekommen. Kreutz hat seine Ideen in einem Pappsarg mitgebracht. Ein Sarg für die vielen guten Ideen, die sang- und klanglos sterben. Dann packt er seine Pappen aus. Es sind die bei Agenturpräsentationen üblichen großen Pappschilder, auf die die Layoutvorschläge für Logos und Slogans aufgeklebt sind. Das neue Logo der EnBW soll silbern sein und weiß und schwarz. Kreutz erklärt, „weil Energie grundsätzlich keine Farbe hat". Die Werbeplakate sind auch schwarz-weiß und silbern, und darauf steht: „Gut's Nächtle, RWE."

Nach Kreutz' Präsentation gibt es Gemurmel. Über die David-gegen-Goliath-Positionierung gegenüber den großen Ruhrkonzernen RWE und E.ON ist sich die Runde einig. „Wir sind anders als die anderen!", wollen sie ihren künftigen Privatkunden sagen. Dann wird eine Zeit lang über die Farben diskutiert. Am Ende sagt Goll: „Also hat offensichtlich niemand was dagegen? Dann sind wir uns ja einig. Ich kann damit leben."

Das sind keine Worte großer Emotionen. Bernd Kreutz wird später schreiben, er habe in diesem Augenblick gedacht: „Das klingt verdächtig nach Vernunftehe, kein Sex, keine Erotik, nicht mal Händchenhalten." Doch als schon alles gelaufen scheint und Kreutz gerade seine Pappen einpackt, passiert etwas Unglaubliches.

Michael Zerr sagt laut in die Stille hinein: „Also, Herr Kreutz, was Sie da gezeigt haben, ist nicht das Unternehmen, in dem ich arbeiten will. Was Sie uns gezeigt haben, strahlt nur Kälte aus. Diese Logos stehen für einen kühlen Managementkonzern, ohne Menschlichkeit, ohne Seele, ohne Perspektive." Ungläubige Blicke schießen durch den Raum. Köpfe werden eingezogen.

Es ist genau jene Situation, die die Köpfe für die Gedanken, dass Strom gelb sein könnte, bereit macht. Doch so weit ist es noch nicht.

Michael Zerr steht auf. Er läuft zum Fenster. Was er spürt, aber erst Tage später formulieren kann, ist, dass Kreutz auf seine Art Recht hat. Kreutz' Gabe ist es, die Dinge, die er sieht, spürt und empfindet, in unglaublich genauer Weise in Worte und Bilder umzusetzen. Genau das hatte er getan: Er hatte den Mief, die Angst und das Grau-in-Grau des Konzerns wahrgenommen und diese Realität in stimmige Bilder übersetzt. Doch was er nicht gezeigt hatte, ist jene Welt, die Zerr erreichen will. Schon Monate zuvor hatte er mit Goll eine Liste von Attributen aufgeschrieben, für die EnBW stehen sollte. Auf dieser Liste stehen Begriffe wie: spielerisch, lebhaft, quirlig, pfiffig, farbig. Nichts davon ist in Kreutz' Konzept zu finden.

Jetzt steht auch Gerhard Goll auf. Er und Zerr laufen beide umher, sind sich mal nah und gehen wieder auseinander. Bernd Kreutz wird diese Minuten später als rituellen Tanz beschreiben. Dann bleibt Goll hinten am Fenster stehen und sagt sehr langsam und bedächtig: „Herr Zerr, es gibt Stimmen im Unternehmen, die meinen, Sie hätten sich aus dem Unternehmen hinausgeträumt!"

Jeder im Raum kennt Golls bedächtige Art zu sprechen. Auf Fragen reagiert er häufig mit einer Schweigeminute, um dann in monotoner leiser Stimme seine Meinung darzulegen. Diese Methode verwendet auch sein Protegé Zerr gern. Sie erstaunt die Gesprächspartner und sorgt zugleich für Aufmerksamkeit und Respekt. Doch jetzt sorgt sie dafür, dass dieser Satz wie ein Torpedo durch den Raum schießt. War das die Aufforderung zur Kündigung? Will Goll seinen Zerr, den er immer gefördert hatte, abschießen? Michael Zerr ist blass geworden. Er ringt um Fassung. Erstaunlicherweise ist es Bernd Kreutz, der Zerr zu Hilfe kommt. „Ich kann Sie verstehen, Herr Zerr", sagt er zur allgemeinen Überraschung. Offenbar ist auch er selbst von seinen Worten verblüfft. Er packt seine Pappen zusammen und klappt den Sarg zu. Die Sitzung ist beendet.

Als fast alle den Raum verlassen haben, kommt Zerr noch einmal auf Kreutz zu. Er sagt: „Wir müssen unbedingt miteinander reden! Ich komme zu Ihnen nach Düsseldorf, dann kann ich Ihnen in Ruhe erläutern, worum es mir geht." Später wird sich Kreutz an die wackelige Stimme von Zerr erinnern, der offenbar froh ist, dass wenigstens einer ihn versteht.

Kurz bevor auch Kreutz verschwindet, kehrt Gerhard Goll noch einmal in den Besprechungsraum zurück. Ohne Kommentar drückt er Kreutz ein Buch in die Hand. Es ist noch eingeschweißt. Durch die Folie entziffert Kreutz den Titel: „Wie kommt das Neue in die Welt". Was will Goll ihm damit sagen?

Die Glücksmomente des Rulebreakers: Verstanden werden

Sechs Tage später, am 4. Februar 1998, fährt Michael Zerr nach Düsseldorf. Sieben Stunden wird er mit Bernd Kreutz in dessen Agentur verbringen. Zwischendurch essen sie Sushi und reden über Gott und die Welt, über moderne Kunst und Farben, über Philosophie und Chaostheorie, über Markt und Wettbewerb und natürlich über die EnBW.

Michael Zerr braucht ein Flipchart, um seine Gedanken zu ordnen. Als Erstes zeichnet er einen Tisch, an dem sich zwei Männchen gegenübersitzen. Das eine Männchen ist der Kunde, das andere die EnBW. Der Tisch trennt sie. Dies seien die absurden Regeln im Energiemarkt, sagt er. Es gäbe bei EnBW eine Hauptabteilung A. A steht für Abnehmer. Es gäbe keine Kunden, sondern Abnehmer. Diese seien wie Unterworfene, die den Strom nicht kaufen, sondern beziehen müssen. Und um Strom zu beziehen, müsse man vierzigseitige Verträge unterschreiben, die „keine Sau verstehe". „Das ist ein völliges Absurdistan!", ruft Zerr. Und dieses Gestrüpp aus unsinnigen Regeln, das ihn so nerve, das nerve auch die Kunden. Zerr streicht das EnBW-Männchen durch und zeichnet es auf die andere Seite des Tisches, direkt neben das Kunden-Männchen. „Wir müssen mit der EnBW auf die Seite des Kunden gehen und mit ihm gemeinsam nach Optimallösungen suchen", sagt er. Es ist ein Regelbruch mit Ankündigung.

Danach geht Bernd Kreutz an das Flipchart. Er malt einen Kreis auf das Papier. Darin, erklärt er, befindet sich das Bekannte, die Konvention, das Abgesicherte. Außerhalb des Kreises ist das Chaos, das Unstrukturierte, das Unvorhersehbare. Dann zeichnet er eine Tangente an den Kreis, eine Linie, die den Kreis nur in exakt einem Punkt berührt. „Wir müssen etwas wagen. Wir müssen zum Berührungspunkt der Tangente vorstoßen, um Kontakt mit dem unbestimmbaren Künftigen zu bekommen. Aber ohne die Verbindung mit dem Abgesicherten zu verlieren." Zerr gefällt das. Doch er will noch weiter hinaus. Auf das nächste Blatt malte er mit Kästen und Linien ein typisches Organigramm seiner Konzernstruktur. Dies ist altes Denken, erläutert er. Sein Idealmodell sieht anders aus. Es ist eine Art Selbstorganisation. Zerr zeichnet dafür Halbkreise auf das Blatt, die sich um eine offene Mitte gruppierten. Kreutz beschreibt dieses Bild später als das Piktogramm einer Turbinenschaufel.

Als Bernd Kreutz seinen Besucher um halb sechs Uhr zum Flughafen fährt, hat er ein tolles Gefühl. Michael Zerr auch! „Er hat mich verstanden. Wir haben uns verstanden. Im Grunde hatten wir eine Jam Session", sagt Zerr. „Die ganze Zeit im Badenwerk hatte ich das Gefühl, dass unsere kleine Innovationstruppe ist wie eine Gitarre, die einen ganz feinen Haarriss hinten drin hat. Du spielst und spielst, aber irgendwie gibt es keine Resonanz. Aber an diesem Tag, in diesem Moment gab es plötzlich Resonanz."

Michael Zerr erntet an diesem Tag den Lohn für die die Arbeit der vergangenen Monate. Nicht das Erreichen eines Umsatzziels ist für einen Rulebreaker der höchste Lohn seiner Arbeit. Er ist glücklich, wenn er verstanden wird und das Gefühl hat, ganz nah am Thema zu sein. Im Kontakt zu sein mit sich und seinem inneren Wertesystem. „Die größte Befriedigung war für mich nicht der Moment, zu dem wir unser Ziel von 1,3 Millionen Kunden erreicht hatten. Dieser Moment kommt und der ist okay. Aber das ist nicht der Moment, an dem ich selbst das Gefühl hatte, jetzt bin ich glücklich", erklärt Zerr viele Jahre später.

Und Bernd Kreutz schreibt im Rückblick: „Wir waren wie zwei Jungen, die sich gegenseitig ihre Briefmarkensammlung zeigen."

Strom wird bunt[9]

Es dauert noch ein ganzes Jahr, ehe der Strom wirklich gelb wird. Zwischendurch hat Kreutz seine Kampagnenentwürfe überarbeitet und der EnBW ein modernes

Logo verpasst. Doch an diesem 4. Februar 1999 soll es um alles gehen. Denn die Liberalisierung der Energiemärkte hat die entscheidende Frage aufgeworfen: Wie kann EnBW den Wettbewerb um die Privatkunden aufnehmen? Wie macht man Strom zu einer Marke?

Als Michael Zerr den Raum betritt, sitzt Bernd Kreutz schon am Tisch. Die Runde ist kleiner als noch vor einem Jahr. Kreutz hat seine Mitarbeiterin wieder mitgebracht, rechts neben ihm sitzt ein Unternehmensberater. Gerhard Goll ist auch dabei. Es wird ein Duell werden zwischen Kreutz und dem Berater. Der hält einen Vortrag über die Methoden zur Einführung von Marken. Bernd Kreutz ist genervt: „Da kam das ganze BWL-Gewäsch, das mir bis zum Hals steht“, berichtet er später und sagt dann laut: „Auf diese Weise ist noch nie eine große Marke entstanden!“

Nach dem Vortrag ist die Stimmung in der Runde merklich abgekühlt. Jetzt gilt es einen Markennamen zu finden. Namen wie „Strom direkt“ und „Switch“ werden auf den Tisch gepackt und wieder verworfen. Der angeblich „grüne Strom“ von Bundesumweltminister Trittin wird diskutiert. Da fällt Kreutz etwas ein. Er schreibt es auf ein Blatt Papier, sagt aber nichts dazu. Die Namenssuche geht weiter: Doch auch „Strom 24“ und „EnBWprivat“ überzeugen nicht. Da liest Inge Reuhl, was ihr Chef aufgeschrieben hat. Sie ist wie elektrisiert. „Sag’s doch endlich. Du hast es doch!“, zischt sie ihm entgegen.

Michael Zerr ist aufmerksam geworden. Er beugt sich vor: „Was haben Sie da?“ Doch Bernd Kreutz liebt die Inszenierung. Statt seine Idee zu verraten, erzählt er der Runde von einer Tankstellenkette in den USA. Sie heißt Fina und unterschied sich durch nichts von anderen Tankstellenketten. Aber Fina hatte eine clevere Marketingstrategie entwickelt. Sie warb damit, dass die Luft, die an Fina-Tankstellen in die Reifen gepumpt wird, rosa sei. Die Runde schaut irritiert.

„Yello", ruft Kreutz in diesem Augenblick, „der Strom ist gelb." Respektvolle Stille. Michael Zerr weiß intuitiv: Das ist es! Goll fragt, ob nicht vielleicht „lila" besser wäre. Eine kurze Diskussion entbrennt, doch es ist eine Scheindebatte. Die Entscheidung für Yello ist längst gefallen. Ohne w, kein Anglizismus!

Für Bernd Kreutz ist es eine geniale Idee, auf die er kam, als er sich über den angeblich grünen Ökostrom echauffierte. Für Michael Zerr ist Yello das Ergebnis seines Strebens, Farbe in das Unternehmen zu bringen, und der logische Schlusspunkt einer langen Ketten von Regelbrüchen und Verrücktheiten, die er in den vergangenen Jahren gegenüber einer Realität durchgesetzt hatte, die noch viel unsinniger war als seine Verrücktheiten. „Gegenüber dem Unsinn der Realität sind die Verrücktheiten ja oft das Gesündere", sagt er.

Den heutigen Tag betrachtet Zerr deshalb nicht als Start eines großen Regelbruchs, bei dem der Strom gelb wird, sondern als Zwischenziel. Für ihn ist nicht so wichtig, dass sie heute einer Commodity wie Strom erstmals eine Marke gegeben haben. Der wirkliche Regelbruch liegt tiefer. In Wahrheit ist Zerrs EnBW an diesem Tag dazu übergegangen, nicht mehr Strom zu verkaufen. Erstmals in Deutschland verkauft ein Stromversorger ein Lebensgefühl.

Die EnBW unter Goll und Zerr hat an diesem Tag verstanden, dass es eine Vielzahl von Kunden gibt, die die Enge und Steifheit der Stromkonzerne, die Abhängigkeit von Stadtwerken und deren miefiges Image als ebenso nervig empfinden wie sie selbst. Erstmals in Deutschland verkauft ein Stromkonzern seinen Kunden den Strom nicht als Strom, sondern als Werkzeug, von seinem verhassten, altmodischen Stadtwerk unabhängig zu werden und ihm den Stinkefinger zu zeigen. Dieses Lebensgefühl heißt: Yello. Zerr nennt es „Selbstkonzept".

In der Branche schlägt Yello ein wie eine Bombe. Nicht mit Strategie, sondern mit Intuition hatte Michael Zerr in den vergangenen Monaten etwas entdeckt, das Jahre später viele andere Branchen erfolgreich verändern wird: das Identitätsmanagement. Es gibt unter uns Menschen eine Vielzahl, auf die die alte Lehre nicht zutrifft, der Mensch strebe danach, sich im Laufe seines Lebens selbst zu finden. Viele unter uns wollen sich selbst inszenieren statt selbst zu finden. Wir betreiben aktives Identitätsmanagement gegenüber unseren Nachbarn, Freunden, Kollegen und später auch in den Social Communities des Web 2.0. Michael Zerr hat mit Yello den Strom zu einem Tool gemacht, mit dem Menschen gegenüber ihren Nachbarn, Familien und Freunden zeigen können, dass sie anders sind als die miefigen Stadtwerke-Kunden. Er hat Strom zu einem Tool gemacht, das Menschen zu ihrem eigenen Identitätsmanagement benutzen. Es ist einer der großen Regelbrüche unserer Zeit!

Nach dem Regelbruch ist vor dem Regelbruch

Doch auf dem Höhepunkt des Erfolgs wird es zugleich schwer für Michael Zerr. Er ist zum Chef der neu gegründeten Vertriebs GmbH für Yello geworden. Nun geht es um das operative Geschäft. Die Liberalisierung in der Branche geht nicht so schnell voran, wie er es gedacht und gewünscht hat. Die Konkurrenz mauert. Seine eigenen Zahlen werden nicht so schwarz wie gewünscht. Es geht um Preise, um Effektivität, um Prozesse. Dieses Feld liebt er nicht. Wenn er später von der Zeit erzählt, wird er Che Guevara als Vergleich heranziehen. Als die Revolution in Kuba gewonnen war, war Che Guevara nicht glücklich in seinem nunmehr bürokratischen Umfeld. Fidel Castro habe die Revolution vorangetrieben, um ein bestimmtes Ziel zu erreichen. Als es geschafft war, blieb er, weil er im Herzen Bürokrat ist. Che Guevara sei dagegen weitergezogen. Als Regelbrecher suchte er ein neues Feld, er brauchte einen anderen Platz, um glücklich zu werden – einen, an dem er gegen den Strom schwimmen konnte und an dem ein neuerlicher Regelbruch Sinn machte.

Wenn er über Che Guevara redet, redet Michael Zerr von sich. Er spürt, dass seine Zeit bei Yello und EnBW abgelaufen ist. Er denkt an Abschied. „Konzerne brauchen wahrscheinlich Phasen von Regelbruch und dann auch wieder Phasen von Stabilisierung. Und vermutlich sind Regelbrecher keine guten Leute für diese stabilen Phasen. Da gehen sie ein wie eine Primel“, wird Zerr diese Unzufriedenheit später erklären. Und doch hält er noch zwei Jahre fest. Zu liebgewonnen hat er die Menschen um sich herum, das Unternehmen und sein Baby „Yello“. Als dann sein Mentor Gerhard Goll auf dem Sessel des Vorstandsvorsitzenden abgelöst wird, ist auch für Michael Zerr der Zeitpunkt gekommen.

Diagnose „Stoff-Bulimie“: Reinschaufeln, Auskotzen, Vergessen

Doch wohin geht ein Rulebreaker, wenn sein Regelbruch erledigt ist? Zum nächsten Regelbruch? Zerr sagt auf die Frage, ob er lieber zu Lufthansa oder Ryan Air gehen würde, wie aus der Pistole geschossen: Lufthansa! Ryan

Air hat seinen Regelbruch ja schon begangen. Jetzt aufzuspringen käme ihm eher langweilig vor.

Zerr geht nach Berlin, wo ein Bekannter gerade eine Agentur aufbaut, die verspricht, die Marketingbranche zu verändern: Virales Marketing statt Massenwerbung ist das Motto. Doch lange hält es ihn dort nicht. Die Agentur ist selbst schon innovativ, was soll ein Regelbrecher wie Zerr hier tun? Er sucht wieder das Grau-in-Grau ... und findet es tatsächlich.

Eine in die Jahre gekommene private Fachhochschule in Karlsruhe lädt ihn als Lehrbeauftragten ein. Als er dort ankommt, schleichen die Studenten über lange Gänge mit Linoleumboden und verschwinden in grauen Türen links und rechts des Ganges. Zerr überlegt kurz, ob er sofort wieder gehen soll. Aber er kann nicht „Nein" sagen! Es reizt ihn und zieht ihn hinein. Er ist in seinem Element. Vielleicht hat es sogar mit Suchtverhalten zu tun, dass er solche Umfelder sucht.

Michael Zerr spürt Unruhe an dieser Hochschule, vor allem unter den Studenten. Sie sind nicht zufrieden mit der Art ihres Studiums. Die Symptome kennt er: Regeln, Regeln, Regeln! Zerr diagnostiziert „Stoff-Bulimie: Reinschaufeln, Auskotzen, Vergessen!" Er schaut ein bisschen genauer hin und stellt fest: „Die Wirtschaftswissenschaft ist wie ein Jahrmarktverkäufer. Da wird alles in eine Tüte gestopft: hier noch eine Leberwurst und eine Salami ... einen Büchsenöffner gibt es noch kostenlos dazu. So ist das auch in den Wirtschaftswissenschaften: hier ein bisschen Jura, Mathe und Rechnungswesen. Regeln, Regeln, Regeln ..." Dieser langweilige und vordiktierte Lehrplan ist keine moderne Art des Wirtschaftsstudiums, befindet er. Als die Studenten ihre Hochschule neu erfinden wollen, stellen sich Zerr und einige andere Lehrbeauftragte an die Spitze der Bewegung.

Gemeinsam mit den Studenten „erfindet“ er die Studiengänge neu. Wirtschaftswissenschaften sind Kulturwissenschaften, sagt er und plant das Modul „Change Management“ sicherheitshalber gleich in jeden Studiengang mit ein. „Manager müssen heute intelligent stören“, sagt Zerr und zwingt seine Studenten, die unterschiedlichsten Perspektiven auf ihre künftige Tätigkeit einzunehmen: die Sicht der etablierten Wirtschaft genauso wie die Sicht des Regelbrechers. Wer im Masterstudium Leadership studiert, wird drei Monate seines Studiums als Tandempartner eines echten CEOs verbringen und diesem acht Stunden am Tag tatsächlich über die Schulter schauen.

Michael Zerr baut als neuer Präsident der Karlshochschule International University eine Hochschule, wie er sie sich früher gewünscht hätte: „Die Studenten sollen später in ihren Unternehmen Veränderungen bewirken und nicht in die ‚Sozialisationsfalle‘ tappen, wie Zerr sie nennt. Er meint damit: Seine Studenten sollen sich nicht zwanghaft den Regeln unterwerfen, sondern sich Freiheitsgrade innerhalb bestimmter Rahmen erarbeiten. ‚Selbstdenken statt Balanced Scorecards‘ und ‚Schöner Scheitern statt Benchmarking‘ sollte ihre Devise sein!“, sagt der Hochschulpräsident.

Wer Michael Zerr heute in seinem Büro in der Karlshochschule besucht, wird als Erstes feststellen, dass das ehemals unauffällige Haus in der Karlstraße inzwischen bunt angemalt ist. Wer in den dritten Stock steigt, trifft einen Präsidenten, der alles andere als präsidial wirkt. Von seinen „Studies“ redet er und von innovativen Plänen. Von einem Masterstudiengang, der als „Wanderzirkus“ von Ort zu Ort zieht, beispielsweise. Ganz nach dem klassischen Vorbild der Studienreisen zu Zeiten von Geheimrat Johann Wolfgang Goethe sollen die künftigen Masterstudenten durch die Welt reisen und lernen, wie innovative Unternehmensführung in verschiedenen Ländern funktioniert. Vor allem aber sollen sie lernen, dass die Welt aus verschiedenen Blickwinkeln unterschiedlich aussieht. Während alle anderen Managementhochschulen ihren Studenten möglichst effektiv alle BWL-, Controling- und Marketingtheorien zu lehren versuchen und sie damit für das Funktionieren im Räderwerk großer Konzerne ausbilden, probiert Zerr noch einmal einen unerhörten Regelbruch: Seine Studenten sollen lernen, wie sie sich die gedankliche Freiheit erarbeiten, die Welt auch später als Topmanager aus unterschiedlichen Perspektiven zu betrachten und verrückte Entscheidungen zu treffen.

Doch der Besucher spürt auch: Wenn eines Tages all die Regeln des Managementstudiums gebrochen sind, wird Michael Zerr wieder weiterziehen. Auf die Frage, ob er auf diese Art jemals sein Lebensziel erreichen werde, stockt Zerr. Er erreiche immer wieder Ziele, sagt er. Aber ein Lebensziel?

Und dann fällt ihm die Philosophie des Absurden von Albert Camus in seinem Mythos des Sisyphos ein. Camus beschreibt im Schlusskapitel, wie der arme Sisyphos, ein Held der griechischen Mythologie, immer wieder einen großen Stein den Berg hochrollt und kurz, bevor er oben ist, rollt der Stein immer wieder runter. Endlos! Es ist die größtmögliche Strafe. Doch Camus beschreibt den alten Sisyphos, wie er eine kurze Pause macht, Luft holt und über sein Schicksal nachdenkt. Es ist ihm bewusst, und gerade deshalb geht er wieder hin und wälzt den Stein erneut den Berg hoch.

Man muss sich den Sisyphos als glücklichen Menschen vorstellen, sagt Zerr zum Abschied. Der Kampf gegen Gipfel kann Menschenherzen erfüllen.

Fall 3: Aufruhr unter den Immobilienmaklern

Am Ende kommt die Erlösung doch noch. Die Tür, auf die sich in den vergangenen zwanzig Minuten alle Spannung fixiert hat, schiebt sich ein paar Zentimeter auf. Jetzt soll es also losgehen. Binnen Sekundenbruchteilen scheint durch den schmalen Spalt die Anspannung zu entweichen, die hier im Vorraum soeben fast mit Händen zu greifen war. Automatisch haben die Finger des jungen Marketingmanns ihr unerträgliches Stakkato auf seiner Aktentasche beendet. Auch sein Kompagnon beendet seinen Dauerlauf entlang der großen Fenster mit Blick auf den Ostberliner Fernsehturm. In jener Sekunde, als sie beide durch die Tür treten, ist vom Zweifel, der in den vergangenen Minuten Besitz von ihren Gesichtern ergriffen hatte, nichts mehr zu ahnen. Ihr eingespieltes, entschlossenes Mienenspiel zeigt: Jetzt sind sie in ihrem Element. Ab jetzt ist es ihr Spiel.

Eine Stunde später haben die beiden die illustre Runde des deutschen Immobilienmarktes auf ihrer Seite. Und sie sind dicht an einem der größten Aufträge ihrer bisherigen Agenturkarriere dran. Sie haben alles richtig gemacht. Selbstsicher wandert ihr Blick über die Gesichter. Wer hier im Bundesvorstand des Immobilienverbandes Deutschland (IVD) sitzt, der spielt auf Bundesliganiveau. Vor einigen Wochen hatten sie einen Anruf aus diesem Bundesvorstand bekommen. Der IVD hatte seine Anteile an der Firma „immonet“ verkauft, hatte eine entsprechend prall gefüllte Kriegskasse und überlegt nun, was er für die deutschen Makler tun konnte. Eine neue Imagekampagne sollte her. In den Gesprächen und Briefings in den Wochen danach wurde für die Marketingexperten das Wunschimage der künftigen Auftraggeber immer deutlicher: „Wir sind die erste Adresse für Hausverkäufer! Wir sind professionell! Wir sind seriös!“ Es war nicht schwer gewesen, daraus ein Kampagnenkonzept zu stricken. Im Gegenteil: klare Botschaft! Sie hatten ihren künftigen Auftraggebern heute präsentiert, was diese hören wollten. Es war ein Heimspiel! Gut gemacht!

Kaum hatten die beiden Marketingleute den Raum verlassen, bricht es aus Harald Blumenauer heraus. Er ist einer der Vorstände des Immobilienverbandes. All sein Ärger, den er in der vergangenen Stunde während der Präsentation der neuen Imagekampagne gesammelt hat, verschafft sich nun Luft. Er ruft in die Runde: „Sagt mal Jungs: Wenn wir also in Zukunft professionell und seriös sind, erklärt mir mal, was wir dann vorher waren? Was hat das mit Zukunft zu tun? Wo ist da die Innovation? Wo geht das hin?“ Als er die Worte gesagt hat, rutscht er wieder ein Stück in sich zusammen. Als hätte er gerade einen Überdruck aus dem Körper gelassen. Das musste einfach mal gesagt werden!

Es ist nicht so, als würde er eine begeisterte Reaktion auf seinen Ausruf erwarten. Er hat sich schon lange daran gewöhnt, dass die Runde in seinem Bundesvorstand nicht vor Innovationsgeist strotzte. Im Gegenteil! Mit seinen ständigen Versuchen, neue Wege in der Verbandsarbeit zu gehen, war er schon immer so etwas wie ein ungeliebtes Kind in der Runde gewesen. Doch heute ist die Reaktion eine Spur persönlicher: „Ach ja, der Blumenauer! Genau wir sein Vater! Immer alles infrage stellen!“ kommentiert einer aus der Runde. Harald Blumenauer sagt nichts mehr. Innerlich hat er gerade seinen Vorstandsposten hier im IVD gekündigt.

Eine der ältesten Maklerfamilien Deutschlands

Harald Blumenauer hat Immobilien im Blut. Oder besser: in den Genen. Wer alte Karten über die Entstehungsgeschichte von Kassel wälzt, der findet auf den Seiten regelmäßig den Namen des Verantwortlichen: Wilhelm Blumenauer. Seines Zeichens erster Vorsitzender des Verbandes der preußischen Landvermesser im Staatsdienst und Stadtvermessungsdirektor von Kassel. Wilhelm war Haralds Urgroßvater. Die ganze Familie makelt.

Harald selbst verdient 1964 mit zwölf Jahren sein erstes Geld mit Immobilien. Er verbringt die Sommerferien im Maklerbüro seines Vaters zwischen riesigen, ratternden Schreibapparaten. Sein Vater ist es, der schon acht Jahre vorher den Serienbrief in die Maklerbranche eingeführt hat.

Als Harald das Büro seines Vaters betritt, beeindruckt ihn eine Person am meisten: die Herrin über die Maschinen. Es ist eine der Büroangestellten, die zwischen den fünf Schreibapparaten hin- und herrast und die Maschinen jeweils mit neuen Lochbändern und Karteikarten bestückt. Auf diesen Karteikarten mit Lochrand stehen die Daten der Kunden, auf dem Lochband der Brieftext und am Ende kommen die personalisierten Serienbriefe aus der Maschine. Dazu werden jeweils zwei Exposés gelegt, die vorher mit Nasskopierern vervielfältigt werden. Auf der einen Seite werden ein beschriebenes und ein leeres Blatt aufeinandergelegt und in einen Schlitz geschoben. Dann dreht man am großen Hebel und die Blätter werden durch ein Säurebad gezogen. Am anderen Ende der Maschine kommen dann zwei exakt gleiche Blätter heraus, die jetzt nur noch getrocknet werden müssen.

Der kleine Harald bewundert die Maschinen. Aber noch mehr bewundert er diese Frau, die die riesigen Geräte steuern kann. Er beginnt ihr zu helfen. Pro Brief verdient er fünfzig Pfennige. Eine Menge Geld! Und er entdeckt, dass man gutes Geld verdienen kann, wenn man bestimmte Dinge schnell macht. An dieser Erkenntnis ist sein Vater nicht unschuldig! Denn er erzählt seinem Sohn immer wieder von seiner Mission, mit der er nach dem Krieg 1949 das Maklerunternehmen Blumenauer Immobilien gründet hat: „Wir automatisieren alles, was automatisiert ablaufen kann, damit wir Zeit haben, uns auf das wirklich Wichtige zu konzentrieren.“ Hans Joachim Blumenauer ahnt nicht, dass sein Sohn mit der gleichen Mission viele Jahre später die Regeln der Maklerbranche grundlegend infrage stellen wird.

Das Verhandeln im Blut

Doch damit sind die Lektionen des Vaters noch nicht am Ende. Anstatt eines wöchentlichen Taschengeldes stellt er seinem Sohn eine Aufgabe fürs Leben: „Du gehst für mich einkaufen. Das, was du vom Preis runterhandelst, darfst du behalten.“ Harald nimmt die Einkaufslisten und zieht los. Schrauben und Holzbretter, Wurst und Butter, ... wenn man auf die Menschen offen zugeht, sind überall ein paar Pfennige drin.

Ist es nicht eigenartig, wenn der Sohn einer wohlhabenden Familie beim Fleischer auftaucht und über den Preis von 200 g Leberwurst feilscht? Noch heute wird Blumenauer bei diesem Thema energisch. „Warum sollte das denn anrüchig sein?“, echauffiert er sich. Warum soll nicht auch ein Gutsituierter fragen, ob man nicht einen Rabatt bekommt? Gründe dafür gibt's doch genug. Weil er im Moment nicht so viel Geld hat. Oder weil ihm das Angebot etwas zu teuer erscheint. „Was soll daran falsch sein?", fragte er: „Die ganze Welt tut das. Die Deutschen sind die Einzigen, die immer glauben, alles, was irgendwo festgeschrieben ist, das ist Gesetz und nicht wandelbar!"

Der junge Harald selbst hat sein Schlüsselerlebnis in Italien. Sein Vater besitzt ein Schiff im Mittelmeer. Keine Prunk-Jacht! Aber ein Riesenschiff: 25 Meter lang, 60.000 Bruttoregistertonnen. Hierher müssen alle Kinder nach dem Schulabschluss für vier Monate hin, um arbeiten zu lernen. Und zwar richtig! Als Matrosen! Von Elektroinstallation über Schreinern, über Anlegen, über Bewältigen von Stürmen, Diskussionen mit Handwerkern bis zum Reparieren von Maschinen.

Als Harald mit siebzehn Jahren die Einspritzpumpe an einem der riesigen Dieselmotoren des Schiffes reparieren soll und keine Ahnung hat, wie das geht, sagt sein Vater, es gäbe doch noch einen zweiten Motor daneben. Er solle doch einfach vergleichen, dann werde er schon sehen, was an der Maschine nicht funktioniert. Harald bekommt sie tatsächlich wieder zum Laufen. Später wird er sagen: „Was mich mein Vater, die Waldorfschule und später auch das Rudolf-Steiner-Internat in der Schweiz gelehrt haben, ist, dass man versuchen muss, die elementaren Grundlagen allen Seins, allen Tuns, aller Dinge und aller Abläufe kennenzulernen. Die Frage ‚Warum ist das so?' prägt mein Leben. Ich habe gelernt, sehr elementar und sehr einfach zu denken. Denn auf dieser Basis kann man sich alles Weitere selbst erarbeiten."

Diese Philosophie hat aus dem kleinen Harald einen neugierigen Menschen gemacht. Einen, der Spaß hat an neuen, innovativen Gedanken. Und einen, der den Dingen auf den Grund gehen will.

Wilde Zeiten

„Nein, tu das nicht, Vater!" Fast hätte Harald den Satz laut herausgeschrien. Doch im letzten Moment lässt ihn seine eigene Angst doch stumm bleiben. Oder ist es das Wissen, dass er ihn sowieso nicht zurückhalten könnte? Harald steht mit seiner Mutter auf dem Frankfurter Unigelände inmitten von Tausenden schreienden Menschen. Es ist eine der großen Studentendemonstrationen im Herbst 1968. Vorn heizen Studentenführer vom Schlage Dany le Rouge und Joschka Fischer als Redner die Massen mit intellektuellen Parolen an. Hier hinten, wo Harald und seine Mutter stehen, ist es vor allem ein Happening junger Menschen.

Bis eben noch hatte Harald das aufregende Event nur beobachtet. Doch urplötzlich bekommt er es mit der Angst zu tun. Sein Vater strebt gerade laut rufend nach vorne und brüllt: „Ich will jetzt mal das Mikrofon haben." Harald ahnt, dass das kein gutes Ende nehmen kann. Schließlich ist sein Vater einer der Hauptakteure, die im Frankfurter Westend dafür verantwortlich sind, dass hier eine Welle der Immobilienspekulation eingesetzt hat, zahlreiche Gründerzeitbauten abgerissen und alteingesessene Bewohner mit teilweise hohen Abfindungen dazu gebracht wurden, ihre Wohnungen freizugeben.

Es war der Plan der sozialdemokratischen Stadtführung, die Ausnützungsziffer im Westend zu erhöhen. Für „Blumenauer Immobilien" ist das ein gutes Geschäft. Investoren kaufen zusammenhängende Hausgrundstücke, legen die Grundstücke zusammen, reißen die Häuser ab, bauen Wolkenkratzer. Dafür hatte Haralds Vater die gesamten Katasterpläne Frankfurts besorgt und an die Wand gehängt. Harald hatte Monate damit verbracht, die Häuser zu fotografieren und die Telefonnummern der Hauseigentümer zu besorgen. Sein Vater rief dann dort an und machte den Eigentümern klar, dass in dieser Situation das nackte Grundstück mehr wert sei als das Gebäude darauf. Wer klug war, sollte seine Häuser verkaufen!

Dass manch alteingesessener Westend-Bewohner diese Pläne nicht gut findet, liegt auf der Hand. Die revoltierenden Studenten der Frankfurter Uni, die im Westend liegt, reagieren mit Hausbesetzungen. Ein paar Monate später werden hier einige der größten Straßenschlachten der bundesdeutschen Geschichte toben. Doch so weit ist es heute noch nicht. Heute steht Harald Blumenauer am Rand der Studentendemo und schaut ängstlich seinem zur Bühne strebenden Vater hinterher. Ob sie ihn auf die Bühne lassen? Und wenn Ja: Werden sie ihn nach seiner Rede verprügeln? Harald Blumenauer hält in diesem Augenblick alles für möglich.

Als sein Vater tatsächlich mit dem Mikrofon in der Hand auf der Bühne erscheint und beginnt, den Studenten die elementaren Prinzipien der Marktwirtschaft zu erklären, unterbricht ihn ein gellendes Pfeifkonzert. „Ich habe gedacht, die lynchen ihn", erzählt Harald später. „Wisst Ihr eigentlich, wovon wir hier reden?", ruft sein Vater in die Studentenmenge. „Wir reden von Investoren wie Versicherungen, die euer Geld verwalten. Ihr wollt doch das Geld irgendwann mal wieder haben. Also hofft ihr doch, dass die das gut anlegen." Die Schreier verstummen von Minute zu Minute mehr. Am Ende bekommt der vermeintliche Immobilienhai Blumenauer zaghaften Applaus von den demonstrierenden Studenten und muss Interviews für Studentenzeitungen geben.

Rulebreaking aus Überzeugung

Es ist im Jahr 1963, noch fünf Jahre vor der Demonstration im Frankfurter Westend, als Harald zum ersten Mal klar wird, dass sein Vater anders ist als andere Väter. Schon als Kind hatte er Harald immer wieder das Motto der drei A gepredigt: „Anders als andere!“ Und gleich hinterher: „Nie zum Spießer werden!“ Doch es sind nicht die Sprüche, sondern die Taten seines Vaters, die Harald in diesem Sommer beeindrucken. 1963 ist jener Sommer, als Hans Joachim Blumenauer sich entschließt, in den Ring Deutscher Makler (RDM) einzutreten. Es wird Zeit, schließlich ist er seit 1949 einer der ersten Makler Deutschlands. Inzwischen hat er Filialen in den großen Städten und damit das größte Maklernetzwerk des Landes. So einen in den Verband zu bekommen, sollte eigentlich für die Funktionäre eine Freude sein. Doch der ehrwürdige Maklerverband will ihn nicht. Stattdessen haben die Funktionäre gerade einen Aufnahmestopp erlassen und zugleich eine Werbekampagne lanciert, die behauptet, RDM-Makler seien die einzigen vertrauenswürdigen Makler ... ergo: Alle anderen Makler seien Betrüger und Halsabschneider.

Hans Joachim Blumenauer ist furchtbar wütend. Die Funktionäre haben ihn an seiner Ehre gepackt. „Man erhebt sich nicht dadurch, dass man andere niederdrückt“, erklärt er seinen Söhnen und tut etwas für diese Zeit Unglaubliches: Er gründet einen Konkurrenzverband. Es ist die Geburtsstunde des Verbandes Deutscher Makler (VDM). Dass er dafür vom Traditionsverband RDM mit Klagen überzogen wird, stört ihn nicht. Vielmehr bricht er die Grundregel des bisherigen Verbandswesens. Denn der erste Beschluss des neuen Verbandes lautet: Es gibt grundsätzlich keine Aufnahmestopps! Harald versteht in diesem Jahr: Sein Vater ist ein Rulebreaker!

Doch was zeichnet einen Rulebreaker aus? Fast 50

Jahre später kommt Harald Blumenauers Antwort auf diese Frage, ohne zu zögern: Eine tiefe Überzeugung, das Richtige für die Gesellschaft zu tun, nicht nur für sich selbst. „Erst die Überzeugung, dann das Geld“, ist eine der Blumenauerschen Rulebreaker-Regeln. „Wenn ich von einer Sache überzeugt bin, dann interessiert mich das Drumherum wenig. Auch wenn negative Dinge oder Rückschläge geschehen ... wenn das für mich grundsätzlich richtig ist, dann muss das eben so passieren.

Doch nicht nur die Überzeugung habe seinen Vater getrieben, sondern auch die Lust auf Zerstörung des Alten, des Verstaubten. Diese Lust auf schöpferische Zerstörung motiviert und gibt Mut. Überhaupt, der Mut! Dies ist aus Blumenauers Sicht die wesentliche Eigenschaft seines Vaters gewesen. Er habe den Mut gehabt, auf Ansehen in der Branche zu verzichten. Denn jeder Rulebreaker wisse ja, dass er anecken wird.

Doch hat sein Vater wirklich verzichtet? Ist nicht eher das Gegenteil der Fall? Wollte sein Vater vielleicht bewusst anecken, um Anerkennung zu erhalten? Ist es dafür nicht egal, ob die Anerkennung in Form von negativer Kritik oder positiver Zustimmung kommt? Harald Blumenauer nickt! Darüber habe er auch schon nachgedacht. Und alle im Raum wissen, dass er in diesem Moment nicht mehr über seinen Vater spricht. Er selbst hat das „Rulebreaking-Gen“ seines Vaters übernommen.

Seiner Zeit voraus

Es ist 1978, als in den Blumenauer Betrieben Computer eingeführt werden: Mehrplatzsysteme mit fünf Megabyte und Speicherscheiben so groß, wie sie heute kaum noch vorstellbar sind. Harald hat von seinem Vater die Verantwortung für die Einführung der neuen Technik übertragen bekommen. Schließlich ist er das Technikgenie in der Familie. Schon als Junge hatte er kleine Radios gebaut. Doch als jetzt dieser elegante Systemberater von Nixdorf vor ihm steht, und alle anderen an dessen Lippen hängen, wird Harald das Gefühl nicht los, dass der „nur Mist redet". Aber er kann es nicht beweisen.

Also kauft sich Harald Blumenauer seinen ersten privaten Computer. Nächtelang sitzt er an diesem ZX81 und bringt sich selbst bei, kleine Programme zu schreiben. Basic heißt die Programmiersprache, in die er sich, sehr zum Ärger seiner Frau, nächtelang vergräbt. Sein Technikfaible macht den Familienbetrieb „Blumenauer Immobilien" zum Vorreiter in der Branche. Ein paar Jahre später steht der erste BTX-Apparat auf Blumenauers Tisch und 1984 wird er die erste Onlinesuche nach Immobilien über BTX auf den Markt bringen.

Doch nicht immer stoßen Harald Blumenauers Innovationsideen auf Gegenliebe. Es ist 1990, als er den Gesellschaftern seiner Firma eine unglaubliche Idee präsentiert. Er erklärt ihnen, dass jeder Katasterplan geokodiert ist. Wenn man nun eine Gruppe von Studenten mit entsprechender Technik ausstattet und jede Parzelle einer Stadt geokodieren lässt, dann könne man später Kunden in Verbindung mit Branchenadressen einen völlig neuen Service anbieten. Dem Kunden könnte gesagt werden: „Hier hast du dein Objekt und jetzt zeige ich dir automatisch eine Karte, auf der alle Apotheken in der Nähe eingezeichnet sind, alle Supermärkte, alle Bäcker oder, oder, oder. Blumenauer versteht seine Idee zu dieser Zeit als eine Art qualifizierte Standortanalyse. Doch die Antwort seiner Gesellschafter ist: „Nein, das brauchen wir nicht. Das kostet uns für alle Großstädte drei Millionen Mark und bringt nichts ein." Zwanzig Jahre später wird diese Idee die Basis für die Geschäftsmodelle von Google Maps und allen Augmented Reality Anbietern sein. Wenn Blumenauer heute die Geschichte erzählt, wirkt er für kurze Zeit fassungslos über das entgangene Milliardengeschäft. Doch dann lacht er die Gedanken an die verpasste Chance weg.

Und es sollen sich noch mehr Chancen für ihn ergeben. Als sein Vater 1998 mit 72 Jahren nicht mehr arbeiten möchte, wird das Familienunternehmen verkauft. Ab jetzt geht jeder der drei Söhne seine eigenen Wege. Doch alle bleiben in der Maklerbranche. Haralds Faible für neue Technologien führt ihn ins Internet. Gemeinsame mit einem „begnadeten" Programmierer, so Blumenauer, entwickelt er eine rein webbasierte Maklersoftware. Es ist eine Art „Cloud Computing". Zehn Jahre später wird das als der neuste Trend im Computerbereich gelten.

Es ist die Zeit des Internetbooms. „Immobilienscout24" heißt eines dieser Berliner Start-up-Unternehmen, das gerade den Immobilienmarkt kräftig durchmischt. Denn hier können Hausbesitzer ihre Häuser ab sofort selbst anbieten. Die Makler sind alarmiert, denn hier nimmt ihnen jemand die Kunden weg.

Harald Blumenauer erkennt in diesen Internetfirmen die Zukunft. Er macht sich zur Aufgabe, den Maklern die Vorteile des Internet nahezubringen und gemeinsam neue Geschäftsmodelle zu entwickeln. Er geht zu einer jener Vortragsveranstaltungen, mit denen die Chefs von Immobilienscout24 damals durch Deutschland ziehen und die Immobilienmakler davon überzeugen wollen, auch das neue Onlineportal zu nutzen. Als der Redner fertig ist, geht Blumenauer zu ihm hin und erklärt, dass er mit dieser Argumentation nicht weit käme. Es klinge ja so, als sei er nur an den Immobilien interessiert und und biete den Maklern keinen Nutzer. Auf diese Weise müssten die Makler das neue Portal ja als Konkurrenz begreifen.

Der Immobilienscout-Chef kennt Harald Blumenauer natürlich. Schließlich ist „Blumenauer“ ein renommierter Name in der Maklerbranche und Harald Blumenauer ein bunter Hund dort. „Wenn Sie wissen, wie es besser geht, dann kommen Sie doch zu uns“, ist die Antwort des Immobilienscout-Chefs! Tatsächlich: Harald Blumenauer wird im Jahr 2000 Mitglied der Geschäftsleitung von Immobilienscout24. Er ist zuständig für die Entwicklung von Produkten für die Immobilienwirtschaft.

Für Harald Blumenauer beginnen die vielleicht prägendsten Monate seines Lebens. Mit Begeisterung versucht er Synergien zu finden zwischen Maklern und Internetfirmen. Mit Vehemenz sucht er nach jenen neuen Geschäftsmodellen, die das Internet für die klassische Makelei bringt. Doch je mehr Blumenauer sucht, desto bewusster wird ihm, dass er daran arbeitet, die Basis des jahrhundertealten Maklermodells in sich zusammenfallen zu lassen: die Macht über die Hauptinformation, die Adresse.

Seit jeher ist die Macht des Maklers die Adresse. Kein potenzieller Käufer bekommt die Adresse eines Hauses zur Besichtigung, ohne dass der Makler sich abgesichert hat, dass dieser Kunde ihm gehört. Die Kontaktaufnahme zu anderen Maklern oder zum Eigentümer ist tabu. Im Grund basiert das ganze Maklergeschäft also auf der Adresse der Immobilie.

Doch schon ein kurzer Blick in die Nachbarbranchen genügt, um zu verstehen, dass die Kunden sich gerade daran gewöhnen, das Internet als Informationsmedium zu nutzen. Sie schauen vor einer Urlaubsbuchung bei Google Earth, ob das Hotel auch wirklich am Strand liegt. Sie schauen sich vor einem Restaurantbesuch bei Qype die Erfahrungen und Empfehlungen anderer Kunden an.

Für Harald Blumenauer ist es nicht schwer, eins und eins zusammenzuzählen: Es ist nur eine Frage der Zeit, wann die Kunden diesen Anspruch auch beim Hauskauf haben. Bevor sie zur Besichtigung gehen, bevor sie mit dem Makler sprechen, werden sie das Haus im Internet ansehen wollen. Doch dafür wollen sie die Adresse haben! Falls ihnen diese verweigert wird, prophezeit Blumenauer, werden sie denken, dass sie über den Tisch gezogen werden sollen. Auf der anderen Seite kann ein Makler sein wertvolles Adressgut nicht einfach freigeben. Schließlich wird er ja durch Provisionen der verkauften Häuser bezahlt. Wenn er seine Adressen freigäbe, könnte ihm jeder andere Makler das Geschäft vor der Nase wegschnappen! Ein Dilemma: auf der einen Seite das Informationsbedürfnis der Kunden, auf der anderen Seite die Herrschaft des Maklers über die Adresse.

Hinzu kommt noch ein anderes, spezifisch deutsches Problem der Maklerbranche: Hierzulande arbeiten Makler sowohl im Auftrag von Käufern als auch von Verkäufern. Im „positiven" Fall streichen sie dabei zweimal Provision ein. Meist wendet sich das Blatt aber gegen die Makler. Ihr Doppelleben führt dazu, dass weder Käufer noch Verkäufer ihnen wirklich vertrauen. Blumenauers wichtigste Beobachtung der letzten Jahre ist, dass die Kunden sich mehr und mehr von Maklern abwenden.

Je mehr Harald Blumenauer in diesen Monaten bei Immobilienscout24 über die Zukunftsmodelle der Maklerbranche nachdenkt, desto klarer wird ihm: Es gibt keine Zukunft für jene alten Geschäftsmodelle, die auf der Alleinherrschaft über die eine Information beruhen. Das Internet macht alle Informationen zum Allgemeingut. Und zwar sofort nach deren Entstehen. Nicht mal ein zeitlicher Vorsprung wird den Maklern noch bleiben.

Blumenauer versteht, dass es über kurz oder lang vorbei sein wird mit all den Geschäftsmodellen, die darauf basieren, dass man eine Information zeitiger hat als andere und sie deswegen verkaufen kann. Oder anders gesagt: Kein Kunde wird einen Makler dafür bezahlen, dass er ihm die Adresse einer geeigneten Wohnung gibt, wenn er diese Information auch aus dem Internet bekommen kann. Wo ist also die Zukunft des Makelns?

Es ist die Frage des Jahrhunderts!

Wie ein Regelbruch entsteht

Als er im Jahr 2006 erstmals diesem holländischen Internetunternehmer gegenübersitzt, schwant Blumenauer, dass er die Antwort auf seine Frage vor sich hat. Schon nach den ersten Worten des Gespräches weiß er, dass hier gleich jene Gedankenmauer einstürzen wird, die sich ihm seit Monaten in den Weg stellt. Er steht kurz vor einem grundlegenden Regelbruch der Maklerbranche. Vorerst nur in seinem Kopf. Aber immerhin!

Der Holländer erzählt, dass sein Unternehmen „Makelaarsland“ in Holland binnen eines einzigen Jahres zum größten Immobiliendienstleister geworden ist. Sie hatten das durch eine so einfache wie geniale Idee geschafft. Sie heißt: Die Vergütung des Maklers wird nicht mehr durch eine Provision von der Kaufsumme eines Hauses ausgeschüttet, sondern durch ein festes Honorar. Diese Idee will der Holländer nun auch nach Deutschland exportieren. Doch hierzulande funktioniert vieles anders als in Holland. Also sucht er einen deutschen Makler, der innovativ ist und die Märkte kennt.

Blumenauer ist perplex. Dieser Umstieg vom Provisionsmodell auf das Honorarmodell bricht zwar mit den jahrzehntelangen Grundregeln der Branche. Doch es löst sowohl das Adressproblem als auch die Vertrauensfrage. Es ist jener Moment, als in Blumenauers Kopf jenes Modell entsteht, mit dem er in den kommenden Jahren den tiefgreifendsten Regelbruch in der deutschen Maklerlandschaft erzwingen wird. Er überlegt: Wenn er ab sofort ein Modell anbieten würde, bei dem Hausverkäufer nur ein Festhonorar von tausend Euro zahlen und Hauskäufer gar nichts, dann würde das den deutschen Maklermarkt komplett auf den Kopf stellen. Hausverkäufer hätten plötzlich wieder Vertrauen, denn sie zahlen einen überschaubaren Preis für eine klare Dienstleistung. Käufer hätten Vertrauen, denn plötzlich hätte der Makler kein Interesse mehr daran, aufgrund der Provision den Kaufpreis auf Fantasiehöhen zu treiben. Und vor allem: Es wäre kein Problem mehr, die Adresse des Kaufobjektes zu veröffentlichen. Denn der Makler braucht keine Angst mehr zu haben, dass andere Makler oder Kunden die Adresse nehmen, ohne dass er profitiert. Er ist ja schon bezahlt worden!

Doch was so gut klingt, hat auch einen Haken: Blumenauer kennt seine Maklerkollegen in Deutschland gut. Er weiß um das Beharrungsvermögen der Funktionäre. Er selbst hat die Regionalgruppe Thüringen/Hessen des IVD über Jahre geleitet. Doch seit jener ominösen Vorstandssitzung, in der diese jungen Marketingleute ihre konservative Kampagne vorgestellt haben, weiß er auch, dass dieser Verband nicht mehr seine Welt ist. Es ist Zeit, nicht nur darüber zu reden, sondern zu handeln.

Blumenauer trifft einen radikalen Entschluss!

Einer gegen die Branche

Später wird Harald Blumenauer einmal sagen: „Mein erster Regelbruch war, dass ich etwas in den deutschen Markt eingeführt habe, von dem ich überzeugt bin, dass es kommt, von dem ich aber auch genau weiß, dass es nicht im Sinne meiner Kollegen ist, die an alten Zöpfen festhalten: das Honorarmodell! Aber mein zweiter Regelbruch war vielleicht noch radikaler: Es war meine Strategie, dass ich mit dem neuen Modell gleich in die Öffentlichkeit gegangen bin, ohne den Verband zu informieren."

Harald Blumenauer kennt die Debatten in den Branchenverbänden. Längst haben sich der traditionelle RDM und der von seinem Vater gegründete VDM zum IVD vereinigt. Blumenauer war jahrelang im Bundesvorstand. In dieser Zeit wurden ab und zu auch jene Festpreismodelle diskutiert, die im Ausland schon seit einiger Zeit für Furore sorgen. Doch bei jeder Gelegenheit verwerfen die Funktionäre die neuen Gedanken. Sie hängen an ihrer Provision und der eine oder andere wohl auch an der Vision des schnellen Geldes. Möglichst wenig tun und viel Geld kassieren ... diesen Wunsch sieht Blumenauer so manches Mal in den Augen seiner Kollegen aufblitzen.

Als er das erste Mal einem Funktionär im Immobilienverband erklärt, wie sein künftiges Geschäftsmodell aussieht, bekommt er die Antwort: „Blumenauer, weißt du überhaupt, was du da machst? Du übernimmst mehr Verantwortung und bekommst dafür weniger Geld." Ein paar Minuten vorher hatte der gleiche Gesprächspartner darüber schwadroniert, wie wichtig der Qualitätsanspruch sei, um die im Verband organisierten Makler von den Wald-und-Wiesen-Maklern zu unterscheiden. Blumenauer erwidert erschrocken: „Sag mal, weißt du eigentlich, was du da eben gesagt hast? Erst predigst du mehr Qualität und jetzt lehnst du es ab, wenn ich mehr Qualität bieten will?! Das ist ja nun wirklich eine diametrale Aussage."

Dies ist jetzt offenbar auch seinem Gegenüber aufgefallen. Er versucht zu beschwichtigen. Der Markt werde schon entscheiden, ob das Provisionsmodell oder das neue Festpreismodell das richtige sei, sagt er. Aber Blumenauer ist nicht in Stimmung für Beschwichtigungsversuche: „Was für ein Quatsch! Der Markt hat sich doch schon lange entschieden. Nur 50 Prozent der Immobilien-Transaktionen werden noch über uns Makler abgewickelt. Im Ausland mit seinen Festpreismodellen sind es noch 85–90 Prozent. Wir müssen nicht die Märkte entscheiden lassen, sondern wir müssen sie wiedergewinnen. Wir müssen die Leute wieder von uns überzeugen!"

Kurze Zeit später wird so ziemlich allen deutschen Maklern klar, was Blumenauer damit meint. Er hat inzwischen die Firma „imakler" gegründet. Es ist die erste deutsche Maklerfirma, die nach dem Honorarmodell arbeitet. Sie verspricht Hausbesitzern, dass ihr Haus provisionsfrei verkauft wird. Im Gegenzug verlangt „imakler" ein Pauschalhonorar von 999 Euro. Für die Verkäufer ist das ein gutes Geschäft, denn auf diese Weise lassen sich bei Käufern höhere Verkaufspreise erzielen, die das investierte Honorar teilweise weit übersteigen.

Doch Blumenauer startet seine neue Firma nicht heimlich, still und leise. Im Gegenteil! Er schaltet einen TV-Werbespot bei ntv, der bereits bei seinen holländischen Kollegen und auf youtube gelaufen ist: Drei klassische Makler in steifen Anzügen stehen in einem kleinen Ruderboot und werden vom „iMakler" aufs offene Meer hinaus geschoben. Mit dem Spot sollen symbolisch die hohen Maklerprovisionen verabschiedet werden. Man braucht ein gewisses Faible für schwarzen Humor, um den Spot gut zu finden.

Die Verbandsfunktionäre sind offenbar frei davon.

Der Gegenwind wird stärker

Es ist später Vormittag. Harald Blumenauer sitzt in seinem Bad Sodener Büro. Hier an der Ausfallstraße Richtung Frankfurt hat er die obere Etage eines einfachen Bürogebäudes gemietet. Gelb und unscheinbar sieht es von außen aus. Im Erdgeschoss werden Asiawaren feilgeboten, auf dem Dach prangt die Werbung eines regionalen Elektrogeräte-Großhandels. Blumenauers Chefbüro ist genauso unspektakulär wie das Haus selbst. Zwei Schreibtische stehen einander gegenüber, ein Fernseher in der Ecke, auf dem Tisch ein Beamer, der auf die Wand hinter Blumenauers Platz projiziert. Hier finden auch die Teammeetings statt. Wenn er an seinem Schreibtisch sitzt, schaut Blumenauer auf drei einfache Bilder an der Wand: gelb, grün, blau. Darunter: kleine Vasen mit gelben Tulpen. Es ist weder der Ort für einen Wirtschaftskrimi noch für die spannendste Innovation der deutschen Immobilienszene. Und doch geschieht beides hier in diesem Raum.

Harald Blumenauer sitzt an seinem Schreibtisch und liest seine E-Mails. Er solle sich doch einmal den Anhang dieser E-Mail anschauen, liest er. Das werde ihn interessieren. Blumenauer klickt zwei Mal auf das PDF-Symbol. Als es sich öffnet, vergisst Blumenauer kurz zu atmen. Es ist ein Schock! Vor sich hat er eine Werbeanzeige des Immobilienverbandes, die morgen in der Frankfurter Rundschau erscheinen wird. Doch die Anzeige wirbt nicht, sie diffamiert. Es ist eine rüde Beschuldigung gegen ihn persönlich. Er sei unseriös, biete keine Qualität und dürfe die Bezeichnung Makler für sich nicht mehr benutzen. Denn Makler dürften keine Festpreisangebote machen. Ein paar Wochen später wird der Immobilienverband mit genau diesen Argumenten gegen Blumenauer Klage einreichen.

Harald Blumenauer ist ein ruhiger Mensch. Es ist nicht seine Art, cholerisch zu reagieren. Im Gegenteil: Er wird ruhiger, wenn er sich aufregt. Still blickt er auf seinen Monitor. Betroffenheit ist es, die er fühlt, vielleicht ein bisschen Enttäuschung. Denn das ist nicht der sportliche Kampf zwischen Geschäftsmodellen, auf den er sich gedanklich eingestellt hatte. Dies ist ein brutales Unter-die-Gürtellinie-Schlagen. Und was noch schlimmer ist: Der Untergriff kommt von seinen Verbandsfreunden, jenen Maklern, deren Verbandschef er für drei Jahre war.

Als der erste Schock vorbei ist und Blumenauer merkt, dass sein Hirn nach kurzer Lähmung wieder denkbereit ist, überlegt er, wie man sich bei einem solchen Angriff wehren solle? Er findet keine gute Antwort. Soll er beim Verband anrufen und diskutieren? Blumenauer sagt von sich, dass er gern diskutiert, aber nur mit Menschen, die sich ernsthaft mit einem Problem auseinandersetzen. Hier scheint ihm das anders zu sein. Diese FR-Anzeige ist ein blindes Um-sich-Schlagen der Verbandsfunktionäre.

Als sie am nächsten Tag erscheint, hat Blumenauer seine innere Ruhe schon wiedergefunden. Er hat sich auch eine Strategie zurechtgelegt, mit den Urhebern umzugehen. Es ist eine radikale Strategie: „Wer so etwas tut, verliert für mich die Berechtigung zu diskutieren. Da bin ich nach einer gewissen Betroffenheit schmerzfrei. Diese Leute werden für mich Neutren. Denen kann ich nett ‚Guten Tag‘ sagen, mit denen kann ich Small Talk betreiben, aber über dieses Thema rede ich mit denen nicht."

Aber die anderen reden. Mit Anzeigen, Klagen und in

der Presse versuchen sie Harald Blumenauer und seine Idee in Misskredit zu bringen. Ihre Argumentation lautet: „Gemäß deutschem Recht dürfe ein Makler nur Provisionen vereinbaren. Blumenauers Festverträge seien also keine Maklerverträge sondern Dienstleistungsverträgen. Damit verliere ‚iMakler' jedoch die Maklerberechtigung, müsse aus dem Maklerverband austreten und jeder Kunde solle wissen, dass ‚iMakler' eine mindere Qualität anbietet. Die Qualität der echten Provisionsmakler sei dagegen sensationell."

Es ist der hilflose Versuch eines Zünftekartells, seine verknöcherten Regeln in die neue Zeit zu retten. Die Funktionäre übersehen, dass die Masse ihrer Verbandsmitglieder draußen auf der Straße längst nicht so qualitätsbewusst sind, wie der Verband behauptet. Stattdessen haben sich etliche darauf verlegt, einfach nur nach Adressinformationen über Verkaufs- oder Vermietobjekte zu suchen, sie ins Internet zu stellen und zu warten, was passiert. Und wenn ein potenzieller Kunde anbeißt, wird er nicht selten mit skurrilen Methoden gedrängt. Qualität sieht anders aus!

Harald Blumenauer nutzt diese Gelegenheit zum Gegenschlag. Er lässt sich vom TÜV zertifizieren, dass seine Festpreisvermittlung eine Topqualität habe, und hängt die Urkunden überall auf. Ob im Vorraum des Großraumbüros oder über seinem Schreibtisch: Überall finden in diesen Monaten Qualitätsurkunden und Pokale ihren Platz. Auch die Medien lieben dieses David-gegen-Goliath-Spiel. In der öffentlichen Wahrnehmung gewinnen seine Widersacher keinen Zentimeter.

Der Rulebreaker und die Angst

Harald Blumenauer schaut von seinem Schreibtisch auf. „Was ist denn mit dir los?!", entfährt es ihm. Gerade hat sein Sohn den Kopf durch die Tür zu Blumenauers Büro gesteckt. So bleich hat er ihn noch nie gesehen. „Komm rein! Setz dich! Was ist los?" „Du, Vater", beginnt er zu reden, „ich hatte gerade einen komischen Anruf." Blumenauer macht ein fragendes Gesicht. „Ich weiß nicht, wer es war. Aber da war gerade einer am Telefon, der gesagt hat, Du sollst ins Ausland gehen, sonst passiert etwas." Nun ist es Harald Blumenauers Gesicht, das die Farbe verliert. „Was hat der genau gesagt? Erinnerst du dich?" „Na klar erinnere ich mich. Es war ja gerade eben. Der hat wörtlich gesagt: ‚Ihr Vater sollte Deutschland schnell verlassen. Sonst kann ich für nichts garantieren!'"

Harald Blumenauer steht auf und geht um seinen Schreibtisch herum. So aufgelöst hat er seinen Sohn noch nie gesehen. Verständlich! Er spürt eine Riesenwut in sich heraufziehen. Eine anonyme Morddrohung ist das. Schon damals, am Start seiner Tätigkeit für Immobilienscout, hatte er einige solcher Anrufe bekommen. Er weiß nicht, von wem sie kommen. Aber er vermutet Insider aus der Maklerbranche dahinter. Viele in der Branche fühlen sich von Blumenauers Ideen bedroht. Aber dass die jetzt schon seinen Sohn mit hineinziehen, das macht ihn betroffen. Und auch seine Frau hat es natürlich mitbekommen. Sie sitzt als Assistentin im Vorzimmer.

Harald Blumenauer versucht an diesem Nachmittag seine Frau und seinen Sohn zu beruhigen, so gut es geht. Er sagt viele kluge Sachen. „Wer solche Anrufe macht, der meint es nicht wirklich ernst", zum Beispiel. Oder: „Das sind verbale Frechheiten. Das ist eine Form von Hilflosigkeit. Der Mensch, der so etwas macht, ist einfach nur arm. Den nehme ich nicht wirklich ernst. Da steckt null

Energie dahinter. Das sind für mich nur hässliche Menschen. Lasst uns die nicht ernst nehmen, das sind armen Menschen." Doch ob auch Frau und Sohn so rational mit den Ereignissen umgehen, kann Blumenauer nur hoffen. Insgesamt fünf Mal berichtet er in den folgenden Wochen von solchen Anrufen. Und bei jedem in der Familie bleibt eine Frage im Gedächtnis zurück: Hat er nicht vielleicht doch übertrieben? Musste er sich so stürmisch gegen alle anderen stellen?

Harald Blumenauer lächelt, wenn man ihm diese Frage stellt: „Ich bin vom Sternbild her eine Waage. Mein Vater war auch Waage. Man sagt uns beiden nach, dass wir fast klassische Waagen sind. Das heißt, immer ausgeglichen, kreativ, immer auf Harmonie bedacht. Dass wir manchmal so stürmisch sind, ist ganz einfach zu verstehen: Weil wir nichts mehr verabscheuen als mangelnde Harmonie. Wenn man unserem Verständnis von Harmonie nicht folgt, können wir recht aggressiv werden."

Blumenauer weiß inzwischen, dass er den Menschen Angst macht. Er spürt das vor allem, wenn er vor Branchenvertretern eine Rede hält oder auf einer Tagung seine Prognosen der Zukunftsmodelle des Immobilienmarktes präsentiert. Wenn er auf die Bühne geht, spürt er förmlich die Ablehnung, die ihm entgegenschlägt. Es ist diese feindliche Stille, die unbeweglichen Gesichter, die ihm dann gegenübersitzen. Wenn er begonnen hat zu reden, wird es später sogar noch ruhiger im Saal. Doch Blumenauer spürt, dass dies nun eine andere Ruhe ist. Er sieht in den Gesichtern eine Mischung aus Interesse an seinen Prognosen und Angst, dass diese tatsächlich eintreten könnten.

Schon oft hat er darüber nachgedacht, warum die Branche so ablehnend auf seine Ideen reagiert. Schließlich liegt in jeder Veränderung doch auch eine große Chance! Doch offenbar kommen die meisten über ihre Angst nicht hinaus, meint er. Die Angst sei schon seit jeher eine der größten Treiberinnen der Menschheit.

Harald Blumenauer selbst versteht Angst als Mittel zum Zweck. Er habe oft Angst, berichtet er viele Jahre nach diesen Morddrohungen, aber er betrachte seine Angst als Hilfsmittel des Körpers, um in jeder Situation die richtigen Entscheidungen zu treffen und die richtige Dosis Mut zu entwickeln. Mit dieser Philosophie war Blumenauer Fallschirmspringer und Ausbilder der Fallschirmjäger bei der Bundeswehr. Später macht er Skikunstspringen: Saltos, Buckelpisten, Skiballett und startet 1982 sogar bei der Europameisterschaft im Snowboarden.

Danach macht er seinen Flugschein. Seine Vision: „Ich glaubte, irgendwann einmal von Los Angeles nach San Francisco direkt am Strand entlangfliegen zu müssen. Ich wollte einfach dort landen, wo es mir einfiel, den Schlafsack auspacken und eine Nacht schlafen. Und am nächsten Morgen weiter. Nachdem er den Flugschein gemacht hatte, stellte Blumenauer aber schnell fest, dass allein die Pflichtstunden zum Erhalt des Flugscheins ein Vermögen kosten. Da ließ er es wieder bleiben.

Menschen, die mit ihm geflogen sind, berichten, dass er am Steuerknüppel völlig ruhig ist: gelassen und ein sicheres Gefühl vermittelnd. Manch einer hat ihn damals gefragt: „Hast Du denn überhaupt keine Angst?“ Seine Antwort war stets: „Doch! Es ist genau die Angst, die dafür sorgt, dass ich so ruhig bin.“

Die Taktik des offenen Visiers

Und wieder klingelt das Telefon. Wir schreiben das Jahr 2009. Harald Blumenauer liebt Telefonklingeln. Er liebt es, wenn Kunden am Telefon sind. Dann ist er in seinem Maklerelement. Doch dieses Gespräch nimmt einen komischen Verlauf. Erst vor ein paar Tagen hatte Blumenauer mit diesem Hausverkäufer telefoniert. Richtig begeistert war der von dem Festpreisangebot für 995,00 Euro gewesen und hatte den Vertrag sofort unterzeichnet. Doch jetzt erklärt der Kunde ihm mit vielen Worten, dass er den Auftrag nun an einen örtlichen Makler gegeben hätte. Der sei doch irgendwie regional und kenne sich besser aus usw. Ob der Vertrag über die 995,00 Euro Honorar noch aufzulösen wäre?

Das ist er natürlich nicht. „Schade!“, sagt der Anrufer. Blumenauer weiß selbst nicht, was es ist, das ihn misstrauisch macht. Aber dieser Unterton, macht ihm ein ungutes Gefühl. „Wieso sind Sie denn zusätzlich zu einem Kollegen gegangen?“, fragt Blumenauer direkt heraus. Die Antwort kommt wie aus der Pistole geschossen: „Das bin ich nicht. Ihr Kollege hat selbst bei mir angerufen und hat mir ein gutes Angebot gemacht!“ Da schwant Blumenauer Schlimmes und schon wenig später hat er die Gewissheit: Einige seiner Maklerkollegen sind dazu übergegangen, die „iMakler“-Website als Akquisitionstool zu verwenden. Da er alle Verkaufsangebote auf seiner Website veröffentlicht, rufen seine Kollegen bei den verkaufswilligen Hausbesitzern an, machen Blumenauer und sein iMakler-Konzept schlecht und erklären, wenn die Hausbesitzer den Maklerauftrag an sie vergeben würden, dann würden sie die schon vereinbarte 995,00 Euro iMakler-Gebühr aus ihrer Provision zurückzahlen.

Als er den Hörer aufgelegt hat, lehnt Blumenauer sich zurück und atmet tief aus. Damit hat er nun wirklich nicht gerechnet. „Du investierst Jahre deines Lebens, um eine wirklich gute Sache in die Welt zu bringen, und keiner dankt es dir. Warum tust du dir das eigentlich an?“

Seine Gedanken ziehen ihn zurück in die Vergangenheit, in seine Schulklasse, damals an der Waldorfschule in Kassel. Er hatte auffällig viele Sommersprossen und war der Kleinste in seiner Klasse. Immer wieder wurde er deswegen gehänselt. Und dann war da noch der andere Junge, ein kleiner Dicker. Weil auch der seine Probleme mit den Mitschülern hatte, verstanden sie sich irgendwie. Für die anderen in der Klasse waren sie das ideale Opferpaar.

Doch dann kommt die Situation, als die beiden wiedermal auf dem Schulhof von ihren Klassenkameraden geärgert werden. Harald sieht bittend zu seinem älteren Bruder Jochen hinüber, der etwas weiter entfernt steht. Doch statt ihm zu helfen, ruft Jochen: „Hau ihm doch eine auf die Nase!" Und plötzlich machte der kleine, sommersprossige Harald zum ersten Mal etwas, an das er sich später oft erinnern wird. Er nimmt alle seine Kraft zusammen und schlägt seinem Peiniger mit voller Kraft eine Ohrfeige ins Gesicht. Der ist so perplex, dass Harald ab sofort zum Helden in der Klasse wird. Nie wieder hat er irgendein Problem. Und keiner darf ab sofort den dicken Kleinen auch nur von links ansprechen. Alle haben Angst, dass Harald nochmals so aus der Haut fährt.

Harald Blumenauer grinst in sich hinein. Dieses Warum-tust-du-dir-das-eigentlich-an-Gefühl kommt auch heute noch immer mal wieder hoch. Doch er hat sich in diesen Situationen angewöhnt, sich selbst zu fragen: „Warum machst du das? Ist das gut, was du machst? Ist das richtig?" Und: „Trittst du gerade jemandem so auf die Füße, dass er es dir zu Recht übelnehmen muss?" Wenn er sich diese Frage mit „Nein" beantwortet, dann heißt es: Jetzt erst recht! Zähne zusammenbeißen und nochmals die doppelte Kraft investieren.

Gib dir keine Antworten auf Fragen, die du noch nicht gestellt hast

Harald Blumenauer grinst schelmisch, wenn er seine wichtigste Lebensregel erklärt. Vor einigen Wochen sei er mit einem Zug aus Holland gekommen. Plötzlich sei der Zug irgendwo auf freier Strecke stehen geblieben. Da habe er seine Nachbarin angesprochen und festgestellt, dass sie die Vorstandsvorsitzende eines weltweit agierenden Beratungsunternehmens ist. Es endete damit, dass die beiden vor Blumenauers Laptop saßen und sich per Google Earth zeigten, wo auf der Welt sie schon gewesen waren und wie toll das dort wäre. „Ich liebe die Menschen. Ich mag sie wirklich. Ich quatsche jeden an, der irgendwo steht." Denn sein Lebensmotto ist: „Jeder Mensch hat etwas, das ich nicht habe. Und deshalb ist es egal, wie unsympathisch ich jemanden finde, jeder Mensch ist es wert, ihm zuzuhören."

Noch wichtiger für Blumenauers Geschäft ist aber jene Grundregel für Rulebreaker, die ihn sein Vater gelehrt hat: „Gib dir keine Antworten auf Fragen, die du noch nicht gestellt hast!" „Stellen Sie sich vor", sagt er, „Sie treffen eine attraktive Dame und möchten diese gerne zum Abendessen einladen. Die meisten von uns würden vermuten: ‚Die hat sicherlich schon einen Freund', und würden sich nicht trauen, die Einladung auszusprechen. Aber das ist Quatsch. Man muss doch nur fragen: ‚Nein' kann sie immer noch sagen. Aber es könnte ja auch sein, dass sie ‚Ja' sagt. Also: Alles erst einmal versuchen, bevor man sagt: ‚Es geht nicht!'"

Blumenauer versucht es. Und wenn es auf dem einem Weg wirklich nicht geht, dann muss er eben einen anderen Weg nehmen. Im April 2010 ist solch eine Situation. Blumenauer meldet für seine iMakler GmbH Insolvenz an. Monatelang hatte er zuvor mit Investoren verhandelt.

Es sah nicht schlecht aus, aber die Verhandlungen waren auch noch nicht am Ziel. Es wäre eine Zwischenfinanzierung durch die Altgesellschafter nötig gewesen. Diese wollten nicht mehr! Er sieht darin eine Chance. Gemeinsam mit dem Insolvenzverwalter will er die Geschäfte weiterführen und dann mit neuen Investoren durchstarten.

Harald Blumenauer ist sich sicher: Früher oder später werden sein Regelbruch und die neuen Honorarmodelle die Branche überrollen. Bei einem Fixpreis von 1.500 Euro plus einer Erfolgskomponente werde sich der Markt in einigen Jahren wohl einpendeln, ist seine Prognose. Ob es dann die Marke ‚iMakler' noch gibt, mag er indes noch nicht beschwören. Der Weg zum profitablen Geschäft ist für ihn noch weit.

Zum Abschied sagt Blumenauer nachdenklich: „Vielleicht bin ich ja auch zu zeitig dran. Die Ersten, die einen neuen Markt entdecken, müssen nicht immer die Erfolgreichsten sein." Vielleicht sei ja sein jüngerer Bruder Claus besser beraten. Auch der ist Immobilienmakler. Er sagt immer wieder: „Harald, ich finde das gut, was du tust. Aber ich selbst will zuerst spüren, dass es für mich wirklich notwendig ist, mein Geschäftsmodell zu ändern. Ich behalte das im Auge. Und wenn der Moment kommt, dann kannst du mir ja erklären, wie das geht."

Harald Blumenauer grinst. Es sieht ein bisschen so aus, als wollte er schon wieder sagen: „Euch werde ich es zeigen!"

Fall 4: Wie Deutschlands Werbemarkt revolutioniert wurde

Das Klopfen an der Tür schreckt ihn auf. Erschrocken hebt er den Kopf. Als sei er bei etwas Verbotenem ertappt worden, blickt er zur Tür. Das ist er natürlich nicht. Aber an dieser Tür wird nun mal recht selten geklopft. „Dr. Wilhelm Held, Leiter des Rechenzentrums" steht draußen dran. Informatiker sind einsame Denker, keine Türenklopfer.

„Herein", der mürrische Ton ist das Erste, was Ulrich Hegge auffällt, als er die Klinke herunterdrückt und das Zimmer betritt. So hat er sich das Büro des Rechenzentrumsleiters vorgestellt. Klein, Computerbücher überall und auf dem Schreibtisch ein Computer, hinter dem der Kopf dieses Dr. Held fast ganz verschwunden ist. Dessen Blick fragt „Was wollen Sie?" und fügt hinzu: „Machen Sie es kurz!" Ohne Worte!

Der Besucher fasst sich ein Herz. Noch ahnt er nicht, dass er gerade beginnt, den allgemeinen Internetzugang für Studierende in Deutschland einzuführen. „Ulrich Hegge ist mein Name. Ich studiere Jura!" sagt er. Sein Gegenüber schaut noch skeptischer. Ein Jurastudent hatte sich noch nie zu ihm verirrt. „Ich möchte einen Zugang zum Forschungsnetz, den kann ich doch bei Ihnen bekommen?" Hegge ist gerade von einem Aufenthalt in den USA zurückgekommen. Dort hatte er dieses ominöse „Netz" kennengelernt, welches das amerikanische Militär in den letzten Jahren entwickelt hatte, um sicherzustellen, dass ihre Computer auch dann noch funktionieren, wenn einer oder viele der Server durch einen sowjetischen Atomschlag ausfallen. Inzwischen war das Netz auch für Wissenschaftler freigegeben, die darüber kommunizierten und sogar Dokumente austauschten. Und in den letzten Tagen hatte es Berichte darüber gegeben, dass dieses Netz nun auch in Deutschland benutzt werden konnte. Das hatte Hegges Neugier geweckt. Er wollte dabei sein.

„Ich möchte gern einen Zugang haben und ich finde übrigens, alle Studenten sollten einen Zugang bekommen. Wir brauchen ein Informationssystem, in dem wir erklären, was mit dem Netz möglich ist. Und am besten brauchen wir auch noch die Lehrpläne und die Lehrmaterialien der Fakultäten dazu."

Dr. Held spürt seine Mundwinkel wandern. Automatisch haben sie sich nach oben bewegt, ein spöttisches Lächeln umspielt seine Lippen. „Welcher Professor hat Sie denn geschickt?" fragt er. „Keiner!", ist die ehrliche Antwort. „Dann kann ich Ihnen nicht helfen. Den Zugang zum Forschungsnetz muss ein Professor gegenzeichnen. Und es muss eine entsprechende Kostenstelle dafür geben. Die haben aber nur die Naturwissenschaftler. Juristen brauchen keinen Zugang."

Sein erster Regelbruch

Ulrich Hegge hat diese Abfuhr im Rechenzentrum seiner Universität in Münster nicht vergessen. Wieso sollte er keinen Zugang zu diesem Netz bekommen? Wieso nur die Naturwissenschaftler und nicht die anderen Studenten? Wer hatte sich diese unfaire Regel ausgedacht? Hegge ist Jurastudent. Er hat gelernt, dass Gesetze die Grundlage allen Tuns sind. Und er hat gelernt, sich die Gesetze sehr genau anzusehen. Wenige Tage später sitzt er in der Bibliothek und studiert das Hochschulgesetz. Was er dort liest, gibt ihm Genugtuung. Denn er erkennt, dass zentrale Dienste wie das Rechenzentrum nicht an Lehrstühle oder gar die Naturwissenschaften gebunden sind, sondern eine Infrastruktur für alle Studenten zur Verfügung stellen sollen. Dafür sind sie da, dafür werden sie finanziert.

Viele Jahre und viele Regelbrüche später wird Ulrich Hegge berichten, dass er rückblickend immer die gleiche Abfolge beobachtet: Anfangs sei er sich nie bewusst gewesen, dass er beginne, eine Regel zu brechen. Stattdessen tue er Dinge, die er für richtig und wichtig hält. Erst wenn er schon mittendrin ist, erkenne er jene Regel, die er gerade dabei ist, zu brechen. Erst dann werde ihm klar, dass er etwas komplett anders macht, als jene Menschen wollten, die diese Regel aufgestellt haben. Und jetzt komme jeweils die zweite Konstante seiner Regelbrüche hinzu. In dieser Phase habe er regelmäßig das Glück, die richtigen Menschen kennenzulernen, die ihm beim Regelbrechen helfen.

In diesem Fall heißt das Glück Andreas. Hegge lernt ihn auf dem Campus in Münster kennen. Sie sind Kommilitonen. Als Hegge von seiner Abfuhr beim Leiter des Rechenzentrums erzählt, sagt Maaß sofort: „Ich glaube, ich weiß da etwas. Mein Onkel ist der Geschäftsführer des Deutschen Forschungsnetzes!"

Es dauert nur ein paar Tage, da sind Maaß und Hegge auf dem Weg von Münster nach Berlin. Hier ist der Sitz des Deutschen Forschungsnetzes DFN. Hegge ist angespannt. Gleich wird er jene Funktionäre vor sich haben, die bestimmen können, ob es den allgemeinen Netzzugang für alle Studenten in Deutschland geben wird. Ob er seine Mission verständlich machen kann? Es geht plötzlich nicht mehr um den Zugang von Jurastudent Hegge aus Münster. Es geht um Deutschland!

Als die beiden Studenten Hegge und Maaß den schmucklosen Konferenzraum betreten, begrüßen sie drei Herren: Prof. Dr. Dieter Haupt, Dr. Klaus Ullmann und Dr. Klaus-Eckart Maaß, den Onkel. Es ist das typische Grau der Endachtziger um sie herum, ein Konferenzraum, wie ihn keiner will, aber jeder baut in dieser Zeit. Dr. Maaß eröffnet die Runde. Was man am Telefon gehört habe, sei spannend, sagt er. Sie wollten gern mehr über die Idee der beiden Münsteraner Studenten erfahren. „Erzählen Sie doch einfach mal!" Hegge denkt, besser kann das Gespräch ja kaum beginnen!

Was Hegge in dieser Minute noch nicht weiß: Für die Geschäftsführer des Deutschen Forschungsnetzes kommen die beiden jungen Kerle wie gerufen. Schon eine Zeit lang sucht der Verein zur Förderung eines Deutschen Forschungsnetzes (DFN) nach Möglichkeiten zu zeigen, dass die ursprünglich militärischen und jetzt wissenschaftlichen Netze demnächst ubiquitär werden. Sie können mehr, als immer nur Daten von Ergebnissen physikalischer Experimente von einem Server auf den anderen zu schieben. Sie können die Basis für Kommunikation unter allen Wissenschaftlern und Studierenden werden. Und, wer weiß, vielleicht für noch andere Menschen im Land. Doch die DFN-Geschäftsführer wissen auch: Um das Netz auf diese Weise viel breiter zu machen, braucht es weniger Informatiker, weniger Naturwissenschaftler, sondern technisch affine Kommunikatoren. Zwei davon sitzen gerade vor ihnen. „Machen wir doch ein Projekt!", ist die hoffnungsvolle Verabschiedung, mit der Hegge und Maaß wieder nach Münster fahren.

Bis zum Wiedersehen mit den DFN-Geschäftsführern dauert es nicht lange. Diesmal sind sie nach Münster gekommen. Das Treffen soll bei einem alten Bekannten stattfinden: beim Leiter des Rechenzentrums, Dr. Held.

Als sich für Ulrich Hegge zum zweiten Mal die Tür zu Dr. Held öffnet, ist dieser wie ausgewechselt. Die DFN-Vertreter sitzen schon am Tisch. Offensichtlich haben sie bereits miteinander gesprochen. Die Stimmung ist freundlich und offen. Ab diesem Tag wird Dr. Held zu einem der größten Unterstützer von Hegge & Co. Sein Rechenzentrum ist plötzlich weit vorn. Er ist infiziert vom Innovationsvirus.

Das sehen aber nicht alle so. Natürlich verbreitet sich die Nachricht von den verrückten Plänen der Münsteraner Studenten schnell unter all den Rechenzentren in Deutschland. „Das ist das Allerletzte, das muss gestoppt werden!“, sagen einige. Andere sind begeistert: „Fantastisch, erzählt uns, wie Ihr das macht!“

Jetzt geht es schnell. Hegge und zwei andere Studenten schreiben das Konzept und verteilen die Aufgaben, ein engagierter Mitarbeiter des Rechenzentrums beginnt in seiner Freizeit mit der Programmierung, die Wissenschaftsfunktionäre haben das Potenzial erkannt und besorgen das Geld: Deutsches Forschungsnetz, Land Nordrhein-Westfalen, die Universität Münster ... ruckzuck ist eine sechsstellige Summe zusammen. Für auftretende Probleme wählen sie den pragmatischen Weg. Als etwa klar wird, dass das Netz für Studenten nur Sinn macht, wenn sie von zu Hause aus zugreifen können, gehen Hegge und Co auf die Suche nach geeigneten Modemherstellern. Die gibt es bisher nicht. Hegge wählt einen Anbieter aus, geht hin und macht ihm den Vorschlag, seine Modems für den halben Preis, dafür aber in einer klar definierten und attraktiven Zielgruppe zu verkaufen. Der Hersteller stimmt zu. Das macht allerdings die Hersteller der damals brandneuen, aber unglaublich teuren ISDN-Karten hellhörig. Sie ahnen, dass mit den Studenten eine völlig neue Zielgruppe entsteht und bieten ein Sponsoring an.

Hegge überlegt keine Sekunde, wie das praktisch gehen soll. „Erst Initialpunkte setzen und die Unterstützer in Bewegung bringen", beschreibt er seine Strategie. „Danach kann man immer noch überlegen, wie das alles überhaupt zu realisieren ist."

Als Ulrich Hegge zwanzig Jahre später auf diese Zeit zurückschaut, sagt er, er habe nie eine Regel bewusst gebrochen: „Ich habe selten eine Regel gesehen und gesagt: ‚Die find' ich doof, die breche ich jetzt!'" Ich bin also nicht ein Rebell im Herzen, der aus Prinzip opponiert. Sondern ich habe Dinge gesehen und gedacht: „Das könnte man doch besser machen!" Und dann habe ich es einfach gemacht. Punkt! Man macht es einfach!" Erst später habe er regelmäßig gemerkt, dass er gerade dabei ist, eine Regel zu brechen. Als seine Vier-Punkte-Strategie zählt er auf:

1. Eine Idee haben, ohne zu wissen, dass man gegen eine Regel verstößt.
2. Sich über die der eigenen Idee entgegenstehende Regel bewusst werden.
3. Eine Strategie überlegen, wie man die Idee dennoch durchsetzen kann.
4. Das Glück haben, Menschen zu finden, die beim Regelbruch helfen wollen.

Den vierten Punkt betont Hegge sehr. So unterschiedlich die Motivationen der Beteiligten auch sein mögen, sie müssen dabei sein, denn der alleinige, einsame Regelbruch sei nahezu unmöglich. Sehr wahrscheinlich sei dagegen, dass während des Regelbruches neue Regeln auftauchen, die sozusagen en passant mitgebrochen werden wollen.

Der zweite Gegenwind

So wie damals, als ungeahnter Gegenwind plötzlich von einer völlig unerwarteten Seite kam: vom Chaos Computer Club (CCC) – einem Zusammenschluss von Computerspezialisten, Programmierern, Hackern und innovativen Querdenkern, der in den 1990er-Jahren die Innovationskompetenz in Sachen Computernetze in Deutschland „gepachtet“ hatte. Plötzlich kommen da ein paar „Studi-Schnösel“ und Jura-Studenten und machen dem CCC die Hoheit über sein Thema streitig! Die Medien des CCC sind in dieser Zeit das „Usenet“ und die schon bestehenden Computernetze. Hegge und seine Mitstreiter lesen unglaubliche Schmähungen über sich. Als die Uni Münster zusammen mit dem DFN eine öffentliche Veranstaltung zu den Planungen des Projektteams um Ulrich Hegge ankündigt, kommen die Chaos Computer Club Mitglieder aus ganz Deutschland angefahren. Hegge hat den Eindruck, dass sie eigentlich nur gekommen sind, um ihn „da rauszuhebeln und sich in das Projekt zu setzen“.

Am Abend nach der Veranstaltung geht Hegge mit den Leuten von CCC Bier trinken. Er schafft es, ihnen zu vermitteln, dass er zwar am Nachmittag eine Krawatte getragen habe, aber ansonsten ein ganz netter Kerl sei. Und er stellt fest, dass die Mitarbeiter von CCC unfassbar viel technische Ahnung haben. Am Ende dieses Tages hat er auch den Chaos Computer Club mit in seinem Boot und die nächste Regel gebrochen: ... dass die Netze nur für Leute sind, die richtig Ahnung von der Technik haben.

Der Wert von Ignoranz, Arroganz und gezielter Dummheit

Wer mit Ulrich Hegge spricht, den beeindruckt zuerst seine offene Herzlichkeit. Dies muss der Grund sein, warum Hegge nicht nur die DFN-Chefs, sondern auch die Konkurrenz vom Chaos Computer Club und später die deutsche Medienbranche in seinen Bann zieht. Dieser Mensch kann keiner Fliege etwas zuleide tun, es macht Spaß mit ihm zu sprechen. Doch auf den zweiten Blick kommt die Anstrengung. Wer je länger als zehn Minuten mit Hegge spricht, wird sein Sprechtempo nicht mehr vergessen. Und mehr noch: Hegge beginnt Sätze, aber beendet nur wenige von ihnen – nicht weil er nicht könnte. Aber Hegge denkt schneller, als er sprechen kann. Seine Lösung dafür: Sobald er das Gefühl hat, der andere habe verstanden, was er mit dem Satz sagen will, unterbricht er und beginnt den nächsten Satz.

Falls sein Hirn nicht nur beim Reden, sondern auch beim Zuhören so schnell ist, wovon man wohl ausgehen muss, sind die meisten Konversationen vermutlich gähnend langweilig für ihn. Vermutlich ist das der Grund, dass Gespräche mit Ulrich Hegge intellektuelle Herausforderungen sind. Kaum sagt sein Gegenüber etwas, erwidert Hegge, und zwar in einer Art, die den Inhalt des Gehörten reflektiert und weitertreibt. Würde man die Menschheit nach ihrer Intelligenz sortieren, gehörte er vermutlich zu den obersten zehn Prozent. Es macht Spaß mit ihm zu reden.

Doch er selbst hält seine Denkgeschwindigkeit nicht für den Grund seiner Regelbrüche. Zuerst an der Uni und später noch drei Mal im Beruf hat er grundlegende Regeln verletzt und damit neue Märkte entdeckt. Auf die Frage, was ihn von anderen unterscheidet, sagt er jedoch:

„Der erste Grund ist meine Ignoranz. Man kann es

auch gezielte Dummheit nennen. Wenn ich für eine Idee brenne, dann ignoriere ich die Frage, welche Probleme da auftauchen könnten. Ganz bewusst! Ich habe einfach keine Lust darüber nachzudenken. Und wenn dann ein Problem auftaucht, bin ich persönlich schon so überzeugt von dem Projekt, dass ich sage: ‚Egal! Ich mache das jetzt. Egal wie! Egal mit wem!' Hätte ich das Netzprojekt von Anfang an zu Ende gedacht, dann hätte ich das natürlich sein gelassen. Weil es eine Phalanx von Gründen gab, die vollkommen dagegensprechen, dass ich als kleiner Jurastudent damit Erfolg haben könnte."

Den zweiten großen Unterschied zwischen ihm und anderen macht wohl seine „Arroganz". Er sagt dieses Wort selbst und meint es nicht negativ. Was er damit beschreibt, ist jener Gedanke, der ihn seit seiner Jugend immer wieder begleitet, dieses: „Nö! Ich akzeptiere nicht, dass ich umzingelt bin von Leuten, die sagen, meine Idee wäre bekloppt. Ich finde mich gut. Ich glaube, meine Idee ist gut – lass uns das jetzt machen!" Oder einfacher gesagt: Ihn interessiert nicht, was andere denken. Denn er entwirft seine eigene Wahrheit.

So innovativ dieses Selbstverständnis im Beruf ist, so anstrengend kann das im Privaten sein. Denn ablegen kann Ulrich Hegge diese Art natürlich auch abends zuhause nicht: „Nein, null!", schießt es aus ihm heraus.

Hegge wohnt auf dem Land. Irgendwo bei Hamburg. Er hat ein freundschaftliches Verhältnis zu den Nachbarn, die Familien verbringen die Wochenenden zusammen und manchmal auch die Abende. Als er neulich wieder mal bei so einer kleinen Party beim Nachbarn war, erzählt der Gastgeber eine wilde Geschichte. Er sei segeln gewesen. Mit dem kleinen Katamaran waren sie weit draußen und kämpften gegen zwei Meter hohe Wellen. Dann zeigt er seine Prellungen: „Woah, hier habe ich eine und hier!"

Hegge ist beeindruckt: „Meine Herren, wann war das denn?“, fragt er zurück. Da verliert sein Gegenüber für einen kurzen Augenblick die Fassung. „Wie, wann war das denn? Das war letztes Wochenende mit Dir!“ Die ganze Truppe lacht.

Hegge schüttelt den Kopf. Er hat die Geschichte anders empfunden. Natürlich waren sie da draußen, natürlich war das ein großer Spaß und ein Riesenthrill und natürlich konnte er danach eine ganze Woche kaum laufen, weil er sich etwas geprellt hatte. Bei solch einer Schleuderkenterung, da fliegt man schon mal ein paar Meter durch die Luft und wenn man Pech hat, knallt man aufs Boot. „Dumm gelaufen“, grinst Hegge. „Aber so musst du ticken: immer weiter, weiter, weiter, ans Limit, Limit, Limit! Und wenn du hinknallst, sofort wieder hoch und weiter! Sonst kommst du nicht weit, sonst hast du es vielleicht sogar noch probiert, aber wenn du dann nicht wieder aufstehst, bist du raus aus dem Spiel.“

Die Idee entsteht

Ulrich Hegge hat einen Vorstandstermin. Nicht, dass das ungewöhnlich wäre. Er ist immerhin inzwischen zu einem der jüngsten Geschäftsführer im Gruner & Jahr Verlag aufgestiegen. Er hat die Webseiten Stern.de live gebracht und mit der Schweriner Volkszeitung die erste deutsche Tageszeitung ins Netz gebracht. Es war eine Guerillaaktion mit viel Spaß. Doch dabei ist Hegge eine Idee gekommen, die er heute vorstellen will. Es wird heikel werden. Hegge will seinem Vorstand einen Vorschlag machen, den dieser eigentlich nicht annehmen kann.

In den letzten Monaten, als er Webseiten für die klassischen Zeitschriften konzipierte, hatte Hegge immer wieder einen Gedanken: Dieses neue Medium kann doch mehr, als nur abzubilden, was auch schon in der Zeitung steht. Es kann doch dynamisch auf alles reagieren, was der Nutzer tut. Bisher hat er eine Art Minimalanalyse einprogrammiert: Wenn die Redakteure sehen, dass besonders viele Leser einen bestimmten Bereich nutzen, dann wird dafür eben mehr geschrieben. Aber das ist ja ein Witz, im Vergleich zu den Möglichkeiten.

Eines Tages war Hegge die Vision wie Schuppen von den Augen gefallen: Die Lösung heißt Echtzeit! In jedem Moment, wenn ein Nutzer einen Service nutzt, muss der Service künftig reagieren und dem Nutzer passende Inhalte, Produkte und Werbung anzeigen, ganz nach dem augenblicklichen Bedürfnis des Kunden. Wenn also jemand gerade nacheinander verschiedene Websites mit Reiseangeboten in ferne Länder angeklickt hat, dann wird der auf der nächsten Seite keine Waschmittelwerbung eingespielt bekommen. Stattdessen Produkte, die etwas mit Reisen zu tun haben. Das Ganze natürlich voll automatisch und gestützt auf Algorithmen. Wenn das so wäre, dann gäbe es plötzlich keine Masse mehr: keine Massenmedien, keine Massenwerbung und keine Massenangebote. Alles wird individuell. Es kommt nur auf die Person des Nutzers in dieser spezifischen Situation an.

Es ist eine großartige Vision. Sie wird in den nächsten Jahren unter dem Titel „Behavioral Targeting" die Geschäftsmodelle der Medien, des Marketing und des Handels komplett auf den Kopf stellen. Aber das kann Hegge heute noch nicht wissen. So innovativ die Vision ist, heute wird sie zum Problem. Denn er stellt das aktuelle Geschäftsmodell seines Unternehmens komplett infrage. Hegge erinnert sich an jenen Moment vor einigen Monaten, als er merkte, dass er mit solch einem Ansatz das gesamte klassische Medien-, Konsum- und Vermarktungsmodell aufbricht, da dachte er: „Uups! Das ist vielleicht etwas weit gedacht." Doch der Gedanke war zu überzeugend. Und es war sein Gedanke.

Seitdem probiert Hegge den Gedankenkompromiss. Er lässt sich einen Termin beim Vorstand geben und bereitet eine Präsentation vor. Jetzt gleich wird er sie halten. Er weiß, dass er überzeugend sein wird. Aber dennoch ist er skeptisch: „Kann ich erwarten, dass dieses große Unternehmen gegen alle Regeln verstößt, die ihm eigentlich inhärent sind? Kann ich erwarten, dass es sein Geschäft, seine Markensteuerung und seine Produkte grundlegend infrage stellt?" Hegge will sich diese Fragen nicht selbst beantworten. Er wird sie seinem Vorstand stellen.

Eine Stunde später hat er die Antwort. „Das hört sich prima an", hat sein Vorstand gesagt, „und das mag sogar brillant sein. Aber das können wir hier im Haus im Moment nicht machen. Da müssen wir fünf Jahre warten." Für Ulrich Hegge ist dies der Moment, in dem ihm klar wird, dass er gehen muss. Er hält den Verlag für einen „tollen Laden" und fühlt sich auch „sauwohl". Aber fünf Jahre warten? „Nee, das isses nich!" Ulrich Hegge kündigt. Er hat vor, eine eigene Firma zu gründen. Und wenn das nicht klappt, dann macht er eben etwas anderes. Die Welt ist ja voller Gelegenheiten und an Ideen hat es ihm noch nie gemangelt. Da ist sie wieder, seine Arroganz. Oder sagen wir: sein Urvertrauen.

7d im Wohnzimmer

Natürlich war Ulrich Hegge auch bei Gruner & Jahr kein Eigenbrötler gewesen. Schon dort hatte er drei Kollegen, die mit ihm seine Vision entwickelten. Nun braucht er sie erst recht. Sie treffen sich in Berlin. Am Kaiserdamm, einer der klassischen großen Straßen von Berlin, wohnt Frank Conrad. Es sind alle vier gekommen. Nun lümmeln sie um den Couchtisch herum. Die Laptops auf dem Schoß, so diskutieren und schreiben sie, was sie erreichen wollen, was die Ziele sind, die Konzepte und die nächsten Schritte. Meno Abels und Frank Conrad sind dabei. Beide sind Techniker, Abels eher der geniale Erfinder, Conrad der harte Arbeiter und Pragmatiker. Hauke Thun ist dabei, ein Strukturierer, Organisierer und Macher und Ulrich Hegge, der die Vision und das Geschäftsmodell im Kopf hat.

Am Ende entsteht kein Businessplan, sondern die Ausformung der Idee. Sie lautet: Eine Website ist in der Lage, in Echtzeit dynamisch zu erfassen, was der einzelne Nutzer tut und welche Interessen er gerade hat. Und sie kann diese Erkenntnis im Moment des Kontakts widerspiegeln. Es ist jene Blaupause, nach der Hegge die nächsten zehn Jahre arbeiten wird. Nicht mehr und nicht weniger.

Es ist nicht zum ersten Mal, dass Hegge sich ein konkretes Businessmodell vornimmt. Der Gründergeist ist bereits in ihm. Für die Spielbank Hamburg hatte er versucht, das legale Glücksspiel ins Internet zu bringen. Eine Spielbank online, ohne Croupier. Für die damalige Glücksspielbranche ein einmaliger Regelbruch. Es konnte ja niemand wissen, dass dies später einmal zum Millionengeschäft werden würde.

Doch bei seiner aktuellen neuen Idee ist Hegge sich schon vorher sicher: „Das wird so kommen. Die Entwicklung der Medienwelt wird zwangsläufig darauf hinauslaufen, dass sich die Geschäftsmodelle der anderen Medien nach seiner Vision ausrichten." Doch noch ist es nur eine Idee. Hegge will dafür eine Technologie entwickeln. Er braucht einen Algorithmus, der seine Idee wirklich wahr werden lässt. Er gründet die Firma „7d".

Und doch versteht sich Hegge nicht als Revoluzzer. Er agitiert nicht. Seine Attitüde ist nicht die Riesengeste „Wir verändern die Welt. Jetzt kapiert das endlich, ihr Idioten!" Aus ihm strahlt eine tiefe, entspannte Überzeugung: „Es liegt auf der Hand, dass es so kommen wird. Wenn man die Entwicklung zu Ende denkt, ist dies der einzig sinnvolle Schritt. Lasst ihn uns gehen."

Die Überzeugung des Rulebreakers

Es sind harte Jahre, die Ulrich Hegge durchlebt. Zwar hat er Finanziers gefunden und verdient gut. Zwar bekommt er in der Hamburger Medien- und Agenturszene, die zu seiner Heimat geworden ist, viel Interesse. Aber am Ende steht, mit wem er auch redet, immer der Satz: „Das wird nicht passieren! Die Kunden verstehen das nicht, die Leser wollen das nicht, die Werber nutzen das nicht!"

Hegge argumentiert dagegen. Wer auch immer ihm zuhört, dem erklärt er, dass seinerzeit das Radio auch für Erziehung, Notfälle und Katastrophenalarm erfunden wurde und sich selbst zum Entertainment-Medium entwickelte. Er ist überzeugt, dass auch das neue Medium Internet eines Tages seine eigene Stärke ausspielen und seine Geschäftsmodelle prägen wird. Die strategisch wesentlichen Faktoren werden die Daten und Profile der Nutzer sein. Dann werden die Nutzer mit virtuellen Agenten in dreidimensionalen Welten unterwegs sein. Das Internet werde dann aussehen wie ein Computerspiel. Jeder Nutzer bekomme seine eigenen Figur, den sogenannten Avatar, und bewege sich dann durch dreidimensionale Räume.

Jede normale Website kann dreidimensional werden. Wenige glauben ihm.

Doch Ulrich Hegge holt sich seine Inspirationen weder bei den Skeptikern noch bei den Utopisten. Im Unterschied zu allen anderen sieht Hegge nicht die Probleme, sondern die Möglichkeiten. Er denkt nicht darüber nach, ob es eventuell ein Problem mit dem heutigen Datenschutzgesetz geben könnte. Stattdessen überlegt er, wie Menschen künftig mit ihren Daten umgehen werden wollen. Er interessiert sich für Neuronale Netzwerke und die Funktionsweisen von Expertensystemen. Science-Fiction-Romane sind für ihn weniger utopisch als vielmehr vorweggenommene Zukunftsprognosen. „Snow Crash“ von Neal Stephenson ist solch ein Roman. Hegge ist sich sicher, dass das Internet irgendwann zu solch einem Metaversum werden wird, wie Stephenson es schon im Jahr 1992 beschrieb. Würden Nutzer künftig das Internet nutzen, um sich Entitäten zu schaffen und damit umzugehen?

Manchmal ist es sehr einsam in den Gedankenwelten der Rulebreaker.

An die Wand gefahren

Es sind die Zeiten, in denen die Internetblase an den Börsen platzt. Reihenweise gehen jene Firmen pleite, die nur Geld, aber keine gute Idee hatten. Ulrich Hegge ist noch optimistisch. Das Jahr 2002 schließt seine Firma „7d“ nur minimal unter Plan ab. Sagenhaft, in diesen Zeiten!

Doch dann plötzlich passiert überhaupt nichts mehr. Kein Kunde, kein Auftrag, nichts! Auf dem Firmenkonto schmelzen die letzten Tausender dahin, Hegge merkt, dass sein Optimismus ihn in eine brenzlige Situation geführt hat. Er war zu sehr Visionär und zu wenig Kaufmann. Er hat versäumt, sein Risiko zu begrenzen. Die Verträge für Miete und Personal sind zu langfristig. Sie bluten die Firma aus. Er kann die Rechnungen nicht mehr bezahlen. Jene dritte Woche im Mai 2003 wird Hegge nie vergessen. Zwei Millionen-Projekte stehen kurz vor dem Abschluss. Monatelang hat er dafür gearbeitet. Doch dann beginnt jene dritte Woche: Montags kommt die erste Absage, am Donnerstag die zweite. Es war die letzte Hoffnung.

Hegge geht zum Insolvenzgericht. Seine Firma ist pleite.

Doch der Termin bei Gericht ist das Eine, das Gespräch am Abend vor dem Einschlafen mit seiner Frau das andere. Ulrich Hegge weiß nicht, wie er in den kommenden Monaten seine Familie durchbringen soll. Und was geschieht mit den Mitarbeitern? Solange es noch Hoffnung auf ein Ende der Krise gab, solange er auch in schwieriger Lage noch den nächsten Schritt sah, solange funktionierte Hegges Optimismus. Sogar bis zum Termin beim Insolvenzrichter. Doch jetzt, wo es keinen nächsten Schritt gibt, gesteht er seine Verzweiflung seiner Frau. Er empfindet diese Situation als unfassbar hart. Und noch immer ist die wesentliche Frage nicht beantwortet: Macht er mit seiner Idee weiter?

Es sind die schlimmsten Wochen seines Lebens. Noch mehr als vorher stürzt Ulrich Hegge sich in die Arbeit. Doch nach ein paar Tagen versteht er: Seine Arbeitswut ist die psychische Reaktion auf das Gefühl, in der Vergangenheit zu wenig gemacht zu haben. Ein trügerisches Gefühl! Was er jetzt braucht, sind keine verlängerten Arbeitszeiten, sondern eine klare Entscheidung: Gründet er eine neue Firma und fängt damit nochmals von vorn an? Oder geht er zurück in ein klassisches Medienunternehmen und verdient das Geld, das seine Familie über Wasser hält?

Inzwischen kann Ulrich Hegge auch die inhaltlichen Zweifel an seiner Idee nicht mehr einfach so vom Tisch wischen. Vielleicht ist sie ja doch nicht so überzeugend, denkt er manches Mal. Und was hat er davon, wenn er hier weiter den Regelbrecher in einem kollabierten Markt spielt, den Evangelist und einsamen Rufer in der Wüste? Kann das richtig sein, seine Familie in Gefahr zu bringen? Er ist nahe am Aufgeben. Doch immer dann, wenn es besonders schlimm ist, schießt ihm die essenzielle Frage in den Kopf: „Hat er wirklich alles getan? Ist es vorbei?" Die Antwort lautet: „Nein! Die Entwicklung des Internet geht genau in die prognostizierte Richtung. Es ist doch nur eine Frage der Zeit, bis seine Idee funktionieren muss! Oder doch nicht?"

Letztendlich sind es die Gespräch mit seiner Frau, die Hegge zur wesentlichen Frage und zur richtigen Antwort führen. Die Frage lautet: Können wir es uns finanziell leisten, dass er einen neuen Versuch startet? Und wenn ja, wollen wir es uns auch leisten? Seine Frau sieht das pragmatisch. Sie ist es selbst gewohnt, viel zu arbeiten. Für sie ist schnell klar, dass sie es sein wird, die in den kommenden Monaten das Geld nach Hause bringt. Hegge spürt Erleichterung. Er bekommt den gedanklichen Freiraum für einen letzten Versuch.

Doch um weiterzumachen, braucht er nicht nur einen freien Kopf, sondern auch etwas Geld auf dem neuen Firmenkonto. Und wieder hat Hegge das Glück, die richtigen Menschen im richtigen Moment zu finden. Es ist die Deutsche Telekom mit ihrer T-Online-Sparte, die an ihn glaubt. Als noch alles planmäßig lief, hatte er auch Aufträge von anderen großen Unternehmen, von Neckermann, Gruner & Jahr und Vodafone. Aber die Kundin, die wirklich an ihn glaubt und mit ihm durch diese schweren Zeiten geht, ist die Telekom. Als er viele Jahre später diese Geschichte erzählt, wird er immer noch ungläubig den Kopf schütteln: Ausgerechnet die in seiner Branche als träge und innovationsscheu verschriene Telekom! Doch genau dort gibt es Leute, die die einziehende Personalisierung im Internet und die sich verändernden Vermarktungsmodelle schon klar sehen. Hegge ist für den Bonner Großkonzern die Möglichkeit, diese Technologieentwicklung in Deutschland zu unterstützen, statt in Amerika einzukaufen.

Die kontinuierlichen Aufträge des großen Unterstützers sind es, die es Hegge möglich machen, neu zu starten. Seine neue Firma heißt „7d Software GmbH". Es ist eine GmbH, die aus der Insolvenzmasse der alten AG die wesentlichen Teile herauskauft. Die neue Firma tut exakt das, was die alte auch tat. Nur dass sie im Vergleich ein Miniladen geworden ist. Ein Miniladen, der von Stund an mit kleinen Schritten wächst: keine Finanzierung mehr! Sondern das, was verdient wird, kann wieder investiert werden. Ulrich Hegge hat von vorn angefangen.

Ein Wunder namens Wunderloop

Es dauert zwei Jahre, bis Hegges Brötchen wieder größer werden. Es ist inzwischen 2005 geworden, als er sich denkt: „Mensch! Jetzt passiert wieder was!" Der Onlinemarkt ist Jahr für Jahr wichtiger geworden und auf einmal häufen sich die Nachrichten über diese onlinespezifische Marketingform, die „Targetingtechnologien". Das ist das, wovon Hegge schon sieben Jahre redet. Doch nun schreiben auch die Fachmagazine einen Artikel nach dem anderen. Und Hegges gute Drähte in die USA melden Erstaunliches: Es liegt etwas in der Luft.

Plötzlich heißt es in der Branche, Dave Morgan, ein

amerikanischer Vordenker, der vorher schon Firmen wie Real Media groß gemacht hatte, würde jetzt mit seiner neuen Firma Tacoda ein super Geschäft machen. Tacoda macht das Gleiche wie Hegge. Und zwei andere amerikanische Firmen mit ähnlichen Konzepten, „Revenue Science“ und „Poindexter“ sind ebenfalls gut dabei. Sogar in Deutschland geht mit „nugg.ad“ ein Unternehmen mit ähnlichem Konzept in den Markt. Hegge spürt, dass die Zeiten der kleinen Brötchen vorbei sind. Er muss wieder größer denken.

Und plötzlich flattert das Angebot auf den Tisch: Ein sehr großes amerikanisches Unternehmen will die kleine, aber profitable „7d Software GmbH“ kaufen. An diesem Abend berichtet Ulrich Hegge seiner Frau, dass sie gemeinsam durch das Tal hindurch sind. Es hat sich gelohnt. Doch statt das Geld zu nehmen, hört Hegge nochmals auf seinen Instinkt. Er ahnt, dass der Markt demnächst explodieren wird. Um dabei zu sein, muss „7d“ wachsen. Aus dem Cashflow heraus ist das unmöglich.

Ulrich Hegge fragt Freunde um Rat. Der eine ist Dr. Klaus Hommels, einer der bekanntesten VC-Finanzierer für Internetunternehmen in Europa. Der andere ist Michael Kleindl, das Urgestein des Onlinemarketings und exzellenter Kenner des europäischen Marktes. Doch Hegge bekommt von den beiden keinen Rat. Er bekommt ein Angebot: Wir steigen bei „7d“ ein. Wir geben Geld und machen mit. „7d“ wird in „Wunderloop“ umbenannt, um den erneuten Neustart deutlich zu kommunizieren.

Wie Visionäre ticken

Es sind die Zeiten, die sich erneut gewandelt haben. Die Krise ist vorbei und Visionäre sind wieder gefragt. Auf den Kongressen und Branchenevents trifft man sie: die Protagonisten der Dot-Com-Ära. Peter Kabel, Paulus Neef, Matthias Schrader, Stephan Noller, Lars Hinrichs, Sören Stamer und wie sie alle heißen. Es sind smarte Denker, die zeitiger als andere den kommenden Digitalisierungstrend verstehen und dessen kommende Geschäftsmodelle vorhersehen. So unterschiedlich sie alle sind, gemeinsam ist ihnen eine tiefe Selbstsicherheit und die scheinbar unerschöpfliche Überzeugung, dass sie es sein werden, die trotz aller Risiken das Spiel gewinnen.

Hegge versteht sich mit allen, einige sind gar gute Freunde, andere genießen seinen tiefen Respekt. Und doch ist er anders als die anderen. Während diese sich auf Kongressen positionieren und mit drastischen Bildern die Angst vor dem Ende der „alten Medienwelt“ schüren, bleibt Ulrich Hegge still. Wo andere die angeblich neuen Modelle von Interaktion und User Generated Content im Web 2.0 preisen, wundert sich Ulrich Hegge über die Gutgläubigkeit der Zuschauer. Für ihn, der zu dieser Zeit schon weit über zehn Jahre im Internet zuhause ist, sind all die Phänomene nicht neu. Vielmehr hat er sie ja vor Jahren schon prognostiziert. Er ist leiser als der Rest, das macht ihn so angenehm.

Ist Erfolg langweilig?

Drei Jahre später, im Jahr 2008, ist für Hegge die Zeit des Erntens gekommen. Der Markt des Targetings sortiert sich in Europa. Kleinere Unternehmen schließen sich zusammen oder werden gekauft. Hegges Wunderloop geht gestärkt aus dieser Konsolidierungsphase hervor. Das Unternehmen ist stark gewachsen und hat seine Marktanteile in Europa ausbauen können. Aus dem Neustart ist eine Erfolgsgeschichte geworden. In Deutschland setzt die Mehrheit der dreißig größten Werbevermarkter auf die Technologie von Wunderloop. Doch Hegge selbst spürt, dass er nicht mehr bei der Sache ist. Mit einer Mischung aus Faszination und Abscheu beobachtet er sich selbst dabei, wie sein Unternehmen langweilig für ihn wird: Die existenziellen Krisen sind überstanden, der Markt ist da, jetzt geht es nur noch um kluges Management. Für Hegge ist der Reiz weg!

„Ich bin nicht der richtige Mann für so eine Phase des Unternehmens", sagt er von sich selbst. „Ab jetzt könnte ich eigentlich nur noch Quatsch machen. Weil jetzt nicht mehr meine Stärken gefragt sind. Im Gegenteil: Ich müsste mit viel Mühe irgendwie meine Schwächen kompensieren. Das ist nicht das Richtige." Hegge lässt sein groß gewordenes Baby „Wunderloop" zurück. Er wechselt aus dem operativen Geschäft in den Aufsichtsrat. Als Freunde einwenden, er werde nie am Ziel des Lebens ankommen, wenn er immer ein neues suche, gibt er zu: „Das nervt mich zu Tode, aber so ticke ich! Es wäre sehr schön, wenn ich mal sagen könnte: ‚Yo, da bin ich!' Aber nein! Das geht nicht!"

Er sehnt sich danach, wiedermal einen Regelbruch zu finden, sich erneut einer intellektuellen Lebensherausforderung zu stellen. Doch wo ist sie? Der Trend in der Branche heißt in dieser Zeit Web 2.0. Auch viele seiner Freunde und Bekannten versuchen Social-Community-Portale an die Community zu bringen. Das gängige Rezept: ein bisschen Marktforschung, ein paar Programmierer und ab geht der Versuch. Natürlich denkt Hegge auch darüber nach. Aber er findet das alles zu langweilig. „Ich kann's nicht, ich kann so was nicht! Null!"

Steilwandklettern

Es ist im Frühjahr 2009, als Ulrich Hegge öfter im ICE nach Berlin gesehen wird. Am Berliner Hauptbahnhof steigt er in die S-Bahn. Es ist eine kurze Fahrt bis zum Bahnhof Friedrichstraße. Und vor dort ein kleiner Spaziergang entlang der pulsierenden Lebensader in Berlin-Mitte. Um die Ecke strömen Touristen zum Brandenburger Tor, in Sichtweite sind Reichstag und Abgeordnetenbüros und in der anderen Richtung ist es nicht weit zum hippen Szeneviertel rund um die Oranienburger Straße. Doch Hegge steuert auf die Hausnummer 148 zu. Es ist ein edler Glaspalast, auf dessen Dach die Werbung des Maritim Hotels und des Nachrichtenmagazins FOCUS prangen.

Hegge redet mit Philipp Welte, dem Vorstand für die Printtitel des Verlages. Mit ihm hat er eine Wellenlänge. Es sind intensive und lange Gespräche, in denen die beiden abklopfen, was der andere denkt, wohin der Burda-Verlag und wohin Ulrich Hegge gedanklich unterwegs sind. Und es gibt auch Gespräche in der Arabellastraße 23 in München. Hier hat der Verleger Hubert Burda, einer der wichtigsten Medienmänner des Landes, sein in der Medienszene berühmtes holzgetäfeltes Zimmer. Hegge war da vor Kurzem auch drin.

Ulrich Hegge geht zu Burda! Es ist ein unglaublicher Gedanke! Hegges Bekanntenkreis reagiert mit absolutem, totalem und schierem Entsetzen. Ein Rulebreaker wie er ordnet sich in die Hierarchie eines Großunternehmens ein. Das kann doch nicht gutgehen! Die Risikofreudigeren, die wie er gern hart am Wind segeln, kommentieren: „Geil, Du gibst es Dir wieder!“

Doch Hegge kommt zum Burda-Verlag nicht als Befehlsempfänger. Er hat eine Idee, die er mit Philipp Welte besprochen hat. Es ist eine technologische Basisidee, sie ist viel fundamentaler als alles, was in der Branche derzeit gemacht wird. Hegge hält sie geheim. Nur der Burda-Vorstand kennt sie. Er hat Unterstützung zugesichert. Hegges Hoffnung ist, dass die neue Technologie sich mit der strategischen Unterstützung eines Medienkonzerns und seinen vielen verschiedenen Services einfacher durchsetzen lässt, als im mühevollen Kleinklein eines Start-up-Unternehmens. Hegge grinst, wenn er darüber redet. „Wenn man so will, bin ich als Regelbrecher ein klein bisschen altersmilder geworden oder ein Regelbrecherchen.“

Auch ein Ulrich Hegge kokettiert manchmal. Denn im Grunde seines Herzens spürt er, dass das „chen“ nicht stimmt. Es ist vermutlich der härteste Regelbruch der Branche, den er sich vorgenommen hat. Denn unter den Innovatoren des Landes gilt die Regel: Die alten Medien und Medienmarken sind dumm und behäbig. Sie haben das Internetzeitalter nicht kapiert und sterben einen langsamen Tod! Hegge behauptet: „Das stimmt nicht! Im Gegenteil! Sie werden sich neu erfinden müssen und das ist ein mühsamer schwieriger Prozess ... viel schwieriger als aus einer Start-up-Situation heraus. Steilwandklettern, überhängend an der brüchigen Wand“, beschreibt er seine neue Rolle. „Und das ist schon wieder spannend“

Die sechste Etage

Es ist verdammt bunt hier. Ulrich Hegge und sein neues Media Innovation Lab sind in die sechste Etage des Burda-Hochhauses in der Münchner Arabellastraße eingezogen. Hier ist alles anders. Die alten Bürostühle wurden gegen rote und blaue Sessel ausgetauscht und buntgestreifte Teppiche ausgelegt. Dann wurden farbenfrohe Kandinsky-Bilder an die Wände gehängt und futuristische Papiergehänge als Lampen von der Decke abgeseilt. Mit einigem Hightech lassen sich kleine Arbeitsräume in das Großraumbüro zaubern. Die Dachterrasse vor dem Fenster hat eine Grillstelle, die so aussieht, als würde sie fast täglich genutzt.

Es ist vermutlich eine der schrägsten Büroetagen Deutschlands. Und das denken nicht nur Außenstehende. Im Erdgeschoss des gleichen Hauses, im Konferenzraum des Burda-Cafés wiederholt sich über Wochen immer die gleiche Szene: Wenn jemand die gigantische Hightech-Beameranlage in Betrieb nehmen will und aufgrund der Komplexität die Haustechniker ruft, drücken sie ein bisschen auf den Tasten herum und sagen dann geheimnisvoll: „Dafür sind wir nicht zuständig. Das gehört der sechsten Etage." Dann weht ein Hauch von James Bond und „Q" durch die Arabellastraße.

Geht Rulebreaking in einem Konzern?

„Nein!", sagt Ulrich Hegge und es kommt wie aus der Pistole geschossen. Der typische Regelbruch sei in einem Konzern nicht möglich. Aber wofür brauche man denn auch den typischen Regelbruch, wenn es auch ein anderer Regelbruch sein kann. Hegge erfindet gerade den Regelbruch des Regelbruchs. „Wann hat Amazon das letzte Mal relaunched?“, fragt er in die staunenden Gesichter. Allgemeines Schulterzucken. „Richtig!“, ruft Hegge. „Noch nie! Die haben zu jedem Zeitpunkt ungefähr hundert sogenannte A/B-Tests laufen: Hier verändern sie eine Farbe, da ist die Schrift größer, hier steht der Preis woanders, hier ist der Button anders geformt ...“

So langsam verstehen die Besucher seine Vision. „Dann ist der Regelbruch in einem Konzern kein einmaliges Ereignis, sondern permanent?“, kommt die Rückfrage. „Richtig! Nach dem Relaunch ist nicht vor dem Relaunch. Wir erfinden nicht die Welt vollständig neu, sondern wir machen es genau so, wie es auch dem Internet angemessen ist. Es sind die iterativen Schritte, die ein großes Unternehmen innovativ machen.“

Ulrich Hegge hat sich für seine Vision ein faszinierendes Team zusammengestellt. In dieser ominösen sechsten Etage gibt es Sandra, die Elite-BWL-Absolventin, die sechs Jahre lang im Ausland studiert hat, fünf Sprachen spricht, einen MBA in Shanghai gemacht hat und erfreulich anders ist, als Hegge sich BWL-Absolventinnen normalerweise vorstellt. Da ist Heiko, ein sensationell Kreativer mit großartigem Netzwerk, den jeder in der Digitalszene wenigstens vom Namen her kennt. „Komm ihm nicht mit Strukturen und Prozessen“, sagt Hegge. „Um Gottes Willen, das ist nicht sein Ding. Muss es auch nicht sein!“ Da sind noch viele andere mehr. Für Hegge ist sein Innovation Lab bei Burda eine hochspannende Umgebung, in der er Dinge ausprobieren kann, die woanders kaum ausprobiert werden können.

Er hat verstanden, dass seine Aufgabe eine andere ist als früher. „Die Regel heißt: Rulebreaking im Konzern geht nicht“, sagt er. Aber weil es doch gehen soll, baut er ein Team aus disparaten Welten. Er holt sich Menschen, die Brücken bauen. Hegge versucht, das System des Großkonzerns zu verstehen und mitzunehmen. Aber er sagt zugleich auch: „Stopp! An dieser Stelle bin ich nicht Teil eures Systems. So weit spiele ich mit, weil es notwendig ist und euch hilft. Aber an dieser Stelle irritiere ich die anderen und sorge für Unruhe.“

Es ist sicher nicht einfach mit Hegge. Seine geliebte Ignoranz und Arroganz, jene Dinge zu tun, die er für richtig hält, muss man sich als Konzernchef schon leisten wollen. Doch wenn es diesen Willen gibt, dann ist Hegge vermutlich einer der Besten, die man sich vorstellen kann. Was er hier mache, ist Steinbrucharbeit, wie früher bei Wunderloop. Doch der Unterschied sei, dass er früher gern und mit großem Spaß gesprengt habe. Heute gelte es abzuschlagen – Stein für Stein. Vielleicht lasse sich der Steinbruch auch so eines Tages in gewinnbringende Steine verwandeln. Vielleicht auch nicht …

„Aber“, fügt er hinzu, „ich bin hier nicht angetreten, um mein Berufsleben zu beenden. So spannend es auch ist hier, am Ende des Tages ist es für mich vollkommen klar: Irgendwann werd' ich hier rausgehen und wieder vollkommen andere Sachen machen. Ja, ich werde auch irgendwann wieder gründen. Das ist vollkommen klar.“

(Am Tag, an dem dieses Kapitel entstand, wurde die Branche durch eine Twitter-Nachricht aufgeschreckt. Sie lautete: „Vor rund einem Jahr begann Uli Hegge für Burda das Innovation Lab aufzubauen. Jetzt wird er aus persönlichen Gründen das Labor verlassen. Der ehemalige Wunderloop-Gründer geht zurück nach Hamburg …“)

Fall 5: Wie ein Banker seine Branche neu erfindet

Der Blick schweift über die beeindruckenden historischen Bauten vor seinem Fenster. Hier aus dem vierten Stock hat man einen wunderschönen Blick über St. Sebald, den vielleicht schönsten Teil der Nürnberger Altstadt. Wie schon so oft, bleibt er an den beiden Bögen mit der toskanischen Säule in der Mitte hängen. Das Tucherschloss, zu dem sie gehören, liegt keine hundert Meter entfernt. Es atmet den Geist der großen Nürnberger Handelsfamilien des 16. Jahrhunderts. Denn das Museum darin erzählt die Geschichte der Nürnberger Kaufmannsfamilien. Und die Tucher von Simmelsdorf waren eine der Reichsten unter ihnen. Sie starteten später als alle anderen, entwickelten sich aber wegen ihrer guten Ideen und Kontakte schnell zu den einflussreichsten Handelsleuten der Stadt.

Als es an seine Bürotür klopft, wird Reiner Mauch jäh aus seinen Gedanken gerissen. Etwas zu früh vielleicht. Sonst hätte er den Tagtraum weiterträumen können und sich vielleicht schon an diesem Nachmittag ausgemalt, dass sich die Geschichte der Tucher in den nächsten Monaten wiederholen könnte: in der deutschen Bankenbranche und mit ihm in einer der Hauptrollen. Doch an diesen Traum hätte Reiner Mauch wohl selbst nicht geglaubt.

Mauch kennt den jungen Mann, der vor seiner Tür steht, noch gar nicht so lange. Aber dafür ziemlich gut! Sie haben schon manchen Abend zusammen im Verein Börsenfreunde WiSo Nürnberg e.V. verbracht und diskutiert. Hier treffen sich all jene Studenten und Dozenten der Nürnberger Universität, die ein besonderes Faible für die Börse und den Finanzmarkt haben. Auch Mauch ist hier Stammgast. Im Unterschied zu den meisten anderen ist er aber kein Student mehr. Er hat schon ein Informatikstudium in Karlsruhe hinter sich. Nach Nürnberg ist er gekommen, um zu promovieren. Prof. Dr. Wolfgang Gerke hat ihn aufgenommen. Jener Gerke, der im Fernsehen immer als Experte für Bank- und Börsenthemen auftritt. Mauch kann sich noch gut erinnern, wie stolz er war, als er hier sein Büro bezogen hatte. Nicht bei den anderen Wirtschaftswissenschaftlern an der Universität, sondern ausgelagert in diesem schönen alten Bürohaus in der historischen Innenstadt, direkt am Lehrstuhl von Gerke.

Es klopft zum zweiten Mal. Stärker als vorhin. „Komm herein, Karl!“, ruft Mauch. Karl Matthäus ist einer der „HiWi“ am Lehrstuhl, einer jener Studenten also, die den Professoren und Dozenten als „Wissenschaftliche Hilfskraft“ zur Hand gehen. Doch Karl Matthäus ist nicht irgendein HiWi. Er ist der Sohn von Karl Gerhard Schmidt, dem Bankier und Leiter der SchmidtBank. Schon mehr als 170 Jahre gibt es diese private regionale Bank, die vor allem Vermögensanlagen für gehobene Kunden betreibt. Und seinen Sohn Karl Matthäus hat der Bankier nach jenem Christian Carl Matthäus Schmidt benannt, der einst 1828 die Bank gegründet hatte.

Reiner Mauch schätzt den langen Kerl, der gerade an seinem Tisch Platz nimmt, nicht nur als Bankierssohn. Vor allem ist Karl ein innovativer Kopf. Viele Abende haben der Informatiker und der angehende Banker mit all den anderen Studenten und Gästen im Börsenverein darüber diskutiert, in welche Aktien und Anlagen sie investieren sollten. Und immer öfter kamen sie auch auf die umständlichen Transaktionen bei den Banken zu sprechen: Warum müssen wir immer zu den teuren Banken gehen? Warum gibt es für Leute wie uns, die selbst die Aktien analysieren und entscheiden, nicht eine Bank, die Aktien einfach, billig und schnell besorgt.

Es ist die Zeit, als das Internet aufkommt. Es ist die Zeit der großen Internetgründungen. Da liegt es nicht fern, dass plötzlich die Idee auf dem Tisch liegt, eine Internetbank zu gründen. Sie soll alle Vorteile des Internets nutzen und für eine junge, technikaffine Zielgruppe anbieten. Könnten die Studenten nicht per Internet alle Informationen von einzelnen Aktienunternehmen analysieren? Könnten sie nicht sogar per Internet selbst Aktien kaufen und verkaufen? Und könnten sie das nicht gar in Echtzeit machen? Die letzte dieser Diskussionen hatte damit geendet, dass Mauch zu Schmidt gesagt hatte: „Hey, komm, nicht nur labern! Komm in mein Büro und dann gehen wir die Idee mal richtig durch.“ Jetzt liegen die Konzeptpapiere und Skizzen ausgebreitet auf Mauchs Büroboden.

Es ist die Gründungsszene von Consors, jener Direktbank, die mit einer der Grundregeln des deutschen Bankgeschäfts bricht. Eine Bank muss nicht länger Beraterin in Aktienfragen sein. Per Internet wird es möglich, den Kunden einen völlig neuen Nutzen anzubieten: Aktien selbst zu analysieren und zu handeln und das zu einem strategisch sehr günstigen Preis. Mauch und Schmidt entdecken mit diesem Regelbruch einen völlig neuen Markt.

15 Jahre nach der Gründung und zwischenzeitlicher Übernahme durch BNP Paribas hat Cortal Consors heute 1.500 Mitarbeiter und betreut über 1,1 Millionen Kunden. Doch es ist nur der erste Regelbruch von Karl Matthäus Schmidt … nicht sein letzter und nicht sein wichtigster.

Wie das Rulebreaker-Gen entsteht

Schmidt ist ein sympathischer Typ. Wenn er auf neue Menschen trifft, lassen seine klaren Augen und sein offener Blick die Distanz automatisch schrumpfen. Es macht Spaß mit ihm zu reden, denn Schmidt hat nicht die Neigung, sich mit intellektuellem Geschwafel und wissenschaftlichen Worthülsen künstlich zu erhöhen. „Vielleicht ist das alles gar nicht so hochtrabend", sagt er auf die Frage, was Rulebreaker eigentlich ausmache. „Vielleicht hatten wir einfach nur das Gefühl, dass wir Studenten als potenzielle Bankkunden unzufrieden mit dem Angebot waren. Dann waren wir neugierig und haben einfach überlegt, wie eine Bank besser funktionieren könnte. Dieser Gedanke ist es, der mich zu jedem meiner Regelbrüche motiviert und geführt hat."

Doch der Gedanke ist das Eine, die Umsetzung das andere. Karl Matthäus Schmidt wächst in eine Bankiersfamilie hinein. Tag für Tag erlebt er das unternehmerische Handeln seines Vaters. Die Frage, was der Kunde denn wollen könnte, prägt Schmidt schon seit Kindesbeinen. Später versteht er auch, dass man Dinge riskieren muss, wenn man Gewinn erzielen will. In Karl Matthäus entsteht in dieser Zeit die Sehnsucht danach, eigene Ideen umzusetzen und etwas Eigenes in die Welt zu bringen. Es sind nicht die Professoren an der Universität, die Schmidts Denkwelten prägen. Von denen berichtet er enttäuscht, dass deren Ausbildung nur darauf abziele, die Studenten in den Stabsabteilungen irgendwelcher Konzerne unterzubringen. Es ist vielmehr sein eigener Vater, der sich alle Mühe gibt, seinem Sohn das Bankgeschäft so spannend wie möglich zu machen und die Lust am Unternehmersein zu wecken. So war er damals von seinem Vater erzogen worden. Nun soll auch in seinem Sohn das Unternehmergen reifen.

Es reift und plötzlich steht Karl Matthäus nicht mehr mit großen Augen vor seinem Vater, sondern mit dem ausgearbeiteten Businessplan für eine Direktbank. Ein Geschäft, von dem der Vater als klassischer Banker keine Ahnung hat. Karl Gerhard Schmidt schaut auf seinen Sohn und sagt: „Mach!" Er stellt seinem 24-jährigen Sohn in den kommenden Monaten zwei Millionen D-Mark zum Aufbau von Consors zur Verfügung.

Wenn Karl Matthäus Schmidt, fünfzehn Jahre später und inzwischen selbst Vater geworden, über seinen Vater redet, sagen seine Augen mehr als seine Worte. Respekt ist in seinem Blick, als er erzählt, dass sein Vater damals unglaubliches Vertrauen und Mut gezeigt hatte, ihm diesen Freiraum zu gewähren. „Wir waren wirklich verdammt jung!", ruft Schmidt und es klingt halb entschuldigend, halb ungläubig über das Vertrauen seines Vaters in seine Idee.

Consors wird eine Tochter der Schmidtbank und zum Juwel in der Schmidtschen Bankenwelt. Doch manchmal schreibt das Leben seine Geschichte mit großer Ironie.

Rulebreaker in der Krise: Das Establishment schlägt zurück

Es ist Ende 2001, als die von Karl Gerhard Schmidt geführte Schmidtbank in große finanzielle Schwierigkeiten kommt. Es sind jene Zeiten, in denen die Internetblase platzt. Die Aktienkurse der neu gegründeten Internetunternehmen stürzen ins Bodenlose. Und in ihrem Gefolge reißen sie den gesamten Aktienmarkt in die Krise. Banken werden von solchen Krisen gewöhnlich hart getroffen. Denn es sind die Kunden der Banken, die in solchen

Zeiten ihre Kredite nicht mehr bedienen können. Es ist das Geld der Banken, das nicht mehr zurückfließt.

Die Schmidtbank hat zu viele solcher faulen Kredite. Karl Gerhard Schmidt braucht einen Plan. Der Ausweg liegt nahe. Seine Bank hält nach wie vor 65 Prozent der Anteile an Consors. Wenn er einen Teil dieser Aktien verkaufen würde, dann könnte er seine Schwierigkeiten in den Griff bekommen. Eine Zeitlang sieht es so aus, als könnte das gelingen. Andere Banken haben Interesse an der Übernahme der Consors-Anteile. Doch von einem Tag auf den anderen sagen alle Interessenten ab. Es kommt kein frisches Geld herein, die Schmidtbank geht pleite.

Warum so plötzlich keine der anderen Banken die Consors-Aktien übernehmen wollte, ist bis heute nicht geklärt. Karl Gerhard Schmidt vermutet, eine gemeinsame Prüfstelle der Banken hätte Interna über die Geschäftslage der Schmidtbank an die anderen Banken ausgeplaudert und diese hätten sich abgesprochen, um den lästigen kleine Konkurrenten mit Absicht in die Pleite gehen zu lassen. Die anderen bestreiten das. Beweise gibt es keine.

Die Schmidtbank wird von der Auffanggesellschaft Medusa übernommen, einem Konsortium aus Dresdner Bank, Deutsche Bank, HypoVereinsbank, Commerzbank und der Bayerischen Landesbank. Sie verkaufen die Einzelteile der Bank, darunter auch Consors. Hier steigt die französische BNP Paribas ein.

Für die Bankiersfamilie Schmidt gehen in diesem Jahr 177 Jahre Firmengeschichte zu Ende. Jene Familie, die noch vor Monatsfrist zu den angesehensten und millionenschweren Familien in Oberfranken gehörte, die mit ihren Spenden und Sponsorings wesentlich zum öffentlichen Leben in ihrer Heimatstadt Hof beigetragen hatte, war pleite. „Taschen leer“, sagt Karl Matthäus Schmidt. Das Lebenswerk seines Großvaters und seines Vaters ist verschwunden. Und bei seinem eigenen Lebenswerk Consors sitzen jetzt Franzosen im Vorstand. Es ist an ihm, als Sohn der Familie, den Neuanfang zu planen.

Doch nach Karl Matthäus Schmidts Verständnis sind in dieser Krise nicht nur die Unternehmen untergegangen. Auch viele der angeblich unveränderlichen Wahrheiten der Finanzbranche haben Kratzer bekommen. Immer wieder debattiert er mit Kollegen, wie denn künftig Vermögensaufbau richtig funktionieren könne? Wie man eine anständige Anlagepolitik betreiben und sein Vermögen nicht nur verlieren, sondern vermehren könne?

Diese Frage ist der Ausgangspunkt für seinen zweiten und wichtigsten Regelbruch. Denn sie lässt ihn darüber nachdenken, wie denn eigentlich die Beratung in all den Banken funktioniert?

Eine Idee entsteht

Es könnte keinen perfekteren Ort für seinen Plan geben. So manches Mal hat sich Karl Matthäus Schmidt diesen etwas sentimentalen Gedanken schon erlaubt. Doch heute ist er angebrachter denn je. Schmidt weiß intuitiv, dass gerade etwas sehr Wichtiges passiert ist. Er sitzt in einem kleinen Büro auf dem ehemaligen Triumph-Adler-Gelände in Nürnberg. Dies war einer der Orte des deutschen Wirtschaftswunders nach dem Krieg. Vor allem Schreibmaschinen, aber auch Fahrräder, Motorräder und sogar Autos waren unter der traditionsreichen Nürnberger Marke hier an der Ausfallstraße nach Fürth produziert worden. Doch wie so viele alte Industrien war auch diese gestorben. Nun gibt es hier moderne Büroräume in der altehrwürdigen Industrieanlage.

Schmidt ist euphorisiert. Er schaut über die beiden Schreibtische im Zimmer, an denen normalerweise er und eine Assistentin sitzen. Er hat dieses eine Zimmer zur Untermiete bei einem anderen ehemaligen Banker gemietet. Von hier aus betreibt er nach seiner Consors-Zeit eine kleine Unternehmensberatung. Zum Flur hin hat der Raum eine große Glasfront. Keiner, der hier auf- und abläuft, kommt unerkannt vorbei. Doch in diesem Augenblick ist wohl weniger der Blick aus dem Zimmer in den Flur, als vielmehr der Blick vom Flur ins Zimmer interessant: Auf Schränken, Tischen und Fensterscheiben kleben Post-it-Zettel, Flipchart-Papier ist auf dem Boden ausgebreitet und mit Hunderten Skizzen versehen.

Noch vor ein paar Minuten war Schmidt hier mit seinem Gast um die Schreibtische geflitzt, hatte diskutiert, konzipiert und gemalt. Franz Baur hatte ihn besucht, ein guter Freund, der auch im Vorstand von Consors gesessen hatte. Nun sitzt Schmidt am Schreibtisch und hat ein ähnliches Gefühl wie damals im Büro von Reiner Mauch an der Uni: In seinem Kopf ist gerade etwas Großes entstanden.

Das Gespräch hatte sich um ein neues Bankkonzept gedreht, eines, das das Grunddilemma der Bankenbranche lösen könnte. Schmidt hatte das Problem auf den Tisch gebracht. Er hatte es schon lange mit sich herumgetragen, denn immer wieder, wenn er von Freunden gefragt wurde, welche Bank er denn nun empfehlen könnte, hatte er ehrlich antworten müssen: „Gar keine!“ Gedanklich war er immer wieder auf der Suche nach einer Bank gewesen, die ihre Kunden unabhängig berät und dann das beste Finanzprodukt für deren Bedürfnisse verkauft. Doch die Realität in der Bankenlandschaft sieht anders aus: Angeboten werden jene Finanzprodukte, die der Bank die größte Provision bringen. Denn was die wenigsten Kunden wissen: Sobald sie eine Fondanlage, eine Versicherung oder andere Finanzprodukte bei ihrer Bank kaufen, bekommt diese Bank eine Provision vom Anbieter des Produkts. Das führt dazu, dass den Kunden von ihren Banken nicht die optimal passenden Produkte angeboten werden, sondern jene Produkte mit den höchsten Provisionen.

Karl Matthäus Schmidt und Franz Baur hatten den ganzen Nachmittag damit verbracht, über dieses Dilemma zu diskutieren, als er plötzlich sagt: „Mensch! Eigentlich dürfen wir das nicht halbschwanger machen. Lass uns das ganz konsequent aufbauen. Wir verzichten komplett auf Provisionen!" Das ist jener Moment, von dem Schmidt einige Jahre später sagen wird, solch ein Moment entstehe bei jedem Regelbruch einmal: Der Augenblick, wenn man beschließt, es diesmal ganz anders anzugehen.

Für Schmidt ist es nach Consors der zweite große Regelbruch. Und es ist sozusagen der Gegenentwurf zu Consors. Denn nach der Consors-Idee, den Aktienkauf für die aktiven Kunden möglichst preisgünstig zu machen, indem auf Beratung verzichtet wird, verfolgt er nun die Idee einer vertrauensvollen und unabhängigen Intensivberatung. Schmidt erklärt das mit seinem persönlichen Lebensweg: „Als Student hat man Spaß gehabt, auf den Dollar zu spekulieren. Dafür ist Consors perfekt. Aber dann hatte ich irgendwann Kinder und da denkt man darüber nach, wie man sich die Vermögenssicherung anständig aufbaut.

An diesem Nachmittag kommt Schmidt auf die Lösung des Problems. Urplötzlich ist jener Gedanke da, der so einfach und klar ist: In der idealen Bank steht der Bankberater nicht mehr auf der Seite der Anbieter der Finanzprodukte, sondern er stellt sich als echter Berater auf die Seite des Kunden! Damit das funktioniert, muss der Berater nicht mehr durch die Provisionen der Finanzunternehmen, sondern durch ein Honorar des Kunden bezahlt werden.

Es ist wie mit den meisten guten Gedanken. Man steht verblüfft davor und denkt: Warum ist da bisher keiner darauf gekommen?

Es ist nicht weniger als eine der basalen Grundregel des Bankbusiness, die mit diesem Gedanken gebrochen wird. Aber wenn es tatsächlich gelänge, eine solche Bank aufzubauen, wird diese Bank, die an diesem Nachmittag in Schmidts Gedanken entstanden ist, Deutschlands erste Honorarberatungsbank sein. Sie wird ihren Kunden versprechen, sämtliche Provisionen und Kickbacks direkt an die Kunden auszuzahlen. Sie wird ihren Kunden versprechen, sich nur noch von den Kunden bezahlen zu lassen und deshalb auch nur auf der Seite der Kunden zu stehen. Und sie wird sich dafür von den Kunden bezahlen lassen: mit einem strategisch niedrigen Preis von 75 Euro im Monat. Das macht für den Bankkunden bisher unbekannte Kosten von 900 Euro im Jahr. Als Schmidt das Honorar und die üblichen Provisionen gegenrechnet, kommt heraus, dass jene Kunden mit seinem Modell Geld sparen, die mehr als 50.000 Euro im Depot haben. Doch der Hauptaspekt ist: Die Kunden werden ihren Bankberater wieder als Vertrauensperson wahrnehmen.

Es ist dieser Moment, als sein Freund gegangen ist und Schmidt am Schreibtisch über das gerade entworfene Konzept nachdenkt. Es ist ein Moment der Euphorie und Befriedigung. Schmidt geht in sich: „Will ich das wirklich nochmals tun, auf diese verrückte Art und Weise eine Bank zu gründen?“ Er hatte schon in den zurückliegenden Monaten als Berater an neuen Bankkonzepten gearbeitet. Doch da war er eher mit der typischen McKinsey-Unternehmensberater-Denkart herangegangen. Ein paar schlaue Berater setzen sich zusammen und entwickeln ein Geschäftsmodell: Möglichst effektiv! Möglichst skalierbar! Der Kunde als Geldesel, Hauptsache, die Zahlen stimmen! Ein guter Freund hatte ihm zu diesem Konzept gesagt: „Das bist du nicht!“ Recht hatte er.

Doch hier und jetzt ist es anders. Plötzlich herrscht nicht nur die reine Logik des Rationalen. In diesem Moment merkt Schmidt: Das ist meins! Zum ersten Mal, seit er Consors verlassen hat, tut er etwas mit Spaß und voller Überzeugung. Jahre später wird er dazu sagen: „Regelbrüche haben etwas mit Herzblut zu tun. Es reicht nicht, wenn man sich im Geiste sagt: ‚Ich suche jetzt nach einem Regelbruch!‘ Man muss den Regelbruch in sich spüren und lieben.“

An jenem Nachmittag gründet Karl Matthäus Schmidt in Gedanken die quirin bank, die erste Honorarberatungsbank Deutschlands. Wenig später wird sie Realität.

„Nicht schon wieder!“

Es ist vermutlich nicht einfach, mit einem Rulebreaker in der Familie zu leben. Schmidt ist zu intelligent, als dass er nicht von Beginn an gewusst hätte, dass er sich mit seiner neuen Bank erneut nicht nur Freunde machen würde. Wer das Geschäftsmodell der gesamten Branche infrage stellt und dann auch noch selbst antritt, um seine Behauptungen zu beweisen, auf den kommen stürmische Zeiten zu. Was passieren kann, wenn das Establishment zurückschlägt, hat Schmidt noch in präziser Erinnerung. Das Lebenswerk seines Vaters war dabei in die Brüche gegangen.

Die Reaktionen seiner Bekannten und Freunde sind nicht nur begeistert. Auch er selbst denkt sich in diesen Tagen ab und an: „Mist, dass ich immer in dieselbe Kiste komme." Und doch kommt die Leidenschaft für den Regelbruch von innen heraus. „Ich kriege es nicht weg!", platzt es Jahre später noch aus ihm heraus. Es wäre definitiv schneller und leichter, eine Bank zu entwickeln, wenn man seine Kunden betrüge. Man kann Schifffonds mit 22 Prozent Provisionserlösen verkaufen oder hochriskante Papiere, mit denen die Altersvorsorge der berühmten Lehmann-Omas vernichtet wird.

Aber man kann eben auch versuchen, etwas aufzubauen, das der Welt und dem Kunden etwas bringt. „Das Herz muss stimmen. Und da ist es mir eigentlich egal, ob ich jetzt Regeln breche oder ob sich irgendjemand ärgert. Ehrlich gesagt, interessiert es mich gar nicht, was andere dazu sagen. Es reicht mir zu wissen, dass ich selbst ganz sicher bin, dass meine Idee den Menschen etwas bringt. Dann mache ich das auch. Punkt!"

Vielleicht ist es Sturheit, vielleicht kommt an dieser Stelle aber auch der Handballer in ihm durch. Karl Matthäus Schmidt liebt Handball. Als Jugendlicher hat er lange selbst gespielt. Er weiß seitdem mit Fouls umzugehen, sie als Normalität zu betrachten, die man einstecken und sich durchsetzen muss. Und: Er hat erfahren, dass in einem Mannschaftsspiel jeder Spieler seine Stärken und Schwächen hat. Man muss sich gegenseitig helfen, um zum Erfolg zu kommen. Das Gegenstück zur Durchsetzungskraft des Handballs ist Schmidts kreative Ader. In seiner Bundeswehrzeit hat er angefangen, Möbel zu entwerfen. Nicht professionell! Aber bei ihm zuhause stehen seine Kreationen als Einzelstück herum. Von seinen Eltern, so Schmidt, habe er das nicht. Die hätten höchstens mal einen Nagel in die Wand geschlagen. Aber Kreativität kann man vermutlich auch in der Schule lernen. Er jedenfalls habe nicht nur an Mathematik und Logik Spaß, sondern auch an künstlerischen Dingen.

Muss man reich sein, um Rulebreaker zu werden?

Es ist nicht schwer, ein Star in der Schule zu sein, wenn man von Natur aus mit überdurchschnittlicher Intelligenz gesegnet ist. Und auch ein Regelbrecher tut sich leichter, wenn er abgesichert ist. So wie Karl Matthäus Schmidt bei der Gründung von Consors. Die zwei Millionen D-Mark Startkapital vom Vater haben geholfen ... und das Wissen, dass er weich in den Schoß der Familie fällt, wenn es schiefgeht.

Doch ein paar Jahre später bei der Gründung der quirin bank erlebt Schmidt genau das Gegenteil: kaum Geld! Stattdessen ein Familienbetrieb, der gerade pleite gegangen ist und auch nach der Pleite noch die Ersparnisse aufzehrt. „Man braucht keinen finanziellen Reichtum, um Rulebreaker zu sein", sagt Schmidt und weiß, wovon er redet. „Aber man braucht den Reichtum an geistiger Freiheit und mentaler Sicherheit." Schmidt meint damit seine Familie. Wenn seine Frau nicht zu einhundert Prozent hinter ihm gestanden hätte, wäre die quirin bank nie gegründet worden. Vermutlich wäre ihm nicht einmal die Idee dazu gekommen.

Rulebreaker haben einen mühsamen Job. Es ist nicht das Brechen der Regel, das ein Unternehmen plötzlich funktionieren und riesengroß werden lässt. So faszinierend es ist, eine Idee zu haben, die die Welt ändert ... so mühsam ist es, dies zu beweisen. Schon bei Consors hatte Schmidt drei Aufbaujahre lang eine große Überzeugungskraft gebraucht, um jeden neuen Kunden einzeln zu gewinnen. Dann plötzlich setzte über Nacht ein enormes Wachstum ein.

Jetzt, bei der quirin bank, kostet es noch mehr Kraft. Schmidt weiß um diesen verdammt langen Weg, der beim Gehen immer länger wird. Denn eine Grundregel jedes Regelbruchs lautet schließlich: Es dauert länger, als man ursprünglich gedacht hat. Drei Jahre später wird Schmidt mitten im Gespräch aus vollem Herzen ausrufen: „Noch eine Bank will ich nicht machen!"

Doch so weit ist es noch lange nicht. Im Jahr 2006 führt Karl Matthäus Schmidt dieser mühsame Weg nach Berlin. Er hat das Konzept, aber keine Bank mehr. Hier in Berlin gibt es eine Bank, ohne echtes Konzept. Die CCB Bank AG. Schmidt kennt sie schon lange, denn einst als Consors-Vorstand hatte er 85 Prozent der Anteile an der damaligen Berliner Effektenbank gekauft. Die verantwortlichen Personen kennt er seit vielen Jahren. Sie sind Freunde geworden. Der Gedanke, die einst von Consors gekaufte Bank nun wieder von Cortal Consors zurückzukaufen und mit Schmidt als Vorstandschef eine neue Bank aufzubauen, ist auch für die Eigentümer der Bank sympathisch.

Über viele Monate haben die Eigentümer der CCB Bank schon mit Schmidt über verschiedene Konzepte diskutiert. Sie schätzen ihn als einen der innovativsten Bankenexperten des Landes. Doch als Schmidt dann mit seiner Radikalvariante kommt, die Provisionen ganz zu streichen und durch fixe Honorare zu ersetzen, muss er nochmals seine ganze Überzeugungskraft beweisen. Er schildert seine Überzeugung, dass die Geschäftsmodelle der anderen Banken faule Kompromisse sind, ein Lavieren zwischen den Interessen der Kunden und des Geldmarkts. Und er erklärt, dass eine kleine Bank den Mut haben müsse, konsequent anders zu sein. Schmidt sagt, er wolle das Herz in die Bankenwelt zurückbringen. Damit überzeugt er die Eigentümer und macht den aus seiner Sicht wichtigsten Punkt seines Rulebreakings: „Ich glaube, es ist ja auch nicht eine Frage der großen Kreativität, so ein Konzept zu entwickeln. Sondern am Ende muss es einen geben, der sagt: ‚Ich glaube dran, dass Menschen das gebrauchen können.' Wir hatten am Ende wahrscheinlich einfach den Mut, das auch zu tun."

Sie werden sich einig: Die CCB Bank wird in quirin bank umbenannt und startet im Jahr 2006 als erste Honorarberatungsbank Deutschlands. Für Karl Matthäus Schmidt geht damit insgeheim auch ein persönlicher Wunsch in Erfüllung: Er muss für seinen nächsten Job nicht nach Frankfurt. Berlin ist verrückter als Frankfurt! Ein Haus in Berlin ist geeigneter, um Regeln zu brechen, als ein Büro zwischen den Türmen in Frankfurt ... Der Oberfranke Schmidt ist mehr Berliner als Frankfurter.

Der Antiheld

Seine Handschrift ist hoch und schmal. „Ihr KM Schmidt" hat Karl Matthäus Schmidt gerade unter einen Brief gesetzt. Es ist nicht irgendein Brief. Schmidt hat an die Bundeskanzlerin geschrieben. Und er wird diese Zeilen als offenen Brief auch an alle Medien weitergeben. Denn eigentlich geht es gar nicht um die Kanzlerin. Was Schmidt in diesen 24 Zeilen formuliert hat, ist eine Kampfansage an die Bankenwelt. Das Geschäftsmodell vieler Banken basiere darauf, ihren Kunden Produkte mit hohen Provisionen zu verkaufen, statt sie unabhängig, fair und transparent zu beraten. Die Folge: Banken machen auch dann Gewinn, wenn der Kunde Verluste hat. Der Anreiz der Banken, zum eigenen Vorteil zu handeln, sei systembedingt.

Schmidt fordert die Bundeskanzlerin in diesem Brief im Oktober 2009 auf, den Banken das Provisionsmodell zu verbieten. Er verweist auf die Unterstützung des Verbraucherschutzministeriums, das den volkswirtschaftlichen

Schaden von Falschberatung auf dreißig Milliarden Euro pro Jahr in Deutschland berechnet hat. Und er verweist auf Großbritannien, wo die Finanzaufsicht FSA für 2012 ein ähnliches Verbot von Provisionen plant.

Es ist ein geschickter Werbecoup und ein Frontalangriff auf die klassische Bankenwelt. Nicht der Erste übrigens. Schon die Wahl des Logos der quirin bank lässt sich für Insider als Kampfansage verstehen. „Quirinus" ist im Lateinischen der Name eines römischen Kriegsgottes. Übersetzt bedeutet „Quirin" soviel wie „Der Kriegerische". Oder noch genauer „Der Lanzenschwinger". Genau dieser Krieger mit Lanze prägt das Logo der Bank. Es passt so gar nicht in das konservativ-biedere Bild der Bankenlandschaft, das uns die Marketingstrategen in den Frankfurter Banktürmen in den letzten Jahrzehnten gezeichnet haben.

Natürlich steckt auch dahinter Kalkül. Denn Schmidts Ziel ist ja nicht der Aufbau einer neuen Bank wie alle anderen auch. Er will einen neuen Markt erobern. Er hat ein konkretes Marktsegment im Visier. Seine künftigen Kunden sind Menschen, die ihm ähnlich sind: Sie haben Geld, sie wollen es vermehren, aber sie vertrauen ihren Banken nicht mehr. Er ist nicht der erste Rulebreaker, dessen Geschäftsmodell vor allem in der klaren Abgrenzung zu anderen Unternehmen besteht. Schmidt weiß, dass das Vertrauen der Kunden längst zum größten Wert eines Unternehmens geworden ist. Bewusst zielt er auf jene Menschen, die das Vertrauen verloren haben und nach neuen Identifikationsmöglichkeiten suchen.

In den vergangenen drei Jahren des Aufbaus der quirin bank war Schmidt klar geworden, dass er, um dieses Ziel zu erreichen, wie ein Verbraucherschützer denken muss. Radikal und laut muss seine neue Bank sein, um in der öffentlichen Wahrnehmung gegen jene Mythen der Banken und Anlageberater durchzudringen, die er für falsch und verlogen hält. „Als wir die Regeln gebrochen hatten, mussten wir lernen, dass in unserer kurzlebigen Welt die Menschen das Neue oft nicht kapieren. Wenn man die Regeln bricht, bekommt man das Neue leider nicht kommuniziert, wenn man nicht die alte Welt dagegenstellt." Seine Antwort ist: Er zeigt den Menschen nicht nur das Neue, sondern auch das Alte, damit sie den direkten Vergleich haben. Die Folge: Er wird als derjenige wahrgenommen, der das Bestehende bekämpft. Der Antiheld!

„Ich will ja gar nicht unbedingt gegen etwas sein", erklärt er seine Antistrategie, um sofort einzuschränken: „Aber wir Deutschen sind es eben nicht gewöhnt, unsere Bank zu bezahlen wie einen Steuerberater. Viele von uns denken, die Banken wären kostenlos. Also muss ich denen zuerst einmal erklären, wie teuer ‚kostenlos' eigentlich ist, und dass sie besser kommen, wenn sie ein monatliches Beratungshonorar zahlen und dafür die versteckten Provisionen ausgezahlt bekommen." Doch Karl Matthäus Schmidt macht nicht den Eindruck, als würde es ihm Kopfzerbrechen bereiten, als Antiheld der Branche zu gelten.

Tatsächlich ist Schmidt vermutlich anders als die anderen Bankvorstände. Normalerweise sitzen diese in Anzug und Krawatte gut abgeschirmt durch Sekretäre und Assistenten hinter einer dick wattierten Tür, die man erst erreicht, wenn man vorher bereits drei Hürden genommen hat. Schmidt dagegen arbeitet voll im operativen Geschäft mit. Auf der einen Seite ist er ständig unterwegs, um die Welt auf Kongressen und Tagungen von seiner Idee zu überzeugen. Andererseits leitet er auch die operative Detailarbeit in Berlin, etwas wenn es um technische Details, Marketingkonzepte und Führungsfragen geht.

Statt weniger ist der Stress in den vergangenen Jahren

größer geworden. Im Vergleich zu heute ist die Startphase der Bank recht gemächlich gewesen. „Aber wenn man etwas Neues aufbauen will, dann funktioniert das nur, wenn ich die anderen begeistere. Und wie sollte ich jemanden begeistern, wenn ich aus der siebten Etage hinter einer dicken Tür auf Berlin schaue?“, kommentiert Schmidt lakonisch.

Das Gefühl des Andersseins begleitet ihn schon seit er in der Branche ist. Immer wenn er in der Filiale einer anderen Bank oder auf einem der großen Branchenkongresse ist, spürt Schmidt dieses Unbehagen: „Ich weiß nicht, ob ich mich da richtig wohlfühle“, beschreibt er seine Abneigung gegen die typischen Banker. „So, wie die erzogen worden sind, ist das ja ein eigenes Völkchen.“ Und sie haben jede Menge ungeschriebener Regeln: Man macht das nicht! Man tut dies nicht! Darüber spricht man nicht! Mit seiner Meinung hält man hinterm Berg!

Es sind die für große Organisationen üblichen politischen Spielchen, die Schmidt so abschrecken. Natürlich gäbe es auch nette Banker, fügt er schnell hin, mit denen er viel Spaß habe. Aber die meisten hätten doch so ein ‚Gehabe‘. „Das fasziniert mich nicht und deswegen bin ich vielleicht dann am Ende doch anders.“

Das haben auch die Medien gemerkt. In den Zeitungen gilt er inzwischen als der „Bankvorstand ohne Krawatte“. Ein Image, gegen das er nicht aktiv vorgehen mag. Vielleicht schmeichelt es ihm sogar ein wenig. Tatsächlich hat man bei Schmidt in den vergangenen Jahren keine Krawatte gesehen. Dabei ist er alles andere als ein Krawattenhasser. Als die quirin bank im Jahr 2006 gegründet wurde, sah man ihn oft mit Krawatte. Doch dann schreibt eine Zeitung über ihn, er könne keine Krawattenknoten binden. „Lächerlich!“, befindet Schmidt. Er beschließt, ab sofort so aufzutreten, wie er sich wohler fühlt: ohne

Krawatte. „Nicht der Rede wert“, beschwichtigt er. Doch dem Besucher geht der Gedanke nicht aus dem Sinn, dass Schmidt vielleicht doch ein Zeichen setzen will, gegen jene Spießer in den Redaktionen und Banktürmen, denen Krawattenknoten wichtiger sind als Konzepte.

Die Sehnsucht des Rulebreakers nach den Nachahmern

Wenn Karl Matthäus Schmidt aus seinem Bürofenster schaut, blickt er den Berliner Kudamm hinunter. Er sitzt in der siebten Etage seines Bürohauses, stilvoll, für eine Bank fast schon stylisch eingerichtet. Eine angemessene Adresse für den interessantesten Regelbruch der deutschen Bankenlandschaft? Ja und nein. Es ist das andere Ende des Kudamms, an dem die Firmenzentrale der quirin bank steht. Um sie herum finden sich statt Westberliner Kudamm-Schickeria die Autobahn und S-Bahn-Gleise. Als wolle man seinen Kunden sagen, es gibt Wichtigeres als das übliche Blendwerk der anderen.

Schmidt schaut gern aus diesem Fenster. Auch wenn er mit Besuchern spricht, wandert sein Blick ab und an über die Dächer Berlins, als finde er dort die Antwort auf die Zukunftsfragen seiner Branche. Er glaubt nicht, dass die anderen Banken sein Honorarmodell sehr schnell kopieren werden. Obwohl es die ersten Nachahmer schon gibt. Ausgerechnet Cortal Consors hat seinen Kunden ein Angebot zur Honorarberatung gemacht. Doch bei den anderen seien die Gewinne mit versteckten Provisionen einfach so hoch, dass man unmöglich freiwillig aussteigen könne. Trotzdem wird die Konkurrenz größer. Bei fünfzehn Prozent liegt der Marktanteil der Honorarberatung heute in den USA. Es ist das am schnellsten wachsende Segment.

Eine ähnliche Entwicklung erwartet Schmidt auch für Deutschland. Übrigens nicht nur in der Bankenbranche. Der Trend zu mehr Transparenz und mehr Vertrauen sei ein allgemein gesellschaftlicher Trend. Schmidt vermutet, dass dieser uns noch etwa ein Jahrzehnt begleiten wird. Und fast zwangsläufig werden in allen Branchen, die von Provisionsmodellen geprägt sind, neue Honorarmodelle Einzug halten. Schmidt freut sich darauf! Natürlich gibt es dann mehr Konkurrenz. Aber wenn es noch andere Anbieter gäbe, dann würde das auch den Markt größer machen, weil mehr Kunden über einen Umstieg nachdenken. „Dann wären wir nicht mehr allein", sagt Schmidt. Und es klingt, als würde er sich über eine solche Bestätigung seiner Idee unheimlich freuen.

Auf sich selbst sieht Schmidt dabei aber eine viel größere Herausforderung zukommen. Es ist nicht die mögliche Konkurrenz, die ihn schreckt. Es ist die Herausforderung, seine Bank wachsen zu lassen und zugleich ihren Charakter zu bewahren. Es ist die Herausforderung, Verantwortung abzugeben, nicht mehr mit jedem Mitarbeiter persönlich sprechen zu können und dennoch seine Kultur der Offenheit und Natürlichkeit weiterleben zu lassen.

Dass ihm das gelingen wird, kann Karl Matthäus Schmidt nur hoffen. Damals bei Consors, als die Bank von heute auf morgen auf 1.300 Mitarbeiter gewachsen war, hatte er irgendwann das Gefühl gehabt, den Kontakt zu den Mitarbeitern verloren zu haben. Demnächst, das ahnt er, steht ihm bei der quirin bank wieder eine solche Aufgabe bevor. Er wird wieder Mut brauchen dafür. Jenen Mut, den er für das Wichtigste beim Rulebreaking hält. „Ich finde wir haben in Deutschland zu wenig Mut. Wir haben zu wenige, die sich darauf freuen, sich demnächst mit Herzblut in eine große Aufgabe zu stürzen."

Schmidt freut sich darauf.

Fall 6: Wie der neue Markt des Social Business erobert wurde

Von der Bühne gesehen, sieht sein Event großartig aus. Er lässt den Blick über die Menge schweifen. Tausend Menschen sind seinem Ruf gefolgt. Es sind mehr als im letzten Jahr: Topmanager der Wirtschaft, junge Unternehmensgründer und ökobewegte Aktivisten, aber auch Politiker wie Hans-Dietrich Genscher und Heiner Geissler sitzen hier. Peter Spiegel, der Kongressorganisator, steht auf der Bühne und freut sich.

Im besten Fall wird es eine Massenbewegung werden, die hier im Audimax der Freien Universität Berlin beginnt. Dieser Ort ist ja schon einmal der Ausgangspunkt großer Veränderungen gewesen. Damals von 1966 an, als Rudi Dutschke und die Studenten des SDS die wachsende Studentenbewegung gegen die Notstandsgesetze und den Vietnamkrieg zu einer außerparlamentarischen Opposition vereinten. Doch von den damaligen Gedanken an Gewalt und marxistischer Agitation ist Peter Spiegel weit entfernt, als er im November 2008 auf die Gesichter unter ihm schaut. Er hat den Friedensnobelpreisträger Muhammad Yunus hierhergebracht. Er hat einen Kongress organisiert, den er „Vision Summit" nennt, einen Gipfel der Visionen. Gemeinsam mit Yunus will er den Menschen einen Gedanken in den Kopf pflanzen: Ein radikaler Wandel der Welt zum Guten ist möglich. Aber er gelingt nur dann, wenn alle eine der basalen Grundregeln aus ihren Köpfen verbannen. Die Regel heißt: Soziales und Kommerz passen nicht zusammen. Sie ist falsch!

„Meine Damen und Herren, begrüßen Sie mit mir …

den Friedensnobelpreisträger Muhammad Yunus!", ruft er in den Saal. Ein gigantischer Applaus brandet auf.

Als Yunus auf die Bühne tritt, wird es still im Saal. Er ist ein kleiner, fast unscheinbarer Mann. Doch diese Präsenz, diese Ausstrahlung zieht die Menschen in seinen Bann. Yunus beginnt zu erzählen, wie er in Bangladesh begonnen hat, Mikrokredite für die Armen auszugeben. Er hatte eine Bank gegründet für die Ärmsten der Armen. 1976 hatte es eine Hungersnot in Bangladesh gegeben, die vielen Menschen das Wenige genommen hatte, was sie besaßen. Nun arbeiteten sie hart, so erzählt Yunus seine Beobachtungen, aber trotzdem blieben sie arm. Warum? In einem Dorf sah er damals eine junge Frau, die aus Bambus Stühle fertigte. Yunus fragte:

„Gehört der Bambus Ihnen?"

„Ja."

„Wie viel kostet er?"

„5 Taka. Das reicht für einen Tag."

„Woher haben Sie das Geld?"

„Ich leihe es mir von einem Geldverleiher."

„Und was verlangt er dafür?"

„Am Ende des Tages muss ich ihm meine Stühle verkaufen."

„Für wie viel?"

„Für 5 Taka und 50 Paise."

„50 Paise! Das ist kaum genug, um zu überleben. Das ist nichts anderes als Leibeigenschaft."[10]

Diese Geschichten hört Yunus überall, ob von Frauen, die Möbel herstellen, oder Frauen, die auf der Straße Essen kochen und verkaufen. Sie alle müssen sich Geld leihen: entweder bei jenen Menschen, die sie zwingen, ihnen danach die fertigen Produkte zu einem Dumpingpreis zu verkaufen, oder bei Geldverleihern, die horrende Zinsen verlangen. So oder so, ihnen selbst bleibt am Ende eines langen Arbeitstages kaum etwas übrig.

Yunus begann erst sein eigenes Geld zu verleihen. Mikrokredite von wenigen Euro. Er stellte fest, dass die Rückzahlungsquote enorm hoch war. 98 Prozent der Gelder bekam er wie vereinbart mit Zinsen zurück. Ein gewaltiges Potenzial! „Doch warum nutzen die normalen Banken das nicht für ihr Geschäft aus?“, fragte sich Yunus. Es war im Jahr 1983 als er für seine Mikrokredite tatsächlich eine richtige Bank gründete, die Grameen Bank. Dies ist 25 Jahre her. Heute gibt es 22.807 Angestellte, die in 81.362 Dörfern in jeder Woche Kleinstkredite an 8,28 Millionen Menschen vergeben. Um die Bank zu gründen, erzählt Yunus hier in Berlin, habe er geschaut, was die normalen Banken machen und dann genau das Gegenteil getan. Normale Banken prüfen, welche Sicherheiten der Kunde hat, um den Kredit zurückzuzahlen. Yunus dagegen interessiert die Vergangenheit nicht. Er verleiht mit Blick auf das Potenzial der Menschen. Normale Banken haben vor allem Männer als Zielgruppe. Yunus verleiht das Geld zu 97 Prozent an Frauen.

Jeder hier im Berliner Audimax hängt gebannt an den Lippen des lächelnden Mannes. Er fängt seine Zuhörer, weil jeder merkt, dass Yunus zu hundert Prozent hinter dem steht, was er sagt. Er ist kein Theoretiker! Er ist kein Traumtänzer! Er ist ein Überzeugungstäter! Er ist jemand, der eine Idee hat und überlegt: Wie ist die Idee umsetzbar? Welchen Partner brauche ich dafür? Und wann geht es los? Yunus denkt nicht philosophisch kompliziert. Er ist jemand, der die Ärmel hochkrempelt. Er behauptet nicht, die Lösung für den Weltfrieden gefunden zu haben. Er behauptet, 600 Millionen Menschen geholfen zu haben. Und das hat er auch.

Harald Meurer sitzt an diesem Tag in der dritten

Reihe. Er ist Manager, ein Mann der Praxis, mit allen Wassern gewaschen. Vor ein paar Jahren galt er laut Financial Times Deutschland als einer der „101 Köpfe der New Economy“ in Deutschland. Meurer ist kein Typ, der sich leicht beeinflussen lässt. Er hat eine Menge prominenter Leute in seinem Berufsleben kennengelernt. Titel und Preise beeindrucken ihn nicht mehr. Auch kein Friedensnobelpreis. Doch dieser Yunus hat ihn gepackt. Wie dieser natürliche Mensch mit wenigen einfachen Gedanken das gesamte Bankensystem vom Kopf auf die Füße stellt, fasziniert Meurer unglaublich. „Das ist mir vorher noch nie passiert, muss ich gestehen.“ Er sagt es, als sei es ihm fast peinlich, so außer Fassung geraten zu sein.

Yunus belässt es nicht bei der 25 Jahre alten Geschichte seiner Grameen Bank. Er hat noch ein paar aktuellere Beispiele dabei. Yunus nennt sie „Social Business“. So hat Yunus inzwischen mit den Großkonzernen Danone, Intel, BASF und Veolia Modelle probiert, wie sich Geschäft und guter Zweck vereinbaren lassen. Die einen bauten Joghurtfabriken, die anderen produzieren Wasseraufbereitungsanlagen und Moskitonetze in der Dritten Welt. Tatsächlich hat sich Danone vertraglich verpflichtet, direkt nach dem Return on Invest alle seine Anteile an die Armen zu übergeben. „Aber machen Sie bitte nicht einen Fehler“, ruft Yunus in das Audimax. „Bitte denken Sie nicht, dass diese Unternehmen nur etwas Markenkosmetik betreiben. Es sind die ersten, die verstanden haben, dass es die kostengünstigste Art und Weise ist zu lernen, wie Märkte in der Dritten Welt funktionieren und wie dort Geschäft gemacht werden kann. Durch diese Art Joint Ventures will ein internationaler Konzern verstehen lernen, wie die heute noch nicht entwickelten, aber künftig potenziell größten Märkte der Welt auch für andere Produkte entwickelt werden können. Social Business ist ein Geschäftsmodell mit sozialem Aspekt, aber mit unternehmerischen Engagement."

Harald Meurer ist Feuer und Flamme. Spätestens an dieser Stelle war es bisher immer sozialromantisch geworden. Hier fingen die Storys an, die von Aussteigern, von Hilfsorganisationen, von zu Gutmenschen mutierten Managern berichteten. Doch nichts davon wäre für Meurer interessant gewesen. Ihn fasziniert, dass dieses „Social Business" etwas für Unternehmer ist. Für ihn also. Schon lange hat er das Gefühl, dass er mehr zum Guten in der Welt beitragen sollte. Aber dabei will er tun, was er gut kann: Unternehmen managen. Jetzt, während Muhammad Yunus redete, war Meurer klar geworden: „Dieses Social-Business-Konzept will ich umsetzen!" Es kommt ihm vor wie ein Startschuss.

Noch während Yunus vorn auf der Bühne redet, beginnt Meurer zu schreiben. Es sprudelt nur so aus ihm heraus. Noch heute bewahrt Meurer jenen Notizzettel von der Yunus-Rede auf. Darauf steht die Kurzskizze des Unternehmens, das er sofort gründen will. Und darauf steht der Name des Unternehmens. Er hat ihn aufgeschrieben, während Yunus redete. Und er ist dabei geblieben. Meurer wird die „Help Group" gründen.

Vom Manager zum Unternehmer

Als er sich für den Vision Summit angemeldet hat, ist Harald Meurer kein Unternehmer. Er ist Manager. Das ist ein Unterschied. „25 Jahre lang habe ich im Management für andere das Geld verdient", sagt er. Natürlich wird er gut bezahlt, es geht ihm wirtschaftlich bestens. Und doch hatte sich in den vergangenen Jahren der Missmut bei ihm eingenistet. „Ich habe richtig Profit abgeliefert, viele Millionen Euro. Doch in den großen Konzernen war das nur eine kleine Zahl im Gesamtetat. Eigentlich hat es niemanden wirklich interessiert“, erzählt er rückblickend.

In diesem Jahr arbeitet Meurer im Managementboard der HappyDigits, verantwortlich für neue Geschäftsmodelle. Es ist ein Gemeinschaftsunternehmen von Telekom und Karstadt. Ursprünglich war es als gemeinsames Kundenbindungsprogramm gedacht, bei dem Kunden mit Bonuspunkten bei Laune gehalten werden. Doch inzwischen hat keiner der beiden Shareholder mehr Interesse daran. Karstadt hat Liquiditätsprobleme und braucht vor allem Geld. Die Telekom hat vor einiger Zeit die Flat-Fee eingeführt. Sie braucht kein Kundenbindungsprogramm mehr. Harald Meurer merkt, dass sich niemand mehr wirklich für den Erfolg der Firma interessiert. Keiner kämpft mehr dafür. „Da fangen Sie an, sich die Sinnfrage zu stellen“, erzählt er.

Meurer fragt sich: „Wie viele Jahre hast du jetzt noch beruflich? Sind es zehn, fünfzehn oder zwanzig Jahre? Du hast gut gelebt, dir geht es gut, du hast Erfolge und Misserfolge gehabt. Aber war das schon alles? Oder gibt es etwas, was du bis zum Ende deiner Tage noch schaffen willst?“ Ja, es gibt etwas. Meurer will die Welt etwas besser machen!

Krumme Wege

Harald Meurer hat in seinem bisherigen Leben eine Menge verrückter Menschen kennen gelernt. „Verrückt“ meint er im positiven Sinne. Es waren hochintelligente, interessante Persönlichkeiten, die ihn geprägt haben. Auch Paradiesvögel waren dabei. Neben Schule und Studium zieht Meurer als professioneller Musiker durch das Land. Er trifft auf Ernst Fuchs, jenen Gründer der „Wiener Schule des Phantastischen Realismus“ und einen der bestbezahlten Maler der Welt. Meurer arbeitet fünf Jahre mit Fuchs und lebt zeitweise bei seiner Familie in Wien. Es ist jene Zeit, als Fuchs beginnt, neben seinen Bildern auch Schallplatten aufzunehmen. Es sind mystische Gesänge. „Ein völlig verrückter Typ, völlig ausgeflippt, aber sympathisch. Wir waren gute Freunde! Inzwischen ist er Multimillionär mit seinen Bildern“, beschreibt Meurer die prägenden Erinnerungen an seinen damaligen Gastgeber und väterlichen Freund. Sie hatten gemeinsam viele Konzerte in Europa.

Doch Meurers Lebensweg nimmt eine harte Wende. Neben seiner Musikerkarriere studiert er BWL. Ihn interessiert das Management und hier bekommt er mit 25 Jahren auch seine erste große Chance. Er wird für fünf Jahre Vertriebschef von AKAI Professional, dem japanischen Elektronikkonzern. Diese Position im Managementboard ist alles andere als typisch für sein Alter und seinen Werdegang. Er bricht das Studium ab und beschließt, die Chancen zu nutzen, so wie sie sich ergeben. Sie kommen schnell auf ihn zu.

Als Nächstes baut er die internationale Vertriebsorganisation für einen Musikelektronik Großhandel in den USA auf und wird ein Jahr später als Vertriebsleiter von Sony abgeworben. Die brauchen jemanden, der ihnen nach dem Mauerfall die Vertriebsstruktur in Ostdeutschland aufbaut. Mit 31 Jahren wird Meurer Hauptabteilungsleiter bei Sony. Der Jüngste jener Zeit! Wieder vier Jahre später holt ihn der Augenoptik-Unternehmer Randolf Rodenstock nach München. Der muss nach jahrelangem Marktanteilsverlust in den Profitbereich zurückkehren. Meurer übernimmt als „Vertriebsleiter Fassungen" das Zepter dafür. Es sind jene Aufbau- und Restrukturierungsjobs, die Meurer interessieren, die den roten Faden in seinem Leben bilden. Bis hin zur boomenden Internetbranche.

1998 übernimmt Meurer die Geschäftsführung für Vertrieb und Marketing bei der CTS (Eventim). Es ist ein großer Ticketing-Anbieter, führend in der Branche. Meurer stellt hier schnell fest, dass er andere Vorstellungen von Unternehmenskultur hat, als sie hier herrschen. Doch er lernt in dieser Zeit das Internet kennen. Meurer ist fasziniert von der neuen Branche, die es scheinbar so einfach macht, eine neue Idee auch sofort umzusetzen. Er verliebt sich in eine Idee, die es in Deutschland damals noch nicht gibt: ein Preisvergleichsportal. Er verlässt den sicheren Hafen CTS für eine eigene Firma. „Price Contrast" heißt sie und ein Fünftel der Anteile gehört ihm. Doch trotz Erfolgen schafft „Price Contrast" es nicht. Inmitten der Internetkrise geht das Geld aus. Meurer versucht noch eine dritte Finanzierungsrunde. Aber die Investoren spielen nicht mehr mit. Das Vertrauen in den E-Commerce ist weltweit erschüttert. Meurer ärgert sich noch heute darüber, wenn er sieht, wie gut es all den Preisvergleichsdiensten geht, die nach ihm gekommen sind. Innovatoren können auch zu früh kommen.

Doch was aus dieser Zeit bleibt, ist Meurers Spendenportal. 1999 hat er ehrenamtlich das erste deutschsprachige Spendenportal im Internet „HelpDirect" gegründet. Es ist eine neue Art von Fundraising. Zahlreiche Hilfsorganisationen bekommen kostenlos die Möglichkeit, ihre Projekte vorzustellen und für Spenden zu werben, so die Idee von Meurer. Es ist auch jenes Projekt, bei dem Meurer Brigitte Mohn kennen lernt. Er hat viel gelernt von der Tochter jener berühmten Liz Mohn, der starken

Frau und Lenkerin im Bertelsmann-Konzern. Schon damals überlegt Meurer mit Brigitte Mohn, wie sich soziales Engagement und Unternehmertum verbinden lassen. Noch lassen sie die Hände davon. Die Zeit sei dafür noch nicht reif gewesen.

Stattdessen geht Meurer zu jenem HappyDigits-Projekt von Telekom und Karstadt. Doch er wird denn Gedanken nie verlieren, dass es doch möglich sein muss, Gutes zu tun und Geld dabei zu verdienen. Jetzt hier in Berlin fällt es ihm wie Schuppen von den Augen.

Regelbruch: Kein Shareholder-Value

Als Harald Meurer zurück in sein Büro nach Köln fährt, ist sein Entschluss getroffen. Er wird eine Social-Business-Firma gründen. Es wird vielleicht eines der ersten Social-Business-Unternehmen in Deutschland sein. Doch genau wie bei Yunus wird auch für ihn das Social Business ein hartes Geschäft fernab jeder Sozialromantik sein. Sein Unternehmen soll klar gewinnorientiert arbeiten. Und auch er als Manager will gut bezahlt werden, wie er es bisher immer wurde. Doch es gibt einen entscheidenden Unterschied zu seiner bisherigen Managerkarriere und zu den „normalen" Unternehmen: Der Unternehmensgewinn, den seine künftige GmbH erwirtschaftet, wird nicht an Gesellschafter oder Shareholder ausgezahlt. Die Satzung legt fest, dass der Gewinn zu hundert Prozent reinvestiert wird, für das soziale Unternehmensziel. Ausnahmen ausgeschlossen!

Damit hat Meurer nicht weniger als eine der Grundregeln des marktwirtschaftlichen Unternehmertums gebrochen. Bisher funktioniert soziales Engagement von Unternehmern nach dem Rezept: zuerst hart arbeiten und das eigene Unternehmen schröpfen, um so viel zu verdienen, dass das Vermögen irgendwann größer ist, als ein einzelner Mensch in seinem Leben ausgeben kann. Dann eine soziale Stiftung gründen und etwas zurückgeben. Erstaunlicherweise agieren hochdekorierte Unternehmer in ihren Stiftungen beim Geldverwalten dann oft wie unerfahrene Amateure. In ihren Köpfen sind die Kommerzwelt und die Sozialwelt strikt getrennt.

Nicht so bei Harald Meurer. Sein Regelbruch heißt: Kommerzwelt und Sozialwelt gehören zusammen. Sein Ziel: Er wird in der Sozialwelt mit kommerziellen Methoden agieren, um so viel wie möglich an Profit für den guten Zweck herauszuholen. Es hört sich ziemlich simpel an und ist es auch. Genau das macht es so spektakulär! Als ihm das bewusst wird, fallen Meurer zum Vergleich die Genossenschaften ein. „Die basieren auf einer ähnlichen Logik“, sagt er. „Man gründet ein Unternehmen und dessen Gewinne werden am Ende des Jahres komplett reinvestiert zum weiteren Ausbau der Unternehmensziele. Nur dass beim Social Business die Unternehmensziele grundsätzlich einen sozialen Charakter haben müssen und zum gesellschaftlichen Mehrwert beitragen müssen. Das ist die Grundbasis, die Yunus geschaffen hat.“

Harald Meurer sucht und findet trotz der Krisenzeiten Anfang 2009 vier Investoren für seine neue Firma. Es sind keine Rieseninvestitionen. Er wird klein anfangen. Was er noch nicht ahnen kann: Schon ein Jahr später wird seine neu gegründete HelpGroup als Mitglied in die Global Compact Initiative der Vereinten Nationen in New York berufen.

Produktentwicklung in Ecuador

Es ist ein gigantischer Ausblick: Dieses endlose blaue Meer,hat Harald Meurer schon immer fasziniert. Wenn er die wenigen Meter zum Wasser hinunterläuft, zuerst über die vertrockneten Grasflächen, dann durch den feinen Sand, überkommt Meurer jedes Mal ein Gefühl von Freiheit. Und auch diesen Blick von seinem Lieblingsplatz aus, genießt er aus vollen Zügen: Linkerhand, bei der kleinen Hütte am Strand haben die Bewohner gerade jede Menge Wäsche zum Trocknen herausgehängt, rechterhand in dem größeren Haus ist es ruhig. Die Nachbarn sind offenbar heute nach Manta gefahren, in die fünfzehn Kilometer entfernte Stadt.

Harald Meurer ist nach Ecuador gefahren. Santa Marianita heißt das kleine Fischerdorf am Meer, Bonita Beach, wie die Reiseführer es nennen. Es ist ein Traumstrand für europäische Augen und ein Eldorado für die Schar von weltreisenden Kytesurfern. Die einschlägigen Websites preisen den vier Kilometer langen Strand mit seinen bis zu zwei Meter hohen Wellen als ideales Revier für Anfänger und Lernende. „The beach is never crowded", steht da. Das ist der Grund, warum Harald Meurer diese Stelle der Welt so liebt. Sie inspiriert ihn, hier kann er gedanklich loslassen.

In Deutschland dagegen ist er Teil des Systems. Er ist Opfer und Täter, sagt er. Denn natürlich funktioniert er eingespannt in bestimmte Strukturen. „Da habe ich oft das Gefühl, nicht wirklich frei denken zu können", sagt Meurer. In Ecuador ist das anders. Hier lässt er die Seele baumeln. Die meisten seiner Geschäftskonzepte in den letzten Jahren sind da entstanden: mit Dreitagebart, in T-Shirt, Shorts und Schlappen an den Füßen sitzt Harald Meurer im Schatten und schreibt. Das einzige Problem sind die permanenten Stromausfälle. Deshalb hat er neben seinem Laptop auch Papier und Kulis liegen.

Er hat diesen Ort entdeckt, als seine Frau ihm ihr Land gezeigt hatte. Sie ist Ecuadorianerin. Auf dem Flughafen in Guayaquil hat er sie damals getroffen, als er nach der Airline für Galapagos fragen wollte. Sie stand da in ihrem Businesskostüm, was ihn glauben machte, sie könne englisch. So war es dann auch. Eins ergab das andere. Und irgendwann später hatte sie ihn zu einer Reise zu ihrer Familie eingeladen. So kamen sie nach Bonita Beach.

Das Geschäftskonzept, das Harald Meurer in diesen Tagen hier aufschreibt, ist in seinem Kopf schon in den vergangenen zwei Jahren gereift. Er will Geschäftsmodelle organisieren, die den Hilfsorganisationen mehr Sozialvermögen für ihre Hilfsprojekte bringen. Dafür will er den Alltag in Deutschland charitysieren. Meurer hat das Gefühl, das es an der Zeit ist, in vielen ganz normalen Geldtransaktionsprozessen unserer normalen Welt, eine Charitylogik zu implementieren. Er will aus den sowieso vorhandenen Geldströmen jeweils ein paar Prozent herausnehmen, um daraus Sozialerlöse zu erwirtschaften. Also sollen Menschen an Orten angesprochen werden, an denen sie bisher nicht über Spenden nachgedacht haben: beim Einkaufen im Supermarkt, an der Tankstelle usw. Dafür will Meurer Produkte erfinden, die es bislang in Deutschland so noch nicht gegeben hatte.

Seine erste Produktidee hat er schon seit zwei Jahren unter Beobachtung. Immer wieder war Meurer in dieser Zeit darauf gestoßen worden, dass der Markt für Geschenkkarten massiv angefangen hatte, zu wachsen. Alte Kollegen aus seiner früheren Firma hatten sich in dieser Branche selbständig gemacht. Sie hatten binnen zwei Jahren 15.000 Vertriebskanäle für solche Geschenkkarten in Deutschland aufgebaut. Zwar gibt es Geschenkkarten natürlich schon eine Ewigkeit, aber neu ist, dass sie auf einmal an jeder Tankstelle und anderen Orten zu kaufen sind. Offenbar ist die Nachfrage bei den Kunden sehr gut. Allein in Europa werden im Jahr 2010 Geschenkkarten im Wert von 44 Milliarden Euro gekauft.

Meurers erste Produktidee liegt damit auf der Hand. Er wird die HelpCard erfinden. Es ist eine soziale Geschenkkarte, mit der einzelne Projekte von Hilfsorganisationen unterstützt werden können. Die Idee dahinter: Eine HelpCard kostet zwischen zehn und fünfzig Euro. Wer sie kauft, der spendet nicht nur für ein Hilfsprojekt, sondern verwendet die HelpCard zugleich auch noch als jene Geschenkkarte, die er sowieso hätte kaufen wollen. Und bezieht den Beschenkten in die gute Aktion mit ein. „Dreifacher Effekt", so Meurer.

Als Zweites skizziert er die Idee eines Reiseportals. Sein Gedanke am Strand von Ecuador: Reisen sind Anlässe, bei denen die Menschen oft eine starke Diskrepanz zwischen den eigenen Lebensumständen und denen in anderen Ländern erleben. Der Anlass der Reisebuchung wäre ein geeigneter Ort, um einen kleinen Betrag für Hilfsprojekte „abzuzweigen". Doch in Deutschland gibt es bereits jede Menge Reiseportale, warum sollten die Menschen auf diesem neuen Portal buchen? Meurer ersinnt HelpReisen.de, das erste soziale Reiseportal mit Bestpreisgarantie. Seine Idee: Immer am Reiseende bekommen die Reisenden einen Bonus von drei Prozent des Reisepreises. Diesen Bonus erhalten sie in Form einer elektronischen E-HelpCard, deren Wert sie dann auf Hilfsprojekte von über 700 Organisationen verteilen können. Ein Alleinstellungsmerkmal.

Als Drittes denkt Meurer an den Mobilfunkmarkt. Menschen kommunizieren immer mehr, die Konditionen in diesem Markt haben sich stark verändert. Aber ein Angebot, günstig zu telefonieren und gleichzeitig soziale Projekte zu unterstützen, gibt es noch nicht. So entsteht Help-Mobile. Seine Idee: „9 + 9". Neun Cent in alle Kanäle, keine Vertragsbindung, aber einen Bonus von neun Prozent auf den getätigten Umsatz. Dieser Bonus wird wieder als E-HelpCard gegeben, zur Einlösung für Hilfsprojekte. Später wird der Mobilfunkdiscounter blau.de von dieser Idee begeistert sein. Dessen Vorstände werden nicht nur Kooperationspartner, sondern steigen sogar als Investoren in die HelpGroup ein.

Auf Meurers Zettel stehen am Ende dieses Urlaubs in Ecuador noch viele andere Ideen. Soziale Kreditkarten und soziale Vorteilsprogramme für Strom und Gas sind genauso dabei wie soziale Produkt-Coupons oder Help-Schecks, mit denen vor allem Unternehmen ihre übliche Geburtstags- und Weihnachtsgrußpost sozial gestalten können.

Das Heer der potenziellen Regelbrecher

Es ist eine Frage, die Harald Meurer bei seinen vielen Reisen nach Ecuador immer wieder beschäftigt. Warum sind die Ecuadorianer, die auf einem wesentlichen niedrigeren sozialen Level leben als wir, um ein Vielfaches glücklicher? Viele Studien, die er kennt, belegen das. Obwohl er zwei- bis dreimal pro Jahr nach Südamerika fliegt, hat er die Antwort auf diese Frage noch nicht gefunden. Aber er hat eine Vermutung: „Ich glaube einfach, dass wir Menschen in der industriellen Welt irgendwann merken, dass es schön ist, wirtschaftlich unabhängig zu sein. Es bringt aber keine wirklich tiefere Befriedigung."

Das ist wohl einer der Gründe dafür, warum Meurer

eine ganze Reihe von erfolgreichen Managern in seinem Alter kennt, die darüber nachdenken, ob das, was sie bisher geschaffen haben, wirklich befriedigend ist. „Schauen Sie sich die ganze Reihe von um die 50-jährigen erfolgreichen Managern in unseren Unternehmen an. Die stellen sich gerade jetzt die Frage, wie sie ihrem Leben in den nächsten fünfzehn Jahren einen Sinn geben können, wie sie ihre Managerfähigkeiten sinnvoll einsetzen können, wie sie gut verdienen und trotzdem dazu beitragen können, dass die Welt ein bisschen besser wird. Diese Managergeneration birgt ein unglaubliches Potenzial!"

Meurer wird immer wieder von diesen Menschen angesprochen. Sie kommen auf Messen oder Kongressen auf ihn zu und fragen nach seiner Geschichte. Die fragen: „Wie lange machen Sie das jetzt schon? Können Sie denn davon leben? Was erwirtschaften Sie da denn so?" Er spürt in diesen Gesprächen die Sehnsucht der Menschen, etwas Ähnliches zu machen. Viele von denen hätten große Möglichkeiten gehabt in ihrem Leben, sagt er. Nun wollen sie etwas zurückgeben. Aber sie empfinden wie Meurer selbst: Sie wollen nicht in Slums gehen und dort Sozialarbeit leisten. Sie wollen mehr. Sie wollen ihr berufliches Know-how, ihre Fähigkeiten und Kontakte nutzen, um Gutes zu tun, und mit einem größeren Hebel noch mehr erreichen.

„Wir sollten die Rolle dieser Generation der heute 50-Jährigen nicht unterschätzen", sagt Meurer. Sie tickt anders als ihre Vorgängergenerationen. Wer heute fünfzig ist, bereitet sich noch nicht auf die Rente vor. Im Gegenteil: der will nochmals durchstarten und etwas bewegen in der Welt. Vielleicht ist das jene Generation, von der die größten Veränderungen für unsere Gesellschaft ausgehen werden.

Der Mann der gebrochenen Wege

Es müssten ja nicht gleich alle zu Rulebreakern werden, grinst Meurer. Er selbst hält seinen gebrochenen Lebensweg, mit seinen vielen Wechseln von der Musik in die Wirtschaft und von einem Unternehmen zum anderen, für den Grund, warum er anders wurde als die anderen. „Ich kenne bei der Telekom noch einige Leute, die als Lehrling da reingekommen sind, 20 oder 25 oder 30 Jahre lang dort gearbeitet haben, zum Manager geworden sind und plötzlich die Entlassung bekommen haben. Sie können von diesen Menschen nicht erwarten, dass die auf einmal zum Rulebreaker werden. Die Veranlagung dazu hat jeder. Davon bin ich überzeugt. Aber die ist verkümmert über die Jahrzehnte hinweg."

Meurer hält sich nicht für besser als andere. Er glaubt, dass es die vielen Perspektivwechsel in seinem Leben waren, die ihn einerseits Lebenserfahrung sammeln ließen, andererseits aber auch auf Schicksalsschläge besser vorbereitet hätten. Manchmal denkt er darüber nach, was geschehen wäre, wäre er in jungen Jahren auch den geraden Weg gegangen: Er hätte immer gut Geld verdient, hätte einen gesicherten Posten bekommen, hätte irgendwann geheiratet, zwei Kinder bekommen, ein Haus gebaut und wäre vielleicht dann irgendwann gekündigt worden. Meurer wäre ein anderer Mensch. Vermutlich würde er dann genauso zusammenbrechen wie andere auch, vermutet er.

Also sei die entscheidende Frage für Rulebreaker, welchen Weg sie in ihrem Leben gehen und ob sie die Offenheit haben, aus der sicheren Konstellation heraus zu sagen: „Jetzt gehe ich auch mal für zwei Jahre in die Unsicherheit. Wenn es nicht funktioniert, dann gehe ich eben wieder zurück." So wie Meurer sein Leben beschreibt: „Mal die eine Branche, mal die andere, mal hier, mal da, mal ein halbes Jahr arbeitslos und dann dort noch mal was gemacht. Ich glaube, es ist dieser untypische Berufsweg, der Leute wie mich prägt. Aber es gibt nicht viele, die das so machen!" Dabei stecke genau darin ein riesiges Potenzial, sein Know-how und seine Flexibilität im Management zu erweitern, egal ob im Angestelltenverhältnis oder in der Selbstständigkeit.

Der Grund sei wohl die Angst vor dem eigenen Versagen. Meurer kennt diese Angst auch: „Wenn ich mit der HelpGroup scheitere, dann täte mir das schon weh. Das wird eine wirtschaftliche Herausforderung, gar keine Frage! Es kann sein, dass ich dann wieder zurück ins angestellte Management gehe. Aber das wäre für mich auch okay. Wichtiger für mich ist es, dass ich versucht habe, meine Vision umzusetzen. Die Idee gehabt zu haben und es dann nicht zu versuchen, fände ich fatal. Dann bleibt immer der Gedanke: ‚Hätte ich doch damals' oder ‚Was wäre wenn?' Mir war das Risiko von vornherein bewusst. Ich habe gesagt: ‚No risk, no fun. Ich habe eine Chance von fünfzig Prozent. Ich nutze sie oder ich nutze sie nicht.'"

Besessener, Zweifler, Wadenbeißer

Doch diese Risikobereitschaft ist für Harald Meurer ein notwendiges Übel, kein Selbstzweck. Er tut die Dinge nicht, um ins Risiko zu gehen. Was ihn treibt, ist die Besessenheit von einem Thema. Oder wie er es sagt: „Wenn ich von etwas fasziniert bin, dann will ich das auch umsetzen. Dann werde ich zum ‚Wadenbeißer'. Ich bin jemand, der sich nicht von anderen irritieren lässt. Wenn ich der Überzeugung bin, dass ich den richtigen Weg gefunden habe, dann setze ich das auch um, ob im Beruflichen oder im Privaten.

Es muss nicht immer leicht gewesen sein, mit Harald Meurer zu leben. Er erzählt von großem Gegenwind. Seine komplette Familie, mit Ausnahme seiner Frau, hat damals versucht ihn davon abzuhalten, seinen sicheren Job im angestellten Management aufzugeben und das Abenteuer eines eigenen Unternehmens zu beginnen. In langen Telefongesprächen versuchten sie es ihm auszureden. „Das ist viel zu riskant. Du weißt doch gar nicht, ob das funktioniert." Sie hatten Existenzangst. Besonders schwer fiel es Meurer, diesen radikalen Schritt seiner 85-jährigen Mutter zu erklären. Der Krieg und das Leben hatten sie zu einem extrem ängstlichen Menschen gemacht. Wie froh sie war, als ihr Harald den Managerjob bei der Telekom bekommen hatte! Ein sicherer Job! Bei der Telekom kann man in Ruhe alt werden!

Es war Harald Meurers Frau, die in diesen Situationen immer wieder gesagt hat: „Ja! Mach es!" Für sie, so weiß Meurer, wäre es auch nicht schlimm, wenn er mit seiner HelpGroup scheitern würde und das Geld knapp würde. Dann müssten sie eben das Haus verkaufen oder kleinere Brötchen backen. Für seine Frau wäre das okay. Für Meurer ist das ein gutes Gefühl. Und seit auch sein Bruder bei der HelpGroup eingestiegen ist, gewöhnt sich die Familie langsam daran, einen Rulebreaker in ihren Reihen zu haben. Doch auch heute noch fragt die Mutter jede Woche besorgt nach: „Wie läuft es denn? Verdienst Du schon Geld?"

Für Meurer sind diese Situationen des Zweifels die schwersten Augenblicke. „Wenn einem zehn Leute hintereinander sagen, das das nicht gut sei, was man macht, dann taucht bei mir schon irgendwann die selbstkritische Frage auf, ob diese Leute vielleicht recht haben." Er sagt von sich, dass er innerlich bei Weitem nicht so selbstsicher sei, wie er in der Öffentlichkeit wirkt. Er ist selbst sein größter Kritiker. Man könnte es auch Selbstzweifel nennen. Meurer denkt dann an jene Beispiele von erfolgreichen Menschen, über die irgendwann in ihrem Leben jeder gesagt hat: „Hey, was ist denn das für ein Loser?!" Und dann waren sie wahnsinnig erfolgreich, weil sie ihren Weg zu Ende gegangen sind. Meurer denkt dabei an Lars Hinrichs. Die beiden kennen sich seit 1999. Hinrichs musste für seine beiden ersten Firmen Insolvenz anmelden. Dann gründete er XING und wurde erfolgreich. „Ich denke, der zentrale Punkt ist: Man muss bereit sein, Opfer zu bringen und um die Story zu kämpfen, an die man glaubt. Das müssen Rulebreaker lernen! Sich nicht gleich von der ersten Welle beirren lassen, die sich einem entgegenwirft. Sondern bereit sein, darüber hinauszugehen."

Es ist nicht zufällig, dass Meurer von den Wellen spricht. Er liebt das Wasserskifahren auf dem Monoski. „Wenn man hinter dem Boot hängt", erklärt er, „da hat man links und rechts die beiden Bugwellen. Über die muss man drüber, wenn man ordentlich fahren will. Und wie kommt man über eine Bugwelle rüber? Wenn man gerade drüber will, dann stürzt man ins Wasser. Das funktioniert nicht. Also wie muss man es machen? Man muss die Bugwelle schneiden. Man muss wissen, in welchem Winkel man die Welle nehmen kann. Als Rulebreaker ist das ganz ähnlich. Wer etwas verändern will, der weiß ganz genau, dass die Skeptiker kommen werden. Denn auf eines kann man sich verlassen: Die Welle kommt ... ob beim Wasserski oder beim Rulebreaking!

Müssen Rulebreaker Unternehmer sein?

Es ist Februar 2010. Berlin. Estrel Convention Center. Europas größte Kongressmesse für die Call-Center-Branche. Harald Meurer steht mit seinem Stand in Halle 1. Es ist ein kleiner Stand und es ist ein Platz in den hinteren Reihen. Als eine der ersten deutschen Social Business Companies macht seine HelpGroup GmbH noch keine Gewinne. Sie ist ja erst vor einem Jahr gestartet. Doch Meurer ist fröhlich. Er habe viele und gute Gespräche geführt. Die Leute seien sehr daran interessiert, wie man soziales Engagement und emotionale Kundenbindung mit seiner HelpCard verbinden kann. Sie reden gern mit ihm.

Vielleicht ist es, weil seine Fröhlichkeit echt ist. Es ist nicht jene künstliche Messe-Fröhlichkeit, die an anderen Ständen mitunter aufgesetzt wird. Bei ihm spürt man: Er steht hier für sich und seine Überzeugung ... und natürlich für seine Firma. Viele andere stehen da, weil es der Chef angeordnet hat. Bedeutet das, dass Rulebreaker immer selbst Unternehmer sein müssen? Funktioniert Rulebreaking in Konzernen nicht?

Meurer schüttelt den Kopf: „Ich weiß noch, wie in meiner Sony-Zeit mein damaliger Geschäftsführer erzählte, wie bei Sony die Japaner irgendwann mal mit so kleinen Geräten gekommen waren. Das wäre etwas ganz Neues. Damit könne man Musikkassetten hören und zwar mobil. Das komplette deutsche Management habe damals gesagt: ‚Absolut daneben! Das kauft hier in Deutschland kein Mensch! Das braucht man hier gar nicht einzuführen!'" Sie hatten gerade den Walkman abgelehnt. Doch der japanische Chef habe sich durchgesetzt. Er habe sich nicht beirren lassen. Der sei ein Rulebreaker im Konzern gewesen, meint Meurer.

Rulebreaker in Konzernen haben es schwerer als in der freien Welt. Sie haben größere Abhängigkeiten. Das liegt in der Natur der Sache. Meurer kann tun und lassen, was er will. Jedenfalls solange er eine vernünftige Antwort darauf geben kann, was er mit dem Geld jener Menschen plant, die bereit sind, ihm Geld zu geben. In Konzernen dagegen gibt es Abhängigkeiten. Es gibt sie in der gleichen Hierarchieebene, es gibt sie nach unten und es gibt sie nach oben. Es ist die typische Sandwichposition, der sich nicht einmal ein Vorstandsvorsitzender entziehen kann. Auch er hat über sich noch den Aufsichtsrat und die Aktionäre. Im Konzern müssten Rulebreaker also viel intensiver überzeugen, sagt Meurer. Und doch seien ja viele Konzerne in der Vergangenheit von Rulebreakern komplett umgekrempelt worden.

Vielleicht, überlegt Meurer, sind die Konzern-Rulebreaker sogar die wahren Rulebreaker. Er habe in seinen Jahren im Telekom-Konzern einige erlebt. Menschen, die bereit waren, wie er für ihre Ideen zu kämpfen. Er selbst hatte damals 2005 im Telekom-Konzern gegen viele Gegner und Widerstand aus den eigenen Reihen den Vertriebskanal TelekomFriends entwickelt. Es ist ein „peer-to-peer"-Kanal zur Vermarktung der Telekom-Tarife. Als er 2008 ausschied, gab es bereits mehr als 50.000 private Vermittler. Heute gehöre TelekomFriends zu den wichtigen Vertriebskanälen der Telekom, sagt Meurer. Doch viele dieser Rulebreaker im Konzern seien einen steinigen Weg gegangen. Weit mehr als fünfzig Prozent von ihnen seien gescheitert, schätzt er. Und wenn sie gescheitert seien, dann habe das oft zur Konsequenz gehabt, dass sie das Unternehmen verlassen mussten. Karriereende! Kein Wunder, dass es immer weniger werden.

Werden gebrochene Wege noch gerade?

Harald Meurer deutet auf die Messestände neben sich: „Schauen Sie sich das an", sagt er. „Das hier ist eine Call-Center-Messe. Es ist einer der klassischen Wege für das Fundraising der Hilfsorganisationen. Es hat jahrzehntelang funktioniert. Doch jetzt ist es rückläufig. Genau wie alle anderen klassischen Spendenwege auch: Das Mailing, die Haustürspende, diese originären Wege funktionieren alle nicht mehr." Die Hilfsorganisationen sind gezwungen, neue Wege zu gehen. Sie sind gezwungen, die Regeln des Fundraising neu zu kreieren.

Sie machen dies nicht aus Spaß am Regelbruch, so wie Meurer es tut. Sie machen es, weil der Leidensdruck steigt, wenn die klassischen Kanäle nicht mehr so viele Spenden einspielen. Doch Meurer soll es recht sein! „Wir sind international ausgelegt. Wir haben von Anfang an gesagt, dass das für uns kein nationales Thema ist. Schon heute haben wir Anfragen aus der USA und der Schweiz. Das kriege ich so schnell noch gar nicht operativ abgewickelt."

Was Meurer damit meint: Bis es so weit ist, dass ihm langweilig wird, hat er noch viel zu tun. Dies könnte der Grund sein, warum sein bisher so krummer Berufsweg in den nächsten Jahren eine längere Gerade bekommen könnte. Wenn die HelpGroup demnächst den Breakeven schaffen sollte, dann wird er kaum schnell wieder nach einem neuen Arbeitgeber suchen. „Ich bin nicht der Typ, dem langweilig wird, wenn der Laden läuft und Geld verdient."

Stattdessen wird er versuchen, innerhalb des eigenen Konzepts weitere Geschäftsmodelle zu entwickeln. „Ich habe schon heute neue Ideen im Kopf, für die ich im Augenblick noch gar keine Zeit habe. Das sind Dinge, die es noch nie zuvor gegeben hat. Das reizt mich einfach. Mich reizen die Themen, die bisher noch keiner umgesetzt hat", sagt er.

Fall 7: Wie die Tageszeitung der Zukunft erfunden wurde

„Das Haus da vorn, das muss es sein!" Schon von Weitem ist die blaue Fassade inmitten der kleinen roten Nachbarhäuser zu sehen. „Austernmeyer" steht an der Fassade: Dittmeyers Austern Compagnie. Es stimmt also wirklich, was seine Freunde erzählt hatten: Clemens Dittmeyer, der Sohn von „Onkel Dittmeyer" hat hier in List auf Sylt eine Austernzucht.

Hendrik Tiedemann ist gerade angekommen. Es ist erst ein paar Tage her, da hatten seine Berliner Freunde ihm erzählt, dass sie für ein paar Tage nach Sylt fahren wollten. Es ist Sommer 2007. Sie würden übernachten bei einem Berliner Studenten, der vor sechs Monaten auf die Insel gegangen war. Der habe eine kleine Wohnung, zwei Zimmer und viele Matratzen. Dort würden alle wohnen. Zwölf Leute hätten sich angekündigt. Es werde wohl eine große Party in der 65 m^2 großen Wohnung werden. Tiedemann solle doch einfach nachkommen. Er hatte nicht lange überlegt.

Um den Schlüssel für die Wohnung zu bekommen, solle er zuerst in die Austernzucht kommen, hatten sie ihm gesagt. Denn hier arbeitet jener Wanja, dem die Partywohnung gehört. „Hallo Hendrik", sagt er zur Begrüßung. „Ich bin gerade fertig mit der Arbeit. Lass uns in die Wohnung gehen."

Wanja Sören Oberhof hatte den Ausstieg nötig. Sechs Monate hatte er in Berlin an der Hochschule für Wirtschaft und Recht HWR studiert: Unternehmensgründung, ein wirklich guter Studiengang, der nach Aufbau und einer großen Zukunft klingt. Doch seine ersten Monate an der

Uni waren eine Enttäuschung gewesen. Als er sich dann auch noch von seiner Freundin trennte, war es Zeit, den Kopf wiedermal durchzulüften. Oberhof ging nach Sylt. Er kannte die Insel schon aus Kindertagen. Immer wenn er vom Hindenburgdamm herunterkommt, fühlt er sich zuhause, als habe ihn jemand geerdet. Es würde nichts Besseres geben, um aus dem Berliner Trott herauszukommen, als für sechs Monate nach Sylt zu gehen. Danach wäre eine Weltreise das Richtige. Und aus den Eindrücken und Ideen der Reise würde er dann wieder in Berlin ein Business gründen. Ein guter Plan!

Doch als dieser Hendrik Tiedemann vor ihm steht, denkt Oberhof nicht an die große Welt. Er denkt daran, dass er gerade Feierabend hat und seine anderen Schlafgäste wohl schon beim Polo sind. Es gibt an diesem Wochenende ein Poloturnier auf Sylt. Viele seiner Freunde arbeiten dort aushilfsweise bei einem Modelabel.

Als Oberhof und Tiedemann beim Poloturnier ankommen, ist schnell klar, dass ihre Freunde vorerst noch keine Zeit zum Feiern haben. Sie haben zu arbeiten. Ein kostenloser Eintritt ist das Einzige, was sie im Augenblick für die beiden tun können. „Wir waren die Einzigen, die dann sozusagen frei hatten und mussten quasi miteinander reden“, erinnert sich Oberhof Jahre später. Also sitzen sie auf Bierbänken, schauen beim Polo zu, genießen den Sommerabend und kommen ins Gespräch. Was keiner der beiden ahnt: Sie werden in den kommenden Jahren um vieles mehr Zeit miteinander verbringen als mit ihren Freundinnen. An diesem Nachmittag beginnt nicht nur eine große Freundschaft. Hier beginnt auch die Geschichte eines Regelbruchs, der das Potenzial hat, die Zukunft der gesamten internationalen Zeitungsbranche nachhaltig zu verändern.

Wanja Sören Oberhof kennt Hendrik Tiedemann nur

sehr flüchtig. Ein gemeinsamer Freund, der schon ein paar Tage länger hier auf Sylt ist, hat ihm erzählt, dass da noch einer kommen würde. Oberhof hatte ihn bei StudiVZ gesucht und dort gelesen, dass Tiedemann unter Berufsbezeichnung angegeben hat: „Die Zeitungslandschaft verändern!“ Das war Oberhof aufgefallen. Denn er selbst hatte kürzlich erst eine Idee für den Ideenwettbewerb SCOOP des Axel Springer Verlages ausgearbeitet und wollte dort die Idee einer individualisierten Zeitung einreichen. Seine Grundidee für den Wettbewerb: Es wäre doch toll, wenn in einer einzigen Zeitung all das zusammen käme, was er sich bisher aus verschiedenen Zeitungen zusammensuchen müsse: ein bisschen Lokalpolitik aus der „Berliner Zeitung“ hier, die „Post von Wagner“ aus der Bildzeitung daneben, die Börsencharts aus der Financial Times darunter und so weiter.

Tiedemann beginnt zu erzählen. Er redet von der Individualisierung im Medienbereich. Doch anders als Oberhof hat er weniger die Leser im Blick. Tiedemann denkt in Geschäftsmodellen. Er fragt sich, wie man die Stärken verschiedener Werbeformen vereinen kann. Könnte man Zeitungswerbung nicht signifikant besser machen? Wäre es nicht clever, wenn man die Inhalte von Zeitungen für jeden Leser einzeln zusammenstellen würde? Dann wüsste man, für welche Inhalte sich jeder Leser interessiert und könnte entsprechend auch die exakt passende Werbung hineindrucken. Das wäre eine große Sache für die Werbebranche.

Wanja Oberhof ist still geworden. Sein Interesse war immer größer geworden in den letzten Minuten, aber seine Bereitschaft mitzureden immer kleiner. Denn das, was Tiedemann dort erzählte, war ja exakt dasselbe, was Oberhof dem Springer Verlag vorschlagen will. Nur aus einem anderen Blickwinkel. Genau genommen sind sie also Konkurrenten. Da ist man erst einmal vorsichtig. „So was mache ich auch“, sagt Oberhof. Sie vereinbaren, das Gespräch am Abend beim Wein fortzusetzen.

Es ist ein langer Abend geworden an jenem Tag. Das Poloturnier ist mitsamt seinen Gästen in die berühmte Sansibar umgezogen. Es ist das Kultrestaurant der Insel mitten in den Dünen am Rantumer Strand. Draußen vor der Sansibar hängen wie in jedem Sommer die Fahnen des Sponsors. Es sind Mercedes-Benz-Fahnen. Unter denen sitzen Oberhof und Tiedemann den ganzen Abend bei Erdbeerbowle und Wein und erzählen sich ihre Sichtweisen auf das Verlagsgeschäft und die Zeitungen der Zukunft. Spät am Abend sind sie sich einig: „Hier werden in vier Jahren die Fahnen unseres internationalen Medienkonzerns wehen“, ruft Oberhof über den Tisch. Tiedemann nickt. Natürlich mit einem Augenzwinkern, aber auch mit einem gesunden Größenwahn. Doch die wichtigste Erkenntnis dieses Abends ist: Die beiden sind auf einer Wellenlänge.

An jenem Abend wissen Oberhof und Tiedemann natürlich noch nicht, dass sie ab jetzt für die nächsten Jahre jeden Tag, Montag bis Sonntag, zusammen manchmal sechzehn Stunden im Büro sitzen werden. Sie können auch noch nicht wissen, dass sich ihre Charaktere sehr gut ergänzen. Sie haben unterschiedliche Stärken, doch was sie eint, ist die Freude am Querdenken. Und ihr Ehrgeiz! Schon an diesem Abend können sie sich auf ihr Motto einigen: „Das Wort ‚unmöglich‘ gibt es bei uns beiden schon mal gar nicht. So was wollen wir nicht hören! Es muss gehen. Das kriegen wir schon irgendwie hin.“

Als Wanja Oberhof einige Tage später an diese Begegnung zurückdenkt, hat er zum ersten Mal das Gefühl, dass aus seiner geplanten Weltreise vielleicht nichts werden könnte. Denn die Geschäftsidee, die er von der Reise mitbringen wollte, die liegt nun schon auf dem Tisch.

Noch hat sie kein anderer aufgegriffen. Aber lange Zeit ist nicht mehr.

Zwei Wege führen zur Idee

Es ist einige Monate vor diesem schicksalhaften Abend auf Sylt, als Hendrik Tiedemann im Studium erstmals auf das Thema stößt. Er studiert Wirtschaft und soll im Themenfeld „Unternehmensgründung" einen Businessplan nach Gary Hamel entwickeln. Es ist Anfang 2007, also jene Zeit als Social Communities wie StudiVZ, MySpace und Facebook einen großen Hype haben. Auch in seinem Kurs wird diskutiert. Tiedemanns Hauptfrage dabei ist immer wieder: Wie lassen sich diese Webcommunities monetarisieren? Wie werden wirkliche Geschäftsmodelle daraus? Die Antwort gibt in jener Zeit Google. Der Suchmaschinengigant macht allen anderen vor, wie im Internet Geld verdient wird. Er wertet in Echtzeit die Daten seiner Nutzer aus, zieht Schlüsse über deren augenblickliche Bedürfnislage und spielt entsprechend personalisierte und zielpersonenspezifische Werbung aus. Targeting nennt sich das in der Fachsprache. Es ist ein Milliardengeschäft. Hendrik Tiedemann fragt sich, was dieses Google-Prinzip eigentlich für klassische Zeitungen heißt? Und das Ergebnis seiner Seminararbeit ist: Wenn man es schafft, eine Zeitung als Informationsmedium so zu individualisieren, dass jeder Leser die auf seine Interessen zugeschnittenen Inhalte bekommt, dann weiß man, was die Interessen jedes Lesers sind, und kann entsprechend personalisierte Werbung drucken. Genau wie Google es tut!

Wanja Oberhof begegnet die Vision seiner individualisierten Zeitung dagegen zuhause. Er ist es von seinem

Elternhaus gewohnt, dass jeden Morgen eine Zeitung im Briefkasten steckt. Also abonniert er in seiner eigenen Wohnung in Berlin den „Tagesspiegel“ als regionale Tageszeitung. Bestimmte Teile liest er regelmäßig, der Großteil der Zeitung wandert aber jeden Tag in den Müll. Mittags im Café nimmt Oberhof sich immer das Handelsblatt. Er hat sich angewöhnt, die Rubrik „Unternehmen und Märkte“ zu lesen. Das interessiert den Studenten für Unternehmensgründungen. Und auch die BILD-Zeitung nimmt er sich ab und zu zur Hand. Besonders die zweite Seite, und hier ist besonders die Kolumne „Post von Wagner“ für ihn zum Kult geworden. Und noch eine fünfte Zeitung hat es Oberhof angetan. Die Neue Zürcher Zeitung. Hier liebt er vor allem diesen Außenblick auf Deutschland. Immer wenn er die NZZ liest, hat er das Gefühl, einen realistischeren Blick auf sich und sein Land zu haben als bei der Nabelschau der deutschen Zeitungen. Eines Tages beschließt er sogar, sein Zeitungsabo zu ändern. Er kündigt den Tagesspiegel und abonniert die NZZ. Doch jetzt fehlt ihm wieder der Lokalbezug.

Es ist pures Eigeninteresse, dass Oberhof sich fragt, warum es denn für ihn nicht möglich ist, ein „Best of“ aller dieser Zeitungen zu lesen. So wie er es im Internet ja auch tut! Dort hat er in seiner Lesezeichen-Liste auch die New York Times neben der BILD und Spiegel Online neben der Homepage von Hertha BSC. Und dann gibt's in seinem Computer noch das Lesezeichen von „badminton.de“. Oberhof hat früher einmal aktiv gespielt und interessiert sich nach wie vor dafür, was im Badminton passiert. In einer normalen Tageszeitung findet er diese Informationen nicht. Warum eigentlich nicht, fragt er sich? Und: Kann man daraus ein Geschäft machen?

Diese Frage stellt er sich oft. Etwa zehn verschiedene Businesspläne hat Oberhof jederzeit in seinem Laptop.

Immer wenn er wieder eine Idee hat und denkt: „Da müsste man mal etwas machen!“, kommt einer dazu. Auch die Zeitungsidee schreibt er zunächst auf und speichert sie. Doch im Unterschied zu den anderen muss diese Idee nicht länger auf ihre Umsetzung warten. Nach dem Abend auf Sylt holt er sie wieder hervor.

Unternehmer seit 15

Wanja Oberhof weiß schon, seit er fünfzehn Jahre alt war, dass er Unternehmer werden wird. Dieses Verlangen, selbst die Sachen in die Hand zu nehmen und neue Dinge aufzubauen, hat er schon zu Schulzeiten in sich gespürt. Mit fünfzehn beginnt er Schulparties zu organisieren. Später werden größere Events daraus. Oberhof spürt den Unterschied zwischen guter Arbeit und schlechter Arbeit. Wenn er eine Party gut vorbereitet hat, verdient er viel Geld. Wenn er aber nur schnelles Geld verdienen wollte und schlampig organisierte, gab es Misserfolge. Oberhof musste draufzahlen. Vermutlich sind das die Ereignisse, bei denen auch seine Lehrer merken, dass Oberhof seinen eigenen Weg gehen wird. Er liebt es Verantwortung zu übernehmen und die Früchte seiner Arbeit zu sehen. Auch wenn er weit vom Musterschüler-Image entfernt ist und eher als Chaot auffällt, heißt es von seinen Lehrern: „Bei dir machen wir uns keine Sorgen. Aus dir wird mal was.“

Als er ein Jahr später ein Fußballturnier in der Schule organisiert, spielt auch eine Mannschaft jenes Unternehmens mit, das solche Events in der Schule ab und zu sponsert. „Gute Organisation!“ Oberhof kassiert das Lob mit Stolz. Und ein Angebot kommt gleich hinterher: „Wenn Du willst, kannst Du unseren nächsten Messeauftritt organisieren." Oberhof will. Kaum ist sein 18. Geburtstag vorbei, gründet er mit einem Freund eine Eventfirma. „L & O Events 'n more" heißt sie. Oberhof kommt mit den ersten richtigen Unternehmen in Kontakt. Er versucht Unternehmer zu treffen, die in interessieren. Er beobachtet und lernt.

Der Regelbruch vor dem Regelbruch

Unternehmensgründungen sind ein lukrativer Markt. Es tummeln sich viele hier: junge Menschen, die mit einer Idee das große Geld machen wollen, Investmentgesellschaften mit großem Geld, die die besten Deals schießen wollen, staatliche Förderfonds mit mittlerem Geld, die Gründer und deren Investoren in das eigene Bundesland ziehen wollen, Business Angels mit kleinem Geld, die eine neue Herausforderung suchen, regionale Unternehmensgründungsbüros, die Beratung anbieten und meist die Services der örtlichen Sparkasse gleich mitverkaufen und natürlich etliche Berater und Consultants, die den nächsten Auftrag an Land ziehen möchten. Wie dieser Markt funktioniert, was Gründer tun müssen und welche Regeln zu beachten sind, lernt man entweder im Studium für Unternehmensgründung oder auf der Straße. Wanja Oberhof sagt von sich, seine Welt sei eher das „Learning by Doing".

Doch auch er weiß, was die Branche normalerweise von einem Unternehmensgründer wie ihm erwartet: Zunächst einen Businessplan, dann die Kurzpräsentation der Idee auf den sogenannten Barcamps und natürlich die Teilnahme an Dutzenden Gründerwettbewerben. Oberhof und Tiedemann tun nichts von allem. „Anstatt drei Stunden an diesem Businessplan zu sitzen, arbeite ich doch lieber drei Stunden daran, einen großen Verlag von unserem Konzept zu überzeugen. Was bringt mir der bayrische Gründerpreis oder Berliner Businessplanwettbewerb? Wir brauchen Kunden und Partner", sagt er. Oberhof und Tiedemann gehen das Projekt als Partner an. Hendrik Tiedemann besitzt aus früheren Geschäften noch eine GmbH, die InterTi GmbH. In dieser Firma wird später die Zeitung erscheinen. Und ihre individuelle Zeitung der Zukunft wird später den Namen niiu bekommen.

Doch die Kehrseite beim Bruch der Regeln des Gründermarktes heißt: Es gibt kein Geld. Wer die Regeln der Investoren nicht mitspielt, der muss allein sehen, wie er weiterkommt. Das merken die beiden sehr schnell. Einmal probieren sie, mit potenziellen Investoren ins Gespräch zu kommen. Doch keiner glaubt an ihre Idee. Keiner gibt Geld.

Es ist Hendrik Tiedemann, der in dieser Situation beschließt, die Privatschatulle aufzumachen. Er kommt aus einer alten hanseatischen Unternehmerfamilie. Seine Wurzeln kann er bis ins 18. Jahrhundert nachverfolgen. Alle seiner Vorfahren waren Kaufleute. Dass auch er Unternehmer wird, stand nie infrage. Und Tiedemann ist bereits Unternehmer. Denn er hat eine Grundstücksverwaltung geerbt, deren Geschäftsführer und Gesellschafter er ist. Kurz gesagt: Er hat das Geld und den Mut, auch ohne Investoren die Startphase zu überstehen.

Also beschließen sie, so sparsam wie möglich zu sein. Alle ihre Reisen der kommenden zwei Jahre werden sie aus der eigenen Tasche bezahlen. Und für ihr Personal, die Mieten und die Dienstleister wird Tiedemann aufkommen. Wenn sie dann in zwei oder drei Jahren bewiesen haben, dass ihre Idee funktioniert, so vereinbaren Oberhof und Tiedemann, dann werden sie nochmals Investoren ansprechen. Dann wird natürlich auch der Preis höher sein.

Die Philosophie der immerwährenden Beta-Phase

Die ersten gemeinsamen Monate verbringen die beiden Firmengründer auf Reisen. Sie wollen zwei Fragen klären: Gibt es individualisierte Zeitungen schon irgendwo auf der Welt? Und: Ist so etwas technisch überhaupt möglich? Was sie sehr schnell feststellen: Ihre Idee ist keinesfalls neu. Schon vor zwanzig Jahren haben Vordenker der Medienbranche von individuellen Zeitungen geträumt. Doch gemacht hat es weltweit noch niemand! Eine ideale Ausgangsposition!

Schwieriger ist schon die Frage nach der Realisierbarkeit. Alle herkömmlichen Zeitungen agieren nach einer Grundregel: Sie identifizieren sich über ihre Marke. Sie haben eine Redaktion, bestehend aus vielen Journalisten, die täglich versuchen, interessantere Themen als die Konkurrenz ins Blatt zu bringen. Auf dass die Leser die eigene Marke lieber mögen als die anderen. Herkömmliche Zeitungen denken, dass ihre Leser sie für ihre besonders interessante Themenzusammenstellung lieben.

Oberhof ist dieses Denken fremd. Er hat am eigenen Leibe gespürt, dass er keine Tageszeitung wegen ihrer Themenzusammenstellung liebt. Dieses innige Verhältnis, das sich Redaktionen zu ihren Lesern wünschen, das gibt es nicht. Vielmehr hat jeder Leser seine eigene Interessenswelt. Oberhofs Zeitung der Zukunft wird also nicht die Themenwelt einer Redaktion zum Inhalt haben, sondern alle Neuigkeiten aus der Interessenswelt des Lesers. Es spielt keine Rolle, woher die einzelnen Informationen zu den verschiedenen Interessensgebieten kommen. Es ist gleichgültig, ob sie von dieser Redaktion oder jener Redaktion geschrieben sind oder gar von keiner Redaktion, sondern von der Website des Badminton-Verbandes kommen. Wichtig ist allein, dass sie ihren Leser interessieren. Das bedeutet auch, diese Zeitung wird für jeden Leser anders aussehen. Jene für Wanja Oberhof enthält seine Themengebiete, die für Hendrik Tiedemann seine. Bei 100.000 Abonnenten werden also 100.000 verschiedene Zeitungen gedruckt. Wenn dies wirklich gelingen sollte, dann gibt es ein Erdbeben in der internationalen Medienwelt. Doch damit dies gelingen kann, werden Oberhof und Tiedemann die bisherigen Regeln des Zeitungsgeschäftes grundlegend brechen müssen.

Es ist Ende 2007, als die beiden ernst machen. Sie wissen jetzt, dass es sich lohnen kann. Sie können die Ersten sein. Ihnen ist klar, dass sie weder eine Zeitungsredaktion gründen werden, noch Druckmaschinen kaufen, noch einen Zustellservice eröffnen wollen. All das haben klassische Zeitungsverlage. Dies wäre der alte Weg. Ihre Idee basiert auf einer intelligenten Softwarelösung. Diese Software wird die Interessensprofile von Tausenden Kunden verwalten müssen. Sie wird automatisch für jeden Kunden seine individuelle Zeitung zusammenstellen und an die richtige Druckerei schicken müssen. Diese Software wird das Einzige sein, was sie selbst besitzen. Doch genauso wichtig ist, dass sie Partner finden, die den Content zuliefern sowie den Druck und die Auslieferung übernehmen. Also los!

Oberhof und Tiedemann setzen sich wieder in den Flieger. Sie fliegen durch Deutschland und Europa und schauen sich Softwareprogrammierer an, die angeblich Ähnliches schon gemacht haben oder am Telefon geantwortet hatten, dass sie so etwas könnten. In Deutschland gibt es eine Firma in Augsburg, die in diese Richtung arbeitet. Und es gibt einige Forschungsprojekte, die schon seit Jahren immer wieder erzählen, im nächsten Jahr würde ein Produkt veröffentlicht. Oberhof und Tiedemann schauen sich an, was ihnen gezeigt wird. Es ist nicht schwer für sie, den Grundfehler dieser Projekte zu erkennen. „Die wollten ein perfektes Produkt entwickeln, sich zurücklehnen und Geld verdienen. Aber solch ein Produkt wird nie perfekt. Deshalb wurde er es auch nie veröffentlicht", beschreibt Oberhof drei Jahre später seine Eindrücke.

Er selbst ist pragmatischer. Das Internet kennt keine perfekten Produkte, sagt er. Alles entwickelt sich ständig weiter. Beta-Phasen und Updates sind normal geworden. Also wird er daran arbeiten, so schnell wie möglich ein Produkt herauszubringen und dann nach dem Feedback der Nutzer weiterzuentwickeln. Doch wer soll diese komplexe Software programmieren? Oberhof verhandelt in Indien. Tiedemann fliegt in die Ukraine. Es sind jene Länder, in denen gute Programmierer für wenig Geld zu bekommen sind. Doch sie entscheiden sich für eine Firma in der Schweiz. Die Schweizer Programmierer beeindrucken mit ihren Ideen. Sie haben nicht nur das Abarbeiten von Aufgabenlisten im Kopf, sondern denken voraus. Zudem haben sie einige Bestandteile schon fertig. Diese Zeitersparnis kann Oberhof gut gebrauchen. Dennoch werden zehn Programmierer für die nächsten achtzehn Monate daran sitzen, bis die Software fertig programmiert ist.

Vom Rulebreaker zum Zeitungsausträger und wieder zurück

Für Oberhof und Tiedemann gibt es die Gelegenheit, sich um den Druck ihrer Zeitung zu kümmern. Die bisher üblichen Offset-Druckmaschinen lassen sich nicht benutzen. Sie produzieren große Mengen der immer gleichen Seiten. Doch für die individuelle Zeitung muss jede Seite einzeln gedruckt werden. Schließlich wird ja jede Zeitung anders zusammengestellt. Also nimmt er das Telefon und ruft alle großen Druckmaschinenhersteller an. „Können Sie das?“, fragt Oberhof. „Ja, ja, kein Problem“, ist die Antwort. Also fährt er los. Doch die Testdrucke, die er zu sehen bekommt, sind von katastrophaler Qualität. Es ist sofort klar: In solch einem Blatt wird kein einziger Werbekunde seine Anzeige sehen wollen. Zudem kostet allein der Druck auf diese Weise zwei Euro pro Zeitung. Das werden die Kunden nicht bezahlen.

Als er auch vom letzten Druckmaschinenhersteller keine bessere Nachricht bekommt, macht sich langsam Verzweiflung breit. Oberhof hat verstanden. Seine Ansprüche an den individualisierten Zeitungsdruck sind technisch noch nicht umsetzbar. Sollte die Idee tatsächlich an der Druckmaschine scheitern? Es gibt noch eine Hoffnung. Immer wieder hatte Oberhof in den letzten Wochen gehört, er solle doch bis zur nächsten Druckmaschinenmesse warten. Für die Drupa im Sommer 2008 sind neue Maschinen angekündigt. Er glaubt daran. Er hat ja auch keine andere Wahl.

Und tatsächlich. Auf der Drupa sieht Oberhof erstmals eine individuelle Zeitung in ordentlicher Qualität aus einer Maschine kommen. Es ist die erste Maschine weltweit, die individuelle Zeitungen druckt. Jetzt muss er nur noch eine Druckerei finden, die den Kaufpreis von vier Millionen Euro investiert und die Maschine nach Berlin stellt. Der erste Anlauf scheitert. Es war ein Geschäftsmann aus Dubai gewesen, der mit großen Sprüchen angekündigt hatte, in eine solche Druckmaschine zu investieren. Doch er ward nie wieder gesehen. Ob dies mit den plötzlichen Finanzproblemen des Emirats zu tun hat oder ihn doch Zweifel ergriffen hatten, dass das Geschäftsmodell auch wirklich funktioniert? Oberhof will nicht spekulieren. Einige Monate später wird er in dem niederländischen Konzern Oce einen Partner finden, der visionär genug ist, das Projekt mit hoher Priorität zu verfolgen. Auch hier sind es einzelne Entscheider, wie der Oce Vice President Sebastian Landesberger, die mit persönlichem Einsatz das Projekt vorantreiben. Gemeinsam finden sie einen Partner, der das tägliche Druckgeschäft realisiert.

Oberhof widmet sich seinem vermeintlich größten Problem, der individuellen Zustellung seiner künftigen individuellen Zeitung in den Briefkasten der Abonnenten. Dies ist jener Bereich, der ihm wirklich Kopfzerbrechen macht. Er denkt dabei an jene Zeitungsausträger, die er nachts traf, wenn er als Student betrunken nach Hause kam und sie gerade die Tageszeitungen in den Hauseingängen abwarfen. Ob er mit denen die personalisierte Zustellung hinbekommt? Oberhof ist skeptisch. Was tun? Er unternimmt wieder etwas, das wohl kein anderer Verlagsmanager jemals selbst getan hat. Er bewirbt sich als Zeitungszusteller. Oberhof selbst läuft ein paar Wochen lang durch die Berliner Nächte und verteilt Tageszeitungen. „Ich wollte ein Gefühl dafür bekommen, wie das funktioniert. Und ich habe gesehen: Die machen auch heute schon personalisierte Rechnungszustellungen."

Tiedemann und er gehen zum Geschäftsführer der Zustellungsfirma und fragen, ob diese denn auch eine Zeitung personalisiert zustellen könnte. Das müsse doch irgendwie lösbar sein! Ganz so einfach, wie Oberhof meint, ist es nicht. Er muss lernen, dass die Zustellung der Zeitung noch vor dem Frühstück für jede Zeitung ein schwieriges Thema ist. Doch: „Geht nicht!" ... gibt's nicht! Oberhof wird klar: Prinzipiell ist das machbar. Er setzt gedanklich einen Haken dahinter.

Wanja Oberhof geht zum vierten und schwierigsten Element der Zeitung der Zukunft über. Woher kommen die Artikel, die Fotos und News, also all der Content? Sein erster Gedanke liegt auf der Hand. Aus dem Internet! Hier gibt es doch jeden erdenklichen Medieninhalt. Doch das würde bedeuten, dass man regelmäßig die Artikel von den Webseiten der Zeitungen klaut. Darf man das? Wie ist das mit dem Presseclipping-Recht? Hendrik Tiedemann hatte schon während der Ausarbeitung im Studium die internationale Rechtsanwaltskanzlei mit einem Gutachten beauftragt. Das Ergebnis: Sie müssen mit jedem einzelnen Content-Lieferanten eine gesonderte Vereinbarung abschließen. Das heißt: Alle wichtigen Zeitungsverlage des Landes müssen mit ins Boot. Eine wilde Odyssee beginnt.

Copy, Dummy, Schily

Wanja Oberhof kennt den Berliner Flughafen Tegel inzwischen in- und auswendig. Er ist zwar offiziell noch Student. Eigentlich lebt er aber ein Leben, wie es alle jene vielreisenden Manager tun, mit denen er sich hier am Gate inzwischen schon ein halbvertrautes „Guten Morgen" zuflüstert. Doch heute ist für Wanja Oberhof ein besonderer Tag. Er fliegt nach Düsseldorf. Heute nimmt er das Gate für den Lufthansa-Flug nach Düsseldorf. Er ist zeitig gekommen, diesen Flieger wollte er auf keinen Fall verpassen.

Er ist zeitiger als sonst durch die „Fummelkontrolle" hindurch. Im Warteraum sind noch einige Plätze frei. Oberhof schaut sich um. „Ist das dort drüben nicht ...?" Tatsächlich! Und daneben ist sogar noch ein Platz frei. Auf diese Weise kommt Otto Schily in die Geschichte. Der ehemalige Innenminister der rot-grünen Regierung unter Gerhard Schröder will auch nach Düsseldorf. Oberhof nimmt sich ein Herz und geht hin: „Guten Tag, Herr Schily. Geben Sie mir fünf Minuten! Ich will Ihnen mein neues Produkt vorstellen." Schily ist verdattert, aber offenbar nicht ablehnend. Also nickt er. Oberhof holt seine Musterzeitungen hervor. Es sind Dummy-Exemplare, wie er sich seine individuelle Zeitung später einmal vorstellt. Natürlich sind diese noch nicht durch seine Software zusammengestellt und nicht durch die supermoderne Druckmaschine gedruckt. Denn die Software wird gerade noch in der Schweiz programmiert und die Druckmaschine ist noch nicht einmal aufgestellt. Also hatte Oberhof im Copyshop experimentiert und eine individuelle Zeitung zusammenkopiert. „Herr Schily, gucken Sie mal. Das ist unsere Idee!", erklärt er.

Es ist die Zeit, da sich Otto Schily aus der Politik zurückzieht und wieder als Rechtsanwalt arbeitet. Dennoch gibt er sich staatsmännisch. Er finde es toll, dass junge Menschen solche Produkte erfinden, sagt er. Seine Tochter würde sicherlich Leserin werden. Da sei er ganz sicher. Denn das junge Bildungsbürgertum habe keine Zeitungsbindung.

„Wir freuen uns über Ihre Tochter. Das ist schön. Aber was ist denn mit Ihnen?"

„Ach, wissen Sie. Ich schätze meine drei Zeitungen, die ich jeden Morgen bekomme, genau für ihre Zusammenstellung. Ich schätze sie für die Orientierung, die ich durch diese Zeitungen bekomme. Das ist meins. Aber vielleicht bin ich da auch zu alt und zu konservativ. Ich glaube, für mich wäre so was Neues jetzt nichts."

Es ist nicht unbedingt die Idealantwort, die Wanja Oberhof hören wollte. Doch was er noch nicht weiß: Es ist jene berühmte 1000-Dollar-Antwort, mit denen er seine Gesprächspartner in den kommenden Wochen überzeugen wird. Denn was Schily gerade gesagt hat, ist: „Habt keine Angst, dass Euch die Traditionsleser durch niiu weglaufen. Aber die jungen Nichtleser, bei denen habt Ihr eine neue Chance." Mit dieser Geschichte wird Oberhof die wichtigsten Zeitungsmanager des Landes ins Boot holen müssen. Es wird nicht einfach!

Das erste Ja

Wanja Oberhof schaut sich um. Er sitzt an einer Längsseite in einem dieser typischen U-förmig eingerichteten Konferenzräume. Groß und kahl ist der Raum, so wie er in jedem Unternehmen dieses Landes vorkommen könnte. Nichts deutet darauf hin, dass Oberhof sich an einem Ort befindet, wo die wichtigsten Entscheidungen der deutschen Wirtschaft zusammenlaufen, kommentiert und manchmal wohl sogar ein wenig beeinflusst werden. Als er vor ein paar Minuten von der Straße in den wuchtigen 1960er-Jahre-Bau in der Düsseldorfer Kasernenstraße hineingelaufen war, hatte er noch ein Gefühl von Hochachtung gehabt. Er, der Student für Unternehmensgründung, zu Besuch bei jenen Menschen, deren Zeitung er jeden Tag liest. Die wissen, was sie tun. Weiß er es auch? Wie würden sie mit ihm umgehen?

Oberhof hatte in den Tagen vorher zweimal mit einer Mitarbeiterin aus der Contentsyndikation-Abteilung telefoniert. Er hatte gefragt, wie und unter welchen Umständen man die Inhalte des Handelsblatts für seine individualisierte Zeitung nutzen könnte. Sie hatte ihn eingeladen, nach Düsseldorf zu kommen und seine Idee vorzustellen. Auch der Geschäftsführer würde sich das gern mal anhören ...

Doch diese Situation überrascht Oberhof dann doch. Nicht Geschäftsführer und Contentsyndication-Frau sitzen ihm gegenüber, sondern zusätzlich der Chefjustiziar, der Chef der Contentsyndikation-Abteilung, dessen Stellvertreterin, der Leiter des Archivs und der Cheftechniker. Sieben auf der einen Seite des U, auf der anderen Wanja Oberhof. Manchmal kommt man sich ziemlich klein vor.

Oberhof beginnt seine Geschichte zu erzählen. Wie er und Tiedemann sich getroffen haben, wie sie die Idee hatten und was bisher herausgekommen ist und wie die neue individuelle Zeitung Deutschlands, die niiu, später aussehen wird. Er holt wieder seine zusammenkopierten Dummy-Exemplare heraus und reicht sie herum. Irgendwann unterbricht der Geschäftsführer und sagt: „Sie haben sich ja ganz schön was vorgenommen." Das klingt jedenfalls nicht völlig ablehnend.

Oberhofs Gedanken schweifen zurück. Was waren das für deprimierende Wochen gewesen. Zuerst hatte er jene Leute angerufen, die er schon kannte. Bernd Runge war das beispielsweise, der Europachef des Condé Nast Verlages. Hier erscheinen Zeitschriften wie Glamour, Vogue und Vanity Fair. In der Branche gilt er als einer der kreativsten Zeitschriftenmanager. Oberhof hatte ihn damals als Eventorganisator kennengelernt. Nun hatte er angerufen, war nach München geflogen und hatte Runge und seinem General Manager die Idee erklärt. Die Reaktion: „Jungs, spannende Idee! Aber Ihr kriegt die Verlage nie zusammen." Wenn das schon einer der Kreativsten in der Branche sagt!

Danach hatte Oberhof beim Axel Springer Verlag angerufen. Auch der gilt in der Branche als innovativ. Hier wird viel Geld in Zukunftsprojekte und Tests investiert. Doch es ist nicht einfach für zwei Studenten, mit einer Idee Gehör zu finden. Nach zehn vergeblichen Telefonaten heißt es dann doch noch: „Schicken Sie uns mal her! Wir prüfen das." Einige Tage später klingelt Oberhofs Telefon. Er ist zuhause und nimmt den Anruf am Küchentisch entgegen. „Aus Lesersicht glauben wir, dass es funktionieren könnte", sagt die Stimme in der Leitung. „Das ist wirklich spannend, was Sie da vorhaben. Aber wir glauben nicht, dass das Geschäftsmodell umsetzbar ist. Das kann man nicht machen. Das ist unmöglich." Als das Gespräch beendet war, hatte Oberhof zum ersten Mal Mutlosigkeit in sich gespürt. Wenn der Springer Verlag, den er für einen wirklich innovativen Verlag hält, diese Idee wirklich prüft und dann absagt ... wie soll das je etwas werden?

Tiedemann und er hatten damals die Konsequenz gezogen: Jetzt erst recht! Sie wollten die Kritik der Springer-Manager als Hilfe bei der Entwicklung ihres Geschäftsmodells verstehen. Denn die Springer-Leute hatten Punkt für Punkt sehr eindeutig aufgezählt, welche Details in den Planungen sie für unmöglich halten und welche sie nicht verstehen. Oberhof und Tiedemann schlussfolgern: Wenn sie für all diese Punkte eine überzeugende Antwort anbieten könnten, dann stünde einer Zusammenarbeit mit Springer nichts mehr im Wege. „Jetzt brauchen wir ein Modell, das für die Verlage super attraktiv ist, wovon die richtig was haben!", hatte Oberhof sich und seinem Kompagnon zur Aufgabe gestellt. Sie zogen sich acht Wochen lang zurück und erfanden die Zeitung der Zukunft nochmals. Diesmal nicht aus dem Blickwinkel der Leser oder

der Werbetreibenden, sondern aus dem Blickwinkel der klassischen Verlage.

Für die Planung von niiu hat das auch zur Folge, dass nun nicht mehr alle Inhalte komplett individualisiert werden sollen. Vielmehr soll die Individualisierung seitenweise geschehen, damit sich auch die Partnerzeitungen in niiu wiederfinden. Jeder Leser sucht sich also aus, welche Seiten aus welcher Zeitung in seiner individuellen niiu zusammenkommen sollen, Seite 2 aus der BILD, Seite 3 aus der New York Times, Seite 4 aus der Financial Times, Seite 5 aus der TAZ, ganz wie der Leser es möchte. Nur die erste und die letzte Seite sind keine vorgefertigten Zeitungsseiten, sondern aus dem per Internet verfügbaren Texten zusammengestellt. Diese Änderung hat für die Verlage große Vorteile. Sie müssen nicht mehr einzelne Texte oder Fotos an die niiu-Software übergeben, sondern nur die kompletten Seiten am Abend. Die Abrechnung der lizenzierten Inhalte erfolgt nicht pro Artikel, sondern pro Seite. Dies reduziert die Anforderungen an das Abrechnungssystem dramatisch. Und da ganze Seiten aus den Partnerzeitschriften gedruckt werden sollen, hat der Leser auch das Logo und den Stil der jeweiligen Zeitung vor Augen. Die den Redaktionen so wichtige Zuordnung ihrer Texte zu ihrer Marke kann damit gesichert werden.

Am Ende hatten sie es geschafft, die Vorteile für diese Verlage in eine klare Argumentationskette zu bringen. Dies war jener Punkt gewesen, an dem Oberhof zum ersten Mal das Gefühl hatte, dass jetzt seine Planungen all den anderen Konkurrenzideen tatsächlich ein wichtiges Stück voraus waren.

Mit dieser neuen Argumentation hatte er tatsächlich einen Gesprächstermin bei Springer bekommen. Morgen würde er den verantwortlichen Manager in Hamburg treffen. Und dass er heute hier in Düsseldorf dem Geschäftsführer des Handelsblattes gegenübersitzt, ist natürlich auch das Ergebnis dieses neuen Konzeptes.

Für Joachim Liebler ist die Idee nicht ganz neu, die ihm dieser junge Student präsentiert. Auch in Branchenkreisen sind diese Visionen von der individuellen Zeitung schon diskutiert worden. Doch die Diskussion drehte sich immer wieder im Kreis. Sie wurde immer wieder abgewürgt durch jene Fragen, die auch der Chef seiner Contentsyndication-Abteilung gerade hier am Tisch gefragt hatte: „Was ist denn mit der Kannibalisierung? Wenn wir bei solch einem Projekt mitmachen würden: Nehmen wir uns nicht unsere Auflage weg?" Doch dieser junge Student war der Erste, der die richtige Antwort darauf parat hatte.

Der hatte von sich gesprochen. Man hatte gespürt, dass es authentisch ist. Er hatte gesagt, dass er selbst das Handelsblatt nicht kaufe. Er lese es aber fast täglich im Internet, weil er den „Unternehmen und Märkte"-Teil spannend findet. Viel lieber aber würde er genau diesen Teil jeden Morgen ausgedruckt in seinem Briefkasten haben. Und dann hatte dieser Student noch eine Geschichte von Otto Schily erzählt, der sich ganz sicher ist, dass seine Tochter dies auch nutzen würde. Eine neue Zielgruppe ließe sich so generieren, behauptet er. Leute wie Schilys Tochter und er selbst, die bislang keinen Cent für den Kauf des Handelsblattes ausgegeben haben, würden plötzlich Teile daraus lesen und dafür anteilig bezahlen. Die traditionellen Handelsblatt-Leser dagegen würden es halten wie Otto Schily, hatte Oberhof argumentiert. Wer Handelsblatt-Leser ist, der schätzt die Zeitung so, wie sie ist. Der wird nicht abspringen.

Liebler ist beeindruckt. Er sagt: „Warum eigentlich nicht? Da machen wir doch mit."

Als Wanja Oberhof das Redaktionsgebäude verlässt, geht er direkt zum Rhein. Vier Stunden sitzt er hier am

Ufer, trinkt Bier und grinst in sich hinein. Dieser Vormittag war so motivierend! Zum ersten Mal hat jemand „Ja“ gesagt. Zum ersten Mal hat ein Chefredakteur ihm vertraut. Ab heute ist endlich jene Zeit vorbei, in der er sich selbst einreden musste, dass das Projekt Erfolg haben wird. Bisher war alles nur sein Wille. Ab heute glaubt auch eine der großen überregionalen Zeitungen in Deutschland an seinen Erfolg! Er ist überglücklich!

Was Oberhof an diesem Nachmittag noch nicht wissen kann: Es werden noch geschlagene achtzehn Monate vergehen, bis das Handelsblatt wirklich einen Vertrag unterschreibt. Nach drei Monaten wird zunächst eine Absage kommen, weil der Vertragsentwurf nicht ausreicht. Als der nachgebessert ist, wird die Contentsyndikation-Abteilung es für unmöglich halten, die eigenen Texte zu verwenden, weil dort Teile aus den Meldungen der Nachrichtenagenturen verwendet werden, die nicht sublizenziert werden dürfen. Als dann mit allen Nachrichtenagenturen gesonderte Verträge vorliegen, die das Problem beheben, kommt später wieder die Rechtsabteilung. Und das Handelsblatt wird keine Ausnahme sein. So geht das mit allen Verlagen.

Zum Glück weiß Wanja Oberhof das alles an diesem Nachmittag noch nicht. Er genießt das glückliche Gefühl, seinem Ziel näher zu sein als jemals zuvor. Wenn er morgen in Hamburg auch noch den Springer Verlag überzeugen könnte … die Welt wäre wunderbar.

Schlag auf Schlag

Es ist der am besten vorbereitete Gesprächstermin seines bisherigen Lebens. Viele Wochen Arbeit haben Oberhof und Tiedemann investiert, um für alle Punkte eine Antwort geben zu können, welche die Manager des Axel Springer Verlages letztens am niiu-Konzept für unmöglich erklärt hatten. Ob ihre Springer-Odyssee ähnlich gut zu Ende gehen würde wie die gestern beim Handelsblatt?

Es war wirklich eine Odyssee gewesen. Von einem zum anderen war er in den vergangenen Monaten weitergereicht worden. Zuerst hatte er Béla Anda angerufen. Den ehemaligen Regierungssprecher von Gerhard Schröder hatte Oberhof bei einem seiner früheren Events kennengelernt. Am Telefon fragte er ihn, ob er als ehemaliger BILD-Mann einen Kontakt zum Springer Verlag vermitteln könne. Auf diese Weise kam Oberhof an Dr. Jens Müffelmann, den Leiter des Geschäftsbereiches Elektronische Medien. Doch Müffelmann ist eher der Mann für Beteiligungen des Springer-Verlages, also nicht der Richtige für niiu. Er leitet Oberhof weiter an Peter Württemberger, den Geschäftsführer von Welt, Hamburger Abendblatt und Berliner Morgenpost. Württemberger hält die Idee für spannend und gibt sie weiter an seinen Mitarbeiter Phillipp Zwez. Von dort kommt die besagte Absage. Als Oberhof Zwez drei Jahre später wieder trifft, erzählt der ihm, dass er nach wie vor Merkzettel über niiu auf seinem Desktop hat. Inzwischen sei er schon fast fünfzig Mal von Managern seines Hauses darauf angesprochen worden, dass er damals diese Idee für gut befunden habe. Es sind all jene, die in den kommenden Monaten von Oberhof und Tiedemann angerufen werden, um den Axel Springer Verlag doch noch zu überzeugen.

Heute soll es so weit sein. „Wir haben die Lösung!“, sagt Oberhof, als er in Hamburg Gregor Waller gegensitzt. Waller ist seit einem Jahr kaufmännischer Leiter und Mitglied der Verlagsgeschäftsführung der Regionalzeitungsgruppe Hamburg.

Mit ihm hatten sie bisher noch nicht zu tun gehabt. Oberhof präsentiert seine Lösung in allen Details: Für diese Frage jenen Workflow, für diese Unsicherheit jenen Vertrag und für die Zusammenstellung der Inhalte hatte er mit dem Springer-Logistikchef gesprochen, der diesen und jenen Weg vorschlägt. Am Ende scheinen die Manager beeindruckt zu sein. „Ich würde das gern machen. Aber ich muss sehen, was ich tun kann", sagt Wallner.

Es dauert eine gefühlte Ewigkeit, bis Oberhof wieder etwas vom Springer Verlag hört. Inzwischen sind sieben Monate seit der ersten Absage vergangen.

Wanja Oberhof ist einkaufen. Er schlendert durch den Saturn-Markt am Kurfürstendamm in Berlin, als sein Handy klingelt. Seine Assistentin klingt aufgeregt: „Du, der Gregor Waller will dich unbedingt erreichen."

„Klang er so, als ob er eine gute Nachricht hätte oder eine schlechte?"

„Das weiß ich nicht. Seine Assistentin war am Telefon."

Oberhof wählt die Nummer des Axel Springer Verlags ins Hamburg.

„Hallo, Herr Oberhof. Ich stelle Sie mal direkt durch zu Herrn Waller", sagt die Assistentin. Als Gregor Wallner sich am anderen Ende der Leitung meldet, weiß Oberhof, dass dies sein Glückstag sein wird. Er hört es an seiner Stimme. „Wir sind auf jeden Fall dabei", sagt der Springer-Manager. Er wisse noch nicht, ob auch mit der „Welt". Aber auf jeden Fall mit dem „Hamburger Abendblatt" und der „Morgenpost". „Wir finden das toll. Schicken Sie die Verträge! Es steht jetzt fest!"

Oberhof und Tiedemann laden an diesem Abend ihr gesamtes Team ein. Sie feiern die ganze Nacht. Das ist der Durchbruch. Von diesem Tag an ist niiu nicht mehr nur ein Studentenprojekt von Oberhof und Tiedemann. Sie haben den Qualitätsstempel von Handelsblatt und Springer. Damit argumentiert es sich auch gegenüber den anderen Tageszeitungsverlagen einfacher.

Die Regeln der Branche

Die folgenden Monate sind für Oberhof und Tiedemann durch Gespräche geprägt. Immer wieder präsentieren sie ihre Planung bei den großen Tageszeitungsverlagen und bieten den Zeitungen an, mit dabei zu sein. Langsam legt sich sogar die Ehrfurcht der beiden Studenten vor den Chefrunden der Verlage. Sie werden routiniert und selbstbewusst.

Das ist auch nötig, denn inzwischen hat es sich in der Branche herumgesprochen, dass da zwei Studenten unterwegs sind, die die Regeln des Zeitungsmarktes brechen wollen. Ihr Regelbruch reicht über vier Branchen: Druck, Zustellung, Inhalte und Software. In keinem dieser Bereiche gibt es schon entsprechende Erfahrungen. Es ist viermal Neuland. Immer wieder hört Wanja Oberhof den Satz, den er nicht mehr hören kann: „Das geht nicht." Schon lange ist ihm klar geworden, dass er Regeln brechen wird müssen, weil jenes Marktsegment, das er erobern will, mit den bestehenden Regeln einfach nicht zu erreichen ist.

Oberhof versteht in diesen Wochen auch, wie unterschiedlich die Verlage in Deutschland ticken. Es gibt Verlage, die machen bei niiu mit, weil sie an den statistischen Daten interessiert sind: Wer liest denn tatsächlich was? Für andere Verlage geht es einfach nur um Cash: Was können wir am Ende des Jahres verdienen? Die Manager der BILD-Zeitung dagegen lächeln müde, als Oberhof ihnen vorrechnet, dass sie 120.000 Euro pro Jahr zusätzlich einnehmen können. Ohne Aufwand! „Wir machen mehr als sechs Millionen pro Tag, denkt mal über die Relationen nach!“, heißt es dort. Dennoch will BILD dabei sein, um sich in der jungen Zielgruppe zu präsentieren. Die Verhandlungen ziehen sich über Monate und über zig Gespräche und Termine. Bei der Frankfurter Rundschau dagegen sitzen Oberhof und Tiedemann mit dem Geschäftsführer Sönke Reimers allein am Tisch. Der sagt: „Ich habe eine halbe Stunde Zeit. Erklärt mir, was ihr wollt!“ Am Ende sagt er: „Ich finde das gut. Ich mache mit.“

Oberhof spürt, dass seine Gesprächspartner ihm inzwischen mit anderen Augen begegnen. Immer wieder spürt er diesen erstaunten Blick, der sagt: „Da steckt ja wirklich Substanz dahinter!“ Oberhof redet mit den Medienvorständen oft über sich selbst. Über seine Altersgruppe und warum diese kaum noch Zeitung liest. Er ist authentisch, wenn er behauptet, dass Menschen in seinem Alter niiu lesen würden. „Ich bin die Zielgruppe und Sie nicht“, sagt er durch die Blume. Und in sich selbst spürt er die Genugtuung, alles durchdacht zu haben. „Hast Du gemerkt? Sie kriegen uns mit keiner einzigen Frage!“, sagt er einmal beinah fassungslos zu seinem Freund Tiedemann. Und so manches Mal dankt er insgeheim jenen Managern von Springer, die ihnen zuerst jene Absage geschickt und die beiden damit gezwungen hatten, alle offenen Fragen eindeutig zu klären.

Die Gnade des Branchenfremden

Doch es ist natürlich nicht nur eitel Sonnenschein. Es kommt der Tag, an dem eine große Marketingzeitschrift bei niiu anruft. Weder Oberhof noch Tiedemann sind im Büro. Der unerfahrene Angestellte beantwortet gutgläubig die Fragen der Journalisten. „Ja, der Springer Verlag ist dabei. Madsack auch und die und die und die." Doch bisher gibt es nur mündliche Zusagen, keine Verträge. Als der Journalist dann beim Springer-Verlag anruft und den Chef von Gregor Wallner dran hat, wird es nochmals schwierig. „Ich habe nichts unterschrieben", sagt er.

Beim Handelsblatt dagegen ist es die Rechtsabteilung, die immer wieder ein Haar in der Suppe findet. Es geht um die Verwendung der Texte der Nachrichtenagentur DPA. Diese dürfen nicht sublizenziert werden. Also setzt sich Oberhof mit DPA hin und macht einen Sondervertrag. Als dieser unterschrieben ist, sagt das Handelsblatt: „Wir haben aber nicht nur DPA, sondern wir nutzen alle Nachrichtenagenturen." Als die im Boot sind, gibt es Probleme mit den Fotos ... Troubleshooter würde man im Englischen zu Oberhofs Job in diesem Jahr 2009 sagen.

Bei anderen Verlagen sind es weniger die rechtlichen Fragen als vielmehr die Eitelkeiten der Branche. „Sie können doch nicht unseren Qualitätsjournalismus gleich neben der Seite dieser Boulevardzeitung abdrucken! Das geht doch nicht!", empört sich jemand. Oberhof zuckt die Schultern. „Wieso soll das nicht gehen?!" Später wird er selbst in seiner täglichen niiu-Zeitung die TAZ-Titelseite neben der Seite 2 der BILD-Zeitung haben. Dahinter die New York Times und das Thema des Tages aus der Frankfurter Rundschau. Darauf folgen das Handelsblatt und etwas Regionales. Er genießt es.

Doch es geht auch um Geld. Oberhof hört nicht nur einmal: „Unsere Fernsehseite könnt Ihr umsonst haben.

Aber unsere Meinungsseite?!" Und er lernt: Jede Zeitung hält sich für den absoluten Gipfel journalistischer Qualität. Als eine große überregionale deutsche Qualitätszeitung sagt: „Das kann nicht sein, dass wir für den Abdruck einer unserer Seiten genauso viel bekommen wie eine Boulevardzeitung", muss er eine Entscheidung treffen. Es bleibt bei dem Einheitspreis pro Seite, entscheidet er. Und hofft, dass auch die Verantwortlichen in den Verlagen einsehen, dass sonst sein Geschäftsmodell völlig unplanbar würde. Er hat Glück. Alle bleiben dabei.

Zum Glück komme er nicht selbst aus der Branche und könne viele dieser ungeschriebenen Gesetze gar nicht verstehen. Für ihn sind es Eitelkeiten oder sinnlose Regeln, die gebrochen werden müssen. Diese Rolle als Unabhängiger zwischen all den Verlagsinteressen betrachtet Wanja Oberhof mit fortgeschrittener Zeit immer interessierter. Die erste Frage der Holtzbrinck-Manager lautet: „Sind Springer oder Bertelsmann bei Euch als Gesellschafter mit beteiligt? Wenn ja, dann können wir es vergessen!" Doch Oberhof und Tiedemann sind unabhängig und branchenfremd. So grotesk es klingt: Es ist ihre größte Stärke! Auf die Frage, ob nicht die Verlage irgendwann aussteigen und sein Geschäftsmodell selbst machen können, sagt er: „Nein, es braucht uns als unabhängigen Puffer dazwischen. Andererseits müssen wir immer darauf achten, dass die Verlage richtig Spaß daran haben. Die Verlage sind für uns heilig und wichtig. Ohne sie funktioniert das Modell nicht. niiu ist nur ein neuer Distributionskanal."

Es wird ernst

Die Aufregung ist schon den ganzen Tag mit Händen zu greifen. Das ganze Büro fiebert dem morgigen Tag entgegen. Es ist der 12. Oktober 2009. Morgen werden Oberhof und Tiedemann auf einer Pressekonferenz den Start von niiu für den kommenden Monat verkünden. Zum Glück ist heute Morgen noch die finale Zusage des Handelsblattes gekommen. Anderthalb Jahre hatten die Verhandlungen am Ende gedauert. Doch jetzt geht es los. Die Unterlagen für die Pressekonferenz sind gedruckt, die Mappen für die Journalisten gepackt. Da klingelt das Telefon. Es ist 16.00 Uhr. Ein Manager der BILD-Zeitung ist dran. „Herr Oberhof", sagt er. Sie können morgen noch nicht verkünden, dass wir dabei sind. Wir müssen da noch ein paar Kleinigkeiten klären. Sorry!"

Oberhof ist den ständigen Wechsel zwischen Zu- und Absagen inzwischen gewohnt. Sie schockieren ihn nicht mehr. Er ruft die Druckerei an. Alle Unterlagen für die Pressekonferenz morgen müssen nochmals neu gedruckt werden, ohne Logo der BILD-Zeitung. „Bekommen Sie das heute noch hin?" Die Druckerei sagt zu.

Oberhof wartet auf den Anruf der Druckerei. Er muss wissen, wann die neuen Unterlagen fertig sind, um sie schnell anzuholen und die Pressemappen zu ändern. Kurz nach 18.00 Uhr ist es so weit. Sein Telefon klingelt. Doch es ist nicht die Druckerei. Es ist die BILD-Zeitung. Der Assistent des Geschäftsführers. „Herr Oberhof, das wäre ja blöd, wenn wir eine Woche später dazukommen. Wir wollen ja sowieso mitmachen. Sie können uns nennen. Können Sie uns noch auf die Unterlagen drucken?" Natürlich kann er.

Einen Monat später, am 16. November 2009, wird die erste individuelle Zeitung der Welt, die niiu, erstmals ausgeliefert. Schon in den ersten drei Monaten gelingt es

Oberhof, einen Beweis anzutreten, der in der Zeitungsbranche als unmöglich galt: dass junge Menschen tatsächlich bereit sind, für Printprodukte Geld auszugeben. 45 Prozent der niiu-Abonnenten sind zwischen 19 und 29 Jahren alt und zahlen jeden Monat ihre Abo-Gebühren. Die klassische Zeitungsbranche wundert sich. Und beginnt sich zu bewegen.

Vier Wochen, nachdem niiu gestartet war, bekommt Oberhof den Anruf eines regionalen Zeitungsverlages aus Süddeutschland. Der Geschäftsführer fragt ihn, ob seine Zeitung interessant genug sei, bei niiu aufgenommen zu werden, und was das denn für den Verlag kosten würde. In diesem Augenblick manifestiert sich für Wanja Oberhof die gesamte Arbeit der vergangenen drei Jahre: vom Bittsteller zum Hoffnungsträger.

Wanja Oberhof selbst fällt nach dem 16. November 2009 erst einmal in ein kleines Motivationsloch. Sein gesamtes Denken, sein komplettes Leben war in den vergangenen drei Jahren darauf fokussiert, den Start von niiu zu ermöglichen. Jetzt, da die Abonnenten jeden Tag ihre Zeitung in den Briefkasten bekommen, fehlt ihm das Ziel.

Wo ist vorn?

In 140 Ländern wird in diesen Tagen über niiu berichtet. Die Einladungen zu internationalen Konferenzen häufen sich auf Oberhofs Schreibtisch. Er war in Indien, Singapur, New York und London zu Verhandlungen, wie man das niiu-Modell auch dort einführen könnte. Der Plan liege natürlich auf der Hand, sagt er. Jetzt sei die Zeit für einen strategischen Investor. Gemeinsam wolle man das

Modell international ausrollen und schnell sehr groß machen.

In seinem Büro in Berlin war er zuletzt nicht so oft. Es ist ein unscheinbares kleines, gelbes Bürogebäude in Berlin. Drin sieht es aus, wie es bei Studenten eben aussieht. Hier wird gearbeitet, nicht repräsentiert. An einer Wand hängen die Titelblätter der verschiedenen Entwicklungsstufen der individualisierten Zeitung aus den letzten drei Jahren. An der anderen Wand hängen die Urskizzen, jene Zeichnungen und Organigramme, mit denen alles begann.

Wanja Oberhof geht durch den kleinen Flur und sagt: „Wir dürfen uns jetzt nicht verzetteln. Das ist eine Gefahr für so ein kleines junges Unternehmen." Auf dem Teambild in der Pressemappe zur Eröffnungspressekonferenz sind neben Oberhof und Tiedemann noch drei weitere Angestellte und acht freie Mitarbeiter genannt.

Oberhof sagt, dass er selbst aufpassen müsse. „Ich bin nicht der super Verlagsmanager und würde mir auch nicht zutrauen, innerhalb des nächsten Jahres eine Firma mit zehn Standorten weltweit zu leiten. Da gibt es sicher Bessere!" Er denkt an Google, wenn er über seine Zukunft nachdenkt. Er nennt es ein „Überbeispiel" wie die beiden Google-Gründer, Sergey Brin und Larry Page, sich Eric Schmidt ins Unternehmen geholt haben. Während er das operative Geschäft managt, entwickeln die beiden neue, verrückte Dinge. „Wir nehmen uns auch gerade so einen verlagserfahrenen Mann mit rein, der einfach ein sehr guter operativer Manager und Prozesslenker ist", sagt Oberhof.

Er selbst hält es eher mit Brin und Page. „Das, was ich kann und woran ich Spaß habe, ist, neue Wege zu gehen, neue Ideen zu entwickeln und das Ganze weiterzuentwickeln. Dies ist kein Abschied von niiu. Die Startversion der individuellen Zeitung, die wir derzeit sehen, ist die Version 0.9. Mit ein bisschen Optimierung wird sie demnächst zur 1.0", sagt er. Aber da sei noch eine Menge Luft nach oben. Tiedemann und er hätten Ideen bis Modell 2.7.

Fall 8: Wie der deutsche Apothekermarkt aufgebrochen wurde

Als sein Handy klingelt, ist kurzzeitig Hektik angesagt. In der rechten Hand trägt er seine Aktentasche, in der linken Hand den prall mit verschiedensten Prospekten vollgestopften Messebeutel. Wie soll man da telefonieren? Er stellt seine Taschen ab, um das Telefon aus der Aktentasche zu fingern. „Blume", ruft er hinein. Der Mann am anderen Ende der Leitung stellt sich vor. Er sei gerade auf der Apothekermesse in München. Ob man sich vielleicht einmal auf einen Kaffee treffen könne, fragt er.

Oliver Blume grinst in sich hinein. Erst seit ein paar Monaten in der Branche und schon will die halbe Branche mit ihm reden. Ein gutes Gefühl!

„Natürlich", sagt er. „Ich bin gerade hier in der Halle A6, beim Apothekertag. Wo ist denn Ihr Stand? Ich komme zu Ihnen!"

„Nein, wissen Sie, ich habe mir gedacht, dass wir uns lieber etwas abseits treffen. Wenn Sie jetzt Zeit haben, dann warte ich am Übergang von Halle A4 nach A5 auf Sie. Sagen wir, in zehn Minuten?!"

Blumes Lächeln war in den letzten Sekunden eingefroren. Wieder so einer! Schon seit gestern ist er hier auf dem Münchner Messegelände. Er hat viele Gespräche geführt. Aber keiner seiner Gesprächspartner wollte ihn am Stand empfangen. Oliver Blume ist auf dem besten Wege, der „Mystery Man" dieser Messe zu werden: Keiner hat ihn gesehen, aber alle haben mit ihm gesprochen.

Dabei ist er eigentlich nicht zu übersehen. Er ist eine

schwergewichtige Gestalt. Oliver Blume ärgert sich über die Borniertheit dieser Branche. Keiner hat ihn bisher auf seinen Stand gelassen. Bei allen Gesprächen, die er mit den verantwortlichen Leuten der Firmen führt, bestehen diese auf einen Sicherheitsabstand von mindestens zwanzig Metern zu ihrem Stand. Sie behandeln ihn wie einen Aussätzigen. An diesem Samstag im Oktober 2004 schwört er sich: In drei Jahren wird er hier an jedem Stand Champagner trinken.

Was Oliver Blume an diesem Tag nur hoffen kann: Sein Schwur wird tatsächlich eingelöst. Nicht immer wird es Champagner sein, auch andere schöne Getränke sind dabei. Er wird dann als Vizepräsident des Bundesverbandes der Versandapotheken empfangen werden. Und einen eigenen Stand wird er auch auf der Messe haben: „Erste Hilfe gegen Apothekenpreise" wird dort in großen Lettern draufstehen. Das mag der Grund sein, warum er auf der größten Apothekermesse trotz Champagner dennoch nicht geliebt werden wird.

Oliver Blume ist kein Apotheker. Er hat auch nicht Pharmazie studiert. Er hat gar nichts studiert. Blume ist Kaufmann. Nach seiner Ausbildung hat er angefangen, Immobilien zu entwickeln und Bahnhöfe zu Shoppingcentern umzubauen. Später als Onlineshopping und besonders Online-Ersteigern bei eBay groß wurden, gründete Blume seine eigene Firma: „Clever&Easy". Sie war eine der ersten und schnell auch einer der größten eBay-Verkaufsagentinnen. Das sind besonders erfahrene eBay-Händler, die für andere Unternehmen deren Waren über die Auktionsplattform verkaufen und von den Provisionen leben.

Für die Großen ist es ein gutes Geschäft. Und Blume ist ein Großer. Er betreibt eBay-Shops für alle möglichen Branchen. Und weil er so groß ist, bekommt er auch ein offenes Ohr bei den eBay-Verantwortlichen, als er 2004 mit einer neuen Idee kommt: Gerade hätten sich in der deutschen Apothekenbranche die Gesetze geändert, erklärt er den eBay-Managern. Auch hierzulande könne man nun Versandapotheken betreiben. Und die OTC-Preisbindung ist auch aufgehoben. OTC heißt „Over-the-counter" und betrifft alle Medikamente, die nicht verschreibungspflichtig sind. Bisher wurden die Kosten von den Krankenkassen übernommen. Ab sofort ist das nicht mehr so. Das führt dazu, dass es keine Standardpreise mehr gibt. Die Apotheker dürfen ihre Verkaufspreise für OTC-Produkte nun selbst festlegen. Ein bisschen Marktwirtschaft zieht in den Arzneisektor ein. Man sehe ja an „Doc Morris", wie die Versandapotheken im Ausland boomen. Es sei jetzt genau der richtige Zeitpunkt, den ersten eBay-Shop für Arzneimittel zu eröffnen. So erzählt es Blume den eBay-Managern. Die sind skeptisch, aber als das „Okay" von der obersten eBay-Chefin in Amerika persönlich kommt, ist die Sache genehmigt.

Blume sucht sich einen Apotheker. Denn den braucht man schon noch, um eine Apotheke zu betreiben. Er findet einen in seiner Heimatstadt Hannover. Sein eBay-Apothekenshop startet.

Nicht fasziniert ist die Branche. Die Apotheken sind eine der letzten Bastionen in Deutschland, in denen der Zunftgeist noch etwas bedeutet. Seit Generationen gilt: Wer in einer Apothekerfamilie aufwächst, der studiert Pharmazie und wer Pharmazie studiert hat, erhält die Eintrittskarte in die Kaste. Der Professor entlässt einen mit den Worten: „Ab jetzt brauchen Sie sich wirtschaftlich nie wieder Gedanken zu machen. Sie werden Anerkennung und Wohlstand bis zum Tod haben." Selbst wer nur eine kleine Apotheke mit hundert Kunden am Tag abbekam, kann damit Reichtum aufbauen. Nicht nur ein Einfamilienhaus! Mehrere Häuser mit Mieteinnahmen. Auch das ist ein Grund, warum Apotheker in ihrem Umfeld geschätzt sind. Apotheker zu sein, ist etwas Elitäres. Man muss nur zur Kaste gehören.

Doch plötzlich kommen diese Unternehmertypen. Dieser Ralf Däinghaus von Doc Morris und Oliver Blume mit seinem eBay-Shop. „Sie machen die Branche kaputt. Sie verramschen die Apotheker-Ethik. Und die Politik mit ihren Liberalisierungen macht denen auch noch die Tür auf", ist die gängige Meinung in der Apothekerschaft. Auch hier auf der Expopharma 2004. Kein Wunder, dass sich keiner zusammen mit Oliver Blume am eigenen Messestand sehen lassen will. Geschäfte machen kann man aber schon ...

Wenn Unternehmerdenken auf Zunftstrukturen trifft

„Wie bitte?" Oliver Blume kann kaum glauben, was er soeben gehört hat. Seit einer halben Stunde sitzt er schon hier in diesem Büro und beobachtet die zwei anderen. Auf den ersten Blick ist es ein stimmiges Bild: Drei Männer, gut gekleidet, sitzen in einem vornehm eingerichteten Apotheker-Büro und unterhalten sich übers Geschäft. Blume kennt das Büro seines Apotheker-Partners. Den Dritten hat er heute erst kennengelernt. Es ist der Geschäftsführer eines Pharmagroßhandels hier in Niedersachsen.

Zu dritt wollten sie sich zusammensetzen und besprechen, wie die Belieferung und die Workflows für den neuen eBay-Shop für alle Seiten effizienter vonstattengehen könnten. Doch irgendwie hatte das Gespräch eine komische Wendung genommen. Wenn Blume die beiden anderen, den Apotheker und den Pharmagroßhändler, so beobachtet, hat er plötzlich nicht mehr das Gefühl, dass hier zwei Männer auf gleicher Augenhöhe miteinander reden. Im Gegenteil! Wenn er es beschreiben müsste, würde er sagen: „Ein Marktbeherrscher erklärt jemandem die Spielregeln, mit dem er eigentlich alles machen kann. Auf eine sehr, sehr höfliche und nette Art." Und offenbar findet sein Apotheker-Freund das völlig normal! Blume ist konsterniert.

Doch das ist noch nicht die schlimmste Entdeckung dieses Gespräches. Gerade erklärt der Pharmagroßhändler, dass es nicht möglich sei, die Einzelpreise für die Medikamente auszuweisen. Es müsse dort vielmehr eine generelle Staffelung geben. Und der Rabatt liege prinzipiell bei zwölf oder dreizehn Prozent. Allerdings schon mit einem großen Jammer, denn das Geschäft sei schwer. Blume ist entsetzt: „Der tut wirklich so, als würde demnächst der Pharmagroßhandel pleitegehen!"

Für einen Kaufmann wie ihn ist das, was er hier hört, „kaufmännisch kompletter Bullshit". Aber was noch schlimmer ist: Sein Apothekerfreund nimmt diesen Quatsch als Wahrheit hin. Blume versteht, dass hier zwei Menschen miteinander reden, die sich an die bis zu fünfzig Jahre alten Regeln des drittgrößten Pharmamarktes der Welt halten. Beide tun sich nicht weh, sondern spielen ihre Rollen im Vierzig-Milliarden-Jahresumsatz-Markt.

Für Oliver Blume ist dieses Gespräch jener Augenblick, in dem ihm bewusst wird, dass der Markt der stationären Apotheken ein gigantisches Spielfeld für ihn sein könnte. Wenn alle Apotheker diese „Lügen" des Pharmagroßhandels widerspruchslos hinnehmen, dann muss hier mit ein bisschen kaufmännischem Verstand ein großes Geschäft zu machen sein. Er wird dafür die Regeln der Branche brechen müssen. Doch davor scheut sich Blume nicht. Er war schon immer ein Regelbrecher.

Die Regeln des Apothekermarktes

Ab diesem Nachmittag im Büro seines Apothekers nimmt Blume die Regeln des deutschen Apothekengeschäfts genauer unter die Lupe. Es ist ein sehr strategisches Herangehen. Er will verstehen, wie der Markt funktioniert und wie die Akteure ticken. Er will herausfinden, an welchen Stellen er ganz bewusst diese Regeln brechen kann, um ein Geschäft aufzubauen, das den Kunden einen neuen Nutzen bringt und ihm ein gutes Geschäft.

Oliver Blume stellt fest, dass es nicht allein der Einkauf der Medikamente beim Großhandel ist, bei dem sich mit etwas kaufmännischem Geschick viele Euros einsparen lassen. Es ist auch nicht so, dass die Apotheker horrende Gewinne machen würden. Sicherlich verdienen sie gutes Geld. Aber viel interessanter ist für Blume, dass die Apotheker umringt sind von Zaungästen ihres Geschäftes, die auch alle ihren Teil vom Kuchen bekommen wollen. Blume nennt das die „Fettschicht". Später wird er feststellen, dass es diese Fettschicht überall im medizinischen Bereich gibt. Sie ist das Interessante!

Ein Beispiel: Es ist nicht ungewöhnlich, dass für einen guten Apothekenstandort vom Vermittler 60.000 bis 100.000 Euro Provision gefordert werden. Wohlgemerkt: Das ist nur die Prämie für die sogenannten „Standortvermittler". Monatliche Mietpreise von bis zu 50,00 Euro pro Quadratmeter kommen noch dazu. Und es gibt verrückte Apotheker, die einen Standort einfach nur mieten, weil sie Angst haben, dass in ihre Nachbarschaft eine zweite Apotheke kommt. Lieber untervermieten sie an eine Gyrosbude und schlagen den Mietverlust auf ihre Preise.

Blume hat Feuer gefangen. Er spielt mit dem Gedanken, eine eigene Apotheke aufzubauen. Nein, keine Apotheke, sondern eine Apothekenkette. Franchise! Doch als er darüber mit jenen Spezialeinrichtern ins Gespräch kommt, die die Inneneinrichtung von Apotheken bauen und verkaufen, kommt er wieder ins Grübeln. Das Angebot der Apothekenbauer heißt: Wenn er einen Auftrag eines Franchiseunternehmers vermittelt, dann bekommt er eine Provision: sechsstellig! Wie muss dann erst die Marge der Apothekenbauer sein?

Es vergehen achtzehn Monate zwischen der Gründung von Blumes eBay-Apothekenshop und der Eröffnung seiner ersten stationären Apotheke. In dieser Zeit begreift Oliver Blume, dass er in einer Branche gelandet ist, in der man durch einige Regelbrüche ein großes Geschäft machen kann. Seinen Freunden erklärt er, der gesamte Apotheken- und Medizinmarkt sei durch zu viel Geschäftemacherei drumherum schon zum Sterben verurteilt. Ein Apotheker könne ja hinter seinem Tresen überhaupt nicht so viel Geld verdienen, wie er vorher ausgeben muss, um überhaupt an das Geschäft heranzukommen.

Blume schlussfolgert: Die Fettschicht muss weg! Damit wird die Discountlogik im deutschen Apothekenmarkt Einzug halten. Neben strategisch niedrigen Preisen, muss nun nur noch ein neues Nutzenerlebnis für die Kunden her.

Von Tante Emma zum Supermarkt

„Einen geregelten Markt zu verändern, ist ganz einfach. Man muss einfach nur die Regeln brechen“, sagt Blume. „Das ist vielleicht noch gar nicht mal so innovativ.“ Es klingt ein wenig, als wolle er sich entschuldigen.

Er sieht sich den Apothekermarkt mit den Augen eines Einzelhandelsexperten an. Mit jenen Augen, mit denen er früher Shoppingsmalls für Bahnhofsgebäude entworfen hatte. Blumes erste Feststellung: Durch die vielen Regeln der Pharmabranche hat der Apothekenmarkt die Entwicklung des Einzelhandels der vergangenen dreißig Jahre einfach nicht mitgemacht. Ganz normale Kundenbedürfnisse nach modernen Supermärkten, nach großen, offenen Verkaufsflächen und einem unbedrängten Schlendern durch die Regalreihen kommen im Apothekenmarkt einfach nicht vor.

Stattdessen fühlt er sich ins Zeitalter der Tante-Emma-Läden zurückversetzt: eine komplett durcheinander gewürfelte Eigentümerstruktur, Verkaufsflächen von dreißig bis siebzig Quadratmetern. Grässlich, aus der Sicht eines modernen Einzelhandelsspezialisten.

Sein Plan klingt einfach: Im Einzelhandel sind die aktuellen Gewinner gerade jene Fachmarktkonzepte, die das Ambiente und Einkaufserlebnis eines Supermarktes mit der Kompetenz eines Fachhändlers kombinieren. Wenn er dies auf den Apothekenmarkt übertrüge: Wie sähe dann solch ein Apotheken-Fachmarkt aus? Vermutlich wäre es ein greller Supermarkt auf der grünen Wiese, der Medikamente, aber vor allem auch nichtverschreibungspflichtige Mittel anbietet.

Die Kunden fahren mit dem Auto vor. Sie gehen durch ein Drehkreuz hinein, nehmen sich einen Korb und schlendern durch die Regale. Besonders wichtig in seiner Vision: Der Kunde wird nicht mehr von einem Apotheker bevormundet. Verkäufer in weißen Kitteln sind Blume selbst ein Gräuel. Von ihnen fühlt er sich an das ihm persönlich verhasste Verkaufsgehabe in Männerfachgeschäften erinnert: „Es kommt sofort jemand angerannt und den wird man dann nicht mehr los." Das Gegenteil sollen seine Apotheken-Supermärkte sein: „Der Kunde kann sich Zeit lassen, er bekommt nicht sofort etwas aufgeschwatzt, sieht die Preise und kann sie vergleichen. Kurz: Er muss sich nicht als unmündiger Bürger fühlen. Blumes Vision heißt: easyApotheke!

Das Häuptlingssyndrom

„Mich hat wirklich überrascht, dass ich der Erste war, der eine Discount-Apotheke eröffnet hat. Ich fand es verrückt, dass man in einem Markt, der dem Einzelhandel so nahe ist, noch kein Discount-Konzept hat, obwohl schon zwei Jahre vorher die Preisbindung gefallen war", erzählt Oliver Blume vier Jahre später. Man sieht ihm an, dass er sich heute noch über seinen Coup freut. Natürlich habe es jemand sein müssen, der von außen kam. Marktteilnehmer, die vorher drin sind, wollen den Markt ja nicht verändern! Eine Revolution komme ja meistens nicht von innen, sondern von außen, erklärt er.

Über sich selbst habe er sich dabei weniger gewundert. Er ist es gewöhnt, dass in seinem Freundeskreis immer er es ist, der die guten Ideen hat und sie umsetzt. Früher, als Kind, habe man ihn immer als besonders neugierig beschrieben, manchmal auch als dreist. Blume zuckt mit den Schultern. Er kann nichts dafür, soll das heißen. Sein Kopf funktioniere nun mal so, dass er ständig Ideen ausspuckt. „Wenn ich etwas sehe oder mit jemandem spreche, versuche ich die neuen Informationen einfach mit anderen Informationen im Hirn zu verbinden. Dann überlege ich: Wenn das so funktioniert und das so, dann muss als Ergebnis das passieren. Aha, und wenn das so und so ist, dann könnte man ja das und das machen. Dann spielt mein Hirn so etwas wie eine Schachpartie, die immer weitergeht." Doch ein schnelles Hirn macht noch keinen Regelbrecher. Zu dem wird man erst, wenn es nach draußen eine Resonanz gibt. Ansonsten ist man die ganze Zeit eben einfach nur „anders".

Oliver Blume hat eine biologische Erklärung dafür, warum einige Menschen zu Rulebreakern werden und andere nicht. Er hält es für einen Gendefekt. Das Häuptlingssyndrom! Es sind jene Menschen, die nicht auf andere hören. Es sind jene, die die ganze Zeit weiterlaufen. Früher habe so vermutlich die Besiedelung der Welt stattgefunden. „Es gab einen Verrückten, der konnte eben gut reden. Er hat viel geredet und hat die Leute begeistert. Und er ist immer weitergelaufen. Nur deswegen haben die Leute ihre Dörfer verlassen und neue Jagdreviere gesucht." Das Häuptlingssyndrom hat also einen tiefen Sinn. Das habe die Natur gut eingerichtet. Allerdings, sagt er, dürften es natürlich nicht zu viele Menschen haben. Denn wenn alle Häuptlinge wären, dann wären wir wohl längst verhungert.

Wer dieses Häuptlingssyndrom habe, der könne sich auch nicht von anderen Menschen prägen lassen. Vorbilder kennt Oliver Blume nicht. Zwar liest er mit großem Spaß Biografien und schärft sein eigenes Weltbild an der Erfahrung anderer Charaktere. Aber ein Vorbild? „Ich glaube, man schafft es nicht, zum Alphatier zu werden, wenn man zu starke Vorbilder hat."

Ab und an allerdings, müsse sich zum Häuptlingsgendefekt auch eine große Portion Respektlosigkeit und Dummheit gesellen. Wie er in diesen gefährlichen Pharmamarkt hineingegangen sei, trage schon ganz deutliche Greenhornzüge. Es sei ja nicht so gewesen, dass er es sich gewünscht habe, später gegen die gesamte Apothekerlobby zu kämpfen. Der Pharmamarkt und der Energiemarkt seien weltweit die beiden größten Märkte, jene, die durch Lobbyismus und ihr Geld die Welt regieren. Oliver Blume neigt dazu, die Macht zu unterschätzen. Er sei vielmehr mit seinem großen Traum losgelaufen und Schritt für Schritt weiter hineingerutscht. „Hätte ich von vornherein gewusst, was mir da alles zustößt und was passieren wird, dann hätte ich das vielleicht nicht gemacht. Aber wenn man erstmal drin ist, dann fängt man an zu rudern."

Der „Pillenkrieg" beginnt

Es ist Oktober 2006 geworden, als Oliver Blume ernst macht. Er hat eine Firma gegründet, die als Franchisegeberin ein völlig neuartiges Apothekenkonzept anbietet. Als Gesellschafter seiner Firma sind der größte weltweite Diskothekenbetreiber Thomas Stühler und der Unternehmer Jörg Paulmann dabei, dessen Familie mit Glühbirnen ein Vermögen gemacht hatte. Blumes Zielgruppe sind Apotheker, die neben ihrer eigenen klassischen Apotheke noch eine zweite mit anderem Konzept gründen wollen. Denn seit der Gesetzesänderung 2004 darf jeder Apotheker bis zu vier Apotheken betreiben.

Blume selbst ist bei der Eröffnung der ersten easyApotheke im Süden von Hannover gar nicht mit dabei. Er musste mit seiner Familie zu Verwandten an den Tegernsee. Doch auch von dort bekommt er das Geschehen mit. Ständig klingelt sein Handy. Alle möglichen

Presseleute wollen Interviews mit ihm. Die BILD-Zeitung macht gar eine Dreiviertelseite über den „Pillenkrieg“ von Hannover.

Erst an diesem Tag merkt Oliver Blume, wie groß seine Geschichte wirklich werden kann. Bisher arbeitet er nüchtern und rational an einem neuen Geschäftsmodell. Ab heute arbeitet er an einer „Riesenstory“. Seit heute ist ihm klar: Wenn er jetzt ernsthaft damit umgeht, kann das etwas sehr, sehr Großes werden.

Aus Spaßguerilla wird Ernst

Doch dafür muss Blume umdenken. Plötzlich kommt es ihm dilettantisch vor, wie er den Aufbau der ersten Discountapotheken betrieben hatte. Budgets von 5.000 Euro pro Apotheke hatte er bislang kalkuliert. Dafür hätten klassische Apotheken gerade mal einen Besichtigungstermin mit den Spezialeinrichtern bekommen. Blumes Konzept dagegen zielt auf Effekte. Eine kostengünstige Lage in den Gewerbegebieten außerhalb der Innenstadt, großzügige Parkplätze, grüne Farbe an die Decke, einfache Regale im Laden, markige Sprüche auf den Plakaten und eine Menge Guerillamarketing.

Blume und sein Team haben eine Menge Spaß dabei. In diesen ersten zwei Monaten eröffnen sie insgesamt vier neue Discountapotheken. Für die Zweite hat Blume als Franchisenehmer den Ex-Schwiegersohn des mächtigsten Mannes im Apothekenbusiness gewonnen. Der Präsident der Bundesvereinigung Deutscher Apothekerverbände schäumt vor Wut. Wenige Wochen später eröffnet die dritte easyApotheke in direkter Nachbarschaft der Präsidentin der Bundesapothekerkammer. Magdalene Linz hat ihre Delfin-Apotheke in der Lister Meile in Hannovers Innenstadt. Die easyApotheke am Raschplatz liegt nur wenige hundert Meter entfernt. Zur Eröffnung beklebt Blume eine riesige weiße Stretchlimousine mit den grünen easyApotheke-Sprüchen. „Bis zu 50% sparen bei Markenarzneimitteln", steht darauf. Und: „Erste Hilfe gegen Apothekenpreise". Er setzt den Apotheker in die Limo, seine Kinder und sich selbst dazu und lässt das gigantische Gefährt stundenlang vor der Kammerpräsidentin und den anderen Hannoveraner Apotheken auf- und abfahren.

Blume fordert das Schicksal heraus. Er weiß, dass er für diesen Regelbruch bestraft werden wird. Sein Kalkül: Die Bestrafung wird öffentlich geschehen. Dadurch bekommen seine easyApotheken jene kostenlose PR, die sie mit 5.000-Euro-Budgets einfach nicht bezahlen können. „Außerdem macht das einen Riesenspaß!" Blume grinst.

Abgesehen von den persönlich Betroffenen findet die deutsche Apothekerszene den verrückten Paradiesvogel mit seinen komischen Ideen eigentlich ganz witzig. Auf Tagungen und Kongressen wird er freundlich und neugierig begrüßt. Auch die Großen und Mächtigen der Branche gehen auf Tuchfühlung. Jahre später berichtet Blume von vielen, vielen abgelegenen Restaurants und Hotels, in denen er in diesen Wochen Geheimverhandlungen führt. In Hannover selbst gibt es eine Zigarrenlounge, in die er alle möglichen Vorstände und mächtigen Leuten einlädt, um in den Markt hineinzukommen.

Im Rückblick wird Blume sagen: „Es war der Fehler von vielen mächtigen Leuten, dass sie nicht die Konsequenz unseres Tuns gesehen haben. Zu diesem Zeitpunkt hätten sie uns noch rauswerfen können. Aber sie haben uns spielen lassen." Es dauert nicht lange, da wird sein Spiel den Mächtigen der Apothekerbranche dann doch zu gefährlich. Er soll wieder raus aus dem Markt. Ihm wird sogar Geld geboten, damit er aufhört.

Doch Blume hat eine Vision. Aus dem Spaß wird ernst. Seine vierte Apotheke liegt direkt neben einem professionellen dm-Markt. Als Blume zur Eröffnung davor steht und die beiden nebeneinander liegenden Märkte vergleicht, erwacht in ihm der professionelle Blick des erfahrenen Einzelhandel-Consultants. Er weiß: Wenn er irgendwann zu etwas Größerem kommen will, dann geht das nur mit einem richtigen Franchisekonzept.

Oliver Blume stoppt seine Gründungsoffensive für eine kurze Zeit. Er will erst jene Strategie entwickeln, die wirklich mit den großen Fachmarktkonzepten mithalten kann. Jede Franchiseapotheke soll ähnlich aussehen, professionelle Qualitätsstandards für Einrichtung und Personal müssen entwickelt und eingeführt werden. Ein paar Monate später ist es soweit.

Eine verrückte Vision

„Oh Gott, die müssen denken, dass ich jetzt komplett übergeschnappt bin", fährt es Oliver Blume durch den Kopf. Gerade hat er seinen vier Mitgesellschaftern das künftige Hauptquartier von easyApotheke Deutschland präsentiert. „Meine Vision ist: Hier im hinteren Teil werden die Räume für die Versandapotheke sein. Hier sind die Büros für das Headquarter. Und hier vorne bauen wir eine stationäre Apotheke." Mit fragenden Gesichtern schauen sie ihn an.

Sie stehen im Industriegebiet von Hildesheim, Gewerbegebiet Nordstadt. Vor ihnen ein riesiges, altes Autohaus, mit 20.000 m² eines der größten Grundstücke in

Niedersachsen. Hinter ihnen stehen die türkischen Moschee und ein Veranstaltungszentrum. „Hier werden wir die am besten gehende Apotheke Hildesheims machen!“, proklamiert Blume. Es ist wahrscheinlich die schlechteste Apothekenlage, die es überhaupt in Deutschland gibt.

Vier Jahre später wird er sich über sich selbst und über seine Partner wundern. „Wir standen da vor diesem Riesengebäude“, erinnert er sich. „Das Schöne daran ist, im Nachhinein kann ich mich Visionär nennen. Damals war ich einfach nur ein Spinner, der das Glück hatte, dass ihn seine Leute dort nicht weggezerrt haben.“ Blume hat heute noch großen Respekt vor seinen damaligen Partnern. Obwohl der eine oder andere doch gesagt hat: „Never! Wir haben ja gar nichts. Wir fangen gerade erst an und schon sollen wir so ein Riesending machen? Das geht ja gar nicht!“ Doch Oliver Blume will.

Sie mieten das alte Autohaus und beginnen auf eigene Kosten mit dem Umbau. Blume muss dafür große Schulden machen. Er leistet Unterschriften unter Kreditverträge, über die er später den Kopf schütteln wird. Das Geld, das er noch hat, muss er als Eigenleistung einbringen. Aber Blume sieht auch, wie seine Vision wächst und gedeiht.

Doch urplötzlich geschehen Dinge, mit denen er nicht gerechnet hat. Blume arbeitet immer noch im Spaßmodus. Er hat gedacht, das würde so weitergehen, eine gute Idee zu haben, ein bisschen mit den verschiedensten Leuten zu reden und ansonsten für einen lustigen Spinner gehalten zu werden. Doch der Wind dreht sich.

Hildesheim ist wie eine Kleinstadt. Man kennt sich. Als hier bekannt wird, dass der „Pillen-Aldi“ aus Hannover kommt und hier in Hildesheim seine nächste Discountapotheke eröffnen will, sind sich die fünfzig ansässigen Apotheken schnell einig: „Mit uns nicht!“ Sie schließen sich zu einer Marketinggemeinschaft zusammen. „Die alle zu einen, hat noch nicht einmal eine Religion geschafft. Das waren teilweise verfeindete Familien seit Generationen. Aber wir haben sie geeint, im Kampf gegen uns", erzählt er später lakonisch. Doch damals ist ihm nicht nach Lachen zumute. Gemeinsam setzen die Hildesheimer Apotheker ihre Zulieferer, die Pharmagroßhändler, unter Druck. Wer die neue easyApotheke beliefert, der wird von allen anderen Apotheken boykottiert, so ihre Drohung. Untereinander legen sie gemeinsame Preise jener nichtrezeptpflichtigen Arzneimittel fest, mit denen Blumes easyApotheken zu achtzig Prozent ihren Umsatz machen.

Oliver Blume merkt zunächst einmal nicht, welche Dimensionen dieser Boykott haben wird. Vielleicht will er es auch nicht merken. Natürlich hört er die Drohungen, in Gesprächen und in der Presse. Aber es sind für ihn Missverständnisse, über die man reden kann, die man erklären kann und die sich dann schon irgendwann auflösen werden.

Es kommt anders. Zuerst bekommt Blume keine Genehmigung für den Apothekenumbau. Dann verzögert die Apothekerkammer die Abnahme. Dann erhält die Versandapotheke im Nebengebäude keine Zulassung. Zwischendurch sagen die Banken „Nein" zu den Krediten. Und das Schlimmste: Was er auch tut, keiner der Pharmahändler verkauft ihm auch nur eine Packung Ware.

Boykott und Morddrohung

Blume ist einer, dem es nichts ausmacht, auch mal einen Umweg zu seinem Ziel zu gehen. Er habe immer einen Plan B und einen Plan C in der Tasche, sagt er. Für den Fall, dass Plan A nicht funktioniert. In diesen Tagen braucht einer jeden Tag seinen Plan C. Immer wenn an der einen Stelle ein kleiner Sieg errungen wird, gibt es an anderer Stelle zwei Niederlagen. Wenn Blume seine Partner im Büro trifft, ist ihnen nach Heulen zumute. Sie alle wissen, dass sie unglaublich viele Schulden gemacht haben. Doch die Aussicht, diese Hildesheimer easyApotheke zu eröffnen, scheint sich immer weiter zu entfernen. Jetzt werden sie auch noch von den gegnerischen Rechtsanwälten mit Klagen überzogen. Blume findet keinen Apotheker, der unter diesen Umständen die Apotheke führen will. Und dann springen auch noch die Partner ab. Zu sehr haben sie sich verängstigen lassen.

Oliver Blume hat ein breites Kreuz. Er ist kein ängstlicher Typ. Als bei seinem Auto, dem schwarzen Phaeton, die Fensterscheiben eingeschlagen werden, nimmt er es als Teil des Streites. Als in der Presse Lügen über ihn verbreitet werden, nimmt er es als Rufmordkampagne. Auch das gehört dazu, denkt er. Doch dann stellt Blume fest, dass er mit dem Schlimmsten nicht gerechnet hat. Auch er ist verletzlich. Wenn es um seine Familie geht. Blume, seine Frau und die drei Kinder wohnen bei Hildesheim.

Von einem Pharmagroßhändler erfährt Blume während einer seiner vergeblichen Verhandlungen, dass ein Privatdetektiv auf ihn angesetzt ist. Er wird beschattet. Der Detektiv solle beweisen, dass Blume seine Frau betrügt. Doch Blume betrügt sie nicht. Als dies nicht funktioniert, folgen Verleumdungen und der Versuch, in der Familie wirtschaftlichen Schaden anzuzetteln. „Damit uns die Luft ausgeht!“, sagt Blume im Rückblick. „Jeden Tag geschah etwas anderes. Man musste jeden Tag aufpassen und ich wusste dann, dass das ernst gemeint war. Da hat jemand viel Geld in die Hand genommen, um uns zu schaden.“

Warum macht man so etwas? Für Oliver Blume sind das die Pervertierungen eines Zünftesystems. Es sei schon immer so gewesen im Apothekermarkt: Wenn ein Konkurrent in den Markt wollte, haben sich die Etablierten zusammengetan und versucht, ihn wegzukriegen. „Die fühlten sich wohl in ihrer Existenz bedroht", sagt Blume, „oder zumindest hatten sie die Angst, dass das schöne Leben vorbei sein könnte. Dann reagiert man so." Das sei ganz normal, übrigens auch in anderen Märkten. Das haben Juristen genauso gemacht wie Ärzte, Fleischer, Metzger und Bäckermeister. Nur dass die eben schon viel früher verloren hatten.

Was ihn jedoch überrascht, ist, dass keiner der Hildesheimer Apotheker reflektiert, dass die Welt, die sie zu retten versuchen, schon lange nicht mehr zu retten ist. Es ist ja nicht Oliver Blume, der sie kaputt gemacht hat. Die Politik ist es, die vor zwei Jahren jene Gesetzesänderung getroffen hat, die Blume nun nutzt. Aber Blume weiß auch: „Es ist natürlich viel schöner, die eigene Wut auf eine einzelne Person als Feindbild zu projizieren, als die Politik dafür verantwortlich machen. Gegen die kann man ja nichts tun."

Eines Abends klingelt das Telefon. „Wir machen Dich kalt, wenn Du weitermachst", hört Blume eine seltsam fremde Stimme. Er solle an seine Familie denken. Es würde übel für ihn ausgehen, wenn er nicht aus dem Markt verschwinde. Es ist eine eiskalte Morddrohung. Als Blume seine Kinder anschaut, merkt er, dass es hier nicht mehr nur um ihn geht. Seine drei Kleinen haben Angst. Er spürt es genau. Selbst sie werden angefeindet.

Mehr als einmal stellt Oliver Blume sich in diesen Tagen die Frage, ob seine Vision dieser easyApotheke denn wirklich rechtfertigt, dass er seine Familie in so eine Situation bringt. Aber selbst wenn er hätte umkehren wollen, er hätte es nicht gekonnt. Zu viel Geld ist schon in dieses alte Autohaus geflossen, zu viele Schulden hat Blume gemacht.

Aufzugeben kommt nicht infrage. Er muss kämpfen. Er weiß ja, wofür.

Oliver Blume versucht, seine Familie so gut es geht, zu schützen. Hastig ziehen sie um, an eine Adresse, die einigermaßen inkognito ist. Zum Glück habe ihm seine Frau nicht auch noch Vorwürfe gemacht, sagt Blume später. Sie kommt aus einem Unternehmerhaushalt. Deshalb habe sie ein Grundvertrauen, dass er es schaffen wird. „Außerdem sind wir schon 21 Jahre zusammen. Sie ist einiges gewöhnt." Blume grinst.

Seine Frau kennt ihn gut. Er schafft es! Ende des Jahres 2006 und Anfang 2007 durchkämmen Fahnder des Landeskriminalamtes und des Bundeskartellamtes die Büro- und Privathäuser von fünf Hildesheimer Apothekern. Mit der MG im Anschlag seien sie bis in die Schlafzimmer der Apotheker gestürmt, wird es später in den easyApotheke-Mythos eingehen. Und tatsächlich: Die Behörden sprengen das als Marketinggemeinschaft getarnte Kartell. Acht Apotheker werden zu hohen Geldstrafen verurteilt. Hoffentlich liefern die Großhändler jetzt wieder!

Die Eröffnung

Der Termin war schon einmal angekündigt. Vor drei Monaten sollte die Hildesheimer easyApotheke am Bischofskamp eröffnen. Damals war die Eingangstür mit dem Lenkrad als Türgriff verschlossen geblieben. Es war keine einzige Pille geliefert worden. In der Kleinstadt ist der Apothekerkrieg zum Topthema geworden.

Doch vor ein paar Tagen meldete sich bei Oliver Blume jener Händler, den er kurz vorher um Hilfe gebeten hatte. Er sehe eine Möglichkeit, die Waren zu verkaufen, sagt er.

Es ist Blumes Rettung in letzter Sekunde. „Nur dadurch entstehen solche Storys“, sagt er später. „Rulebreaker brauchen dieses Quäntchen Glück.“

Doch noch ist der Laden nicht offen. Es sind noch ein paar Stunden bis zur Eröffnung. Blume und seine Mitarbeiter werden die Nacht durchmachen, um alles so herzurichten wie es sein soll. Einige der Mitarbeiter sind gestern kurzfristig noch abgesprungen. Und jetzt geht auch noch der Automat kaputt! Der Automat ist das technische Herzstück jeder easyApotheke. Er sorgt dafür, dass die richtigen Packungen zur richtigen Zeit am richtigen Platz liegen. Die Servicetechniker kommen nicht. „Dass auch der Automat ausgefallen ist, war sicher die einzige Panne, die nicht von den konkurrierenden Apothekern gesteuert war“, vermutet Oliver Blume im Rückblick.

Doch dass auch noch der Filialleiter, der diese Apotheke übernehmen sollte, im letzten Moment abspringt, ist kein Zufall. Blume braucht eine Lösung binnen 24 Stunden. Da kommt ihm der Zufall zu Hilfe. Sein Telefon klingelt. Am anderen Ende ist Wolfgang Müller-Erkens. Er ist als Gründer des Marketing Vereins Deutscher Apotheker MVDA ein bekannter Kopf in der Branche. Blume hatte ihn vor Monaten gefragt, ob er nicht auch als Franchisenehmer eine easyApotheke aufbauen wolle. Nun ist Müller-Erkens am Telefon, um zu sagen, dass er sich das irgendwann in Zukunft einmal vorstellen könne. Doch Oliver Blume hat eine bessere Idee. „Wie wäre es, wenn Sie ab morgen die easyApotheke in Hildesheim übernehmen?“, fragt er. Müller-Erkens ist einverstanden.

Doch ein Problem bleibt: Zwar darf jeder Apotheker bis zu vier Apotheken eröffnen. Er braucht aber für jede die Betriebserlaubnis der zuständigen Apothekerkammer. Noch am Morgen des geplanten Eröffnungstages warten Blume, Müller-Erkens und die Mitarbeiter stundenlang auf das ersehnte Fax. Bis zur geplanten Eröffnung um 9.00 Uhr ist es nicht da. Die Türen bleiben zu. Draußen steht eine Traube von Menschen.

9.30 Uhr klingelt endlich das Faxgerät. Als der Briefkopf der Apothekerkammer aus Hannover herausquillt, stellt sich endlich die Erleichterung ein. Die Apotheke darf öffnen. 10:00 Uhr gehen die Türen auf. Vielleicht, so die Hoffnung im Laden, war es der letzte Knüppel, den die Konkurrenten hatten, um ihn Blume zwischen die Beine zu werfen. Blume und seine Mitarbeiter stehen mit Stoppelbart nach durchgearbeiteter Nacht im Laden und können ihr Glück kaum fassen.

An diesem 21. Februar 2007 werden 900 Kunden hier einkaufen. Das war nicht voraussehbar. „Überirdisch", sagt Blume. Und: „Um ehrlich zu sein, wenn es weniger gewesen wären, wären wir pleite gewesen." Am Abend holen Blume und Steinert ihre fünfzehn Mitarbeiter zusammen und spendieren eine Runde Champagner. Eine Rieseneuphorie war schon den ganzen Tag im Laden gewesen. Der Stolz, es geschafft zu haben, ist auch an diesem Abend noch stärker als die Müdigkeit. Die meisten haben zwei Nächte nicht geschlafen.

Wie ticken Rulebreaker?

Frühjahr 2010. Seit dem Kampf um die easyApotheke in Hildesheim hat Oliver Blume 52 easyApotheken in ganz Deutschland eröffnet. Auf seiner Website bedankt er sich bei über 100.000 zufriedenen Kunden. Dennoch haben die Angriffe der traditionellen Apotheker nicht aufgehört. Sie lassen nach wie vor keinen Anlass aus, um die easyApotheken mit Strafanzeigen unter Druck zu setzen.

Als etwa ein easy-Franchisenehmer in Laatzen in der Regionalzeitung erklärt, nicht jeder Apotheker müsse einen Ferrari und ein Swimmingpool haben, leitet die niedersächsische Apothekerkammer ein berufsrechtliches Verfahren wegen unkollegialen Verhaltens ein. Doch dies sind Kinderspiele im Vergleich zu dem, was Blume hinter sich hat.

Er hat in den vergangenen drei Jahren oft die Frage beantworten müssen, warum er in jener Zeit zwischen Morddrohung und Schulden nicht aufgegeben hatte. Vermutlich hätten 95 Prozent aller anderen Menschen das doch getan!

Blume sagt, es liege am Ehrgeiz. Ein Rulebreaker wolle nicht scheitern. Er wolle sich und der Welt beweisen, dass er das schafft. Man könne auch Eitelkeit oder Starrsinn dazu sagen. Ja, das sei das richtige Wort. Und dann gäbe es noch die Leute, die einem vertraut haben, die man mit hineingezogen hat in seine verrückte Vision. Und nicht zuletzt glaube man ja an seine Idee. Sie ist ja gut und bringt die Welt voran. Man muss sie einfach nur durchdrücken!

Diese Konsequenz sei es, die den Unterschied zwischen erfolgreichen und weniger erfolgreichen Unternehmern ausmacht. „Konsequenz ist das Wichtigste an erfolgreichen Konzepten. Jeder erfolgreiche Unternehmer hat einfach nur diese Konsequenz gehabt", ist Blume sich sicher, „ob es ein Fielmann ist, die ALDI-Brüder oder Götz Werner von dm. Auch easyApotheke ist nur durch Konsequenz entstanden."

Der überlebenswichtige Frust der Visionäre

Oliver Blume ist kein Mensch, der seinen Erfolg genießen will. Ein Unternehmer, der sich irgendwann mit dem Erreichten zufrieden gebe, der ist kein erfolgreicher Unternehmer", sagt Blume. „Sie müssen die ganze Zeit weitergehen."

Natürlich gäbe es auch die Tage, an denen andere Menschen kommen und ihn bewundern für jene Erfolgsmeldungen, dass sein Unternehmen jetzt zwei oder dreistellige Millionenbeträge wert sei. Blume wirkt nicht begeistert. „Diese Millionen sind doch nur virtuell", sagt er. „Sie werden doch erst real, wenn ich das Unternehmen verkaufen würde. Aber das kann ich doch gar nicht. Ich habe doch noch so viel vor damit." Statt Millionär zu sein, sei er ein Getriebener, der die ganze Zeit weiterarbeiten muss. So sind eben die Spielregeln.

Im Gegenteil! Statt Zufriedenheit brauchen Rulebreaker den Frust. Sie erleben ihn täglich. Denn sie sind täglich unzufrieden. Welches Ziel auch immer sie in ihrem Leben erreichen, im Geist werden sie diese Situation vorher schon Hunderte Male vor Augen gehabt haben. Blume sagt: „Deshalb ist das Erreichen eines Ziels kein Höhepunkt. Nein, es langweilt sie. Denn ihre Vision wird in diesem Augenblick schon wieder ein Stück weiter sein. Das heißt: Sie sind ihr ganzes Leben lang gefrustet, weil es immer zu langsam geht. Und sie denken immer an die Drecksarbeit, die sie hinkriegen müssen bis zu ihrer Vision. Das ist der Frust der Rulebreaker."

Oliver Blumes Frau hofft, dass er dieses Dilemma irgendwann einmal los wird. Unter seinen Freunden gibt es keinen, der das glaubt. Blume sagt: „Man wird sehen!"

Was interessiert mich mein Geschwätz von gestern?!

Blume hat sich an diesen Frust der Rulebreaker gewöhnt. Er kennt seinen ständigen Blick nach vorn. Dinge, die zurückliegen, interessieren ihn nicht. Nicht mal ein kleines Rachegelüst gegen jene, die ihm und seiner Familie so arg mitgespielt haben, kann er in sich entdecken. „Wahrscheinlich haben diese Leute damals wirklich nach bestem Wissen und Gewissen gehandelt. Sie dachten, es sei eine gute Sache, die sie tun. Das kann man den Leuten doch nicht übelnehmen." Er klingt nachdenklich, als er diese Worte sagt. Auch er selbst habe in der Vergangenheit Dinge gesagt, die er später anders gesehen hat. Die Welt entwickelt sich eben weiter. Er halte es da mit dem berühmten Spruch von Adenauer: „Was interessiert mich mein Geschwätz von gestern?"

Es ist eine Seite an Oliver Blumes Persönlichkeit, die leicht hinter dem lauten und krachigen Rulebreakertum zu verschwinden droht. Jenes Versöhnliche, jenes Kompromissstreben, das so gar nicht in den wilden Mythos von Morddrohungen und LKA-Einsatzkommandos passen will. Doch Blume war in seiner Jugend in der Politik. Er hat gelernt, dass ein Politiker, der es nicht schafft, Mehrheiten für sich zu gewinnen, niemals ein guter Politiker sein wird.

„Ich kann nicht die ganze Zeit gegen den Strom schwimmen", erklärt Blume seine Grundeinstellung, „denn diejenigen, die ich jetzt durch meine Rache verletzen würde, werden mich später noch einmal anspringen, wenn ich wiederum schwach bin." Sein Gegen-den-Strom-Schwimmen, seine Guerillaaktionen und Polarisierungen sind strategisch. Er hat sie genutzt, um sein Unternehmen aufzubauen. Jetzt gilt es, ins Establishment zu gehen. Blume ist in fünf Bundesverbänden tätig, in einem als Vizepräsident. Er macht politische Arbeit und Lobbyarbeit.

Alles easy!

Oliver Blume staunt. Die drei Herren mit ihren Sommerhemden und Shorts hier am Tisch erzählen verrückte Dinge. Er kennt sie nicht. Es sind Urlauber wie er. Blume hat seine Familie in einen Robinson-Club eingeladen. Zwei Wochen, einfach mal entspannen und an nichts denken, so hatte er sich das vorgestellt. Doch da wusste er noch nicht, dass er auf drei Inhaber von Dentallaboren treffen würde.

Zuerst sitzt Blume noch still daneben und hört zu. Das Gespräch dreht sich um „McZahn“, jenen Unternehmer, der eine Franchisekette von Zahnärzten in Deutschland gründen wollte. Seine Geschäftsidee: Den Zahnersatz wollte er aus zwei Laboren in Shanghai und Hongkong besorgen. Die Kosten sind minimal, auch für die Patienten. Doch für die gesammelten deutschen Dentallabore mit ihren Zehntausenden Angestellten wehte ein eisiger Wind damals. Sie atmeten auf, als McZahn eine einigermaßen spektakuläre Insolvenz hinlegte.

Blume erwartet, dass die drei Zahnlaborchefs verbal auf diesen McZahn einschlagen würden, weil der versucht hatte, ihren Markt kaputt zu machen. Doch Blume täuscht sich. Stattdessen spürt er Ehrfurcht. „Die mochten den Typen nicht. Aber sie merkten, dass an seinem System doch etwas dran ist. Es schwang so eine Anerkennung mit!“, erzählt Blume später. Seine Reaktion: „Wow, wenn die so darüber reden, dann muss da was dran sein.“ Blume beginnt zu fragen. Drei Stunden unterhalten sich die vier, dann hat Blume sein nächstes Geschäftsmodell zusammen: easyZahnarzt wird es heißen.

„Ich will den Leuten ja noch nicht mal etwas Böses dabei“, sagt er entschuldigend. „Sie haben mir ganz einfach nur den Markteintritt gezeigt. Die haben mir erzählt, wie die Regeln sind und wo die Sollbruchstelle dieser Regeln ist. Ich habe den kommenden Regelbruch in diesem Zahnärztemarkt sofort vor mir gesehen. Leute wie ich haben dafür wohl ein Gespür.“ Es sind fast die gleichen Themen wie bei den Apotheken: ein geregelter Markt, der sich verändert, die riesige „Fettschicht“ um die Zahnärzte herum, keine Marke und kein Marketing.

Menschen, die das Vermögen haben, diese Sollbruchstellen zu erkennen, müssen an so einer Stelle loslegen, ist Blume sich sicher.

Deshalb will er die easyApotheken auch nur so lange weitermachen, wie es Sinn macht, einen Regelbrecher wie ihn an der Spitze zu haben. „Wenn ich merke, dass es besser ist, hier ordentliche Manager hinzusetzen, die das Geschäftsmodell ‚safen‘, dann wird es so sein. Regelbrecher sind keine guten Manager“, sagt er.

Und was macht er dann? „Das, was ich bei den Apotheken gemacht habe, das kann man auf alle Branchen anwenden“, ist seine Antwort. „Ich glaube, ich werde gar nicht verhindern können, dass ich neue Geschäftsideen habe, wenn ich auf solche Sollbruchstellen stoße. Und wenn ich Zeit habe und meine Familie nicht zu sehr kaputt mache damit, werde ich das Ganze einfach nochmals machen.“

Neben der Marke „easyZahnarzt“ hat Blume sich schon die Marken „easyDoctor“, „easyGesundheit“, „easyMedicus“, „easyGesundheitscenter“ und „easyÄrztehaus“ gesichert …

Fall 9: Warum die Wörterbücher verschwinden

„Seltsam, wie still es in solch einem Raum sein kann!" Der junge Mann schaut sich um. Bestimmt fünfzig Menschen sitzen hier, und doch hört man allenfalls die rotierenden Ventilatoren. Er schaut auf die Uhr. Es ist schon fast Abend. Schon einige Stunden sitzt er jetzt hier im Rechenzentrum und testet seine neugeschriebenen Skripte. Es war ein langer Tag, vielleicht sollte er morgen weitermachen, geht es ihm durch den Kopf.

Doch bevor er den Rechnerraum verlässt, hat Achim Jung noch etwas zu erledigen. Gestern Abend hatte er beschlossen, endlich in die Tat umzusetzen, woran er schon lange dachte. Seine Mitstudenten hatten ihn in der Kneipe nochmals bestätigt. Nun würde er es auch tun. Achim Jung holt seine Diskettenbox aus dem Rucksack. Zum Glück gibt es inzwischen die kleinen, stabilen 3,5-Zoll-Disketten. Vor ein paar Jahren hatten sie noch mit den riesigen 8-Zoll-Floppys hantieren müssen, diesen wabbeligen Scheiben, die kaum in den Rucksack passten.

Als er an diesem Tag im Jahr 1995 die Diskette mit dem Namen „Wörterbuch" in den PC hier im Rechenzentrum der TU-München schiebt, weiß Achim Jung natürlich noch nicht, dass er gerade eine denkwürdige Handlung begeht. Und doch wird dieser Handgriff fünfzehn Jahre später als der Beginn vom Ende der Wörterbücher gelten.

Jung war es in den vergangenen Monaten wie vielen Informatikstudenten in ganz Deutschland gegangen. Es war ein großartiges Gefühl, dabei zu sein, wie angesehen seine Informatik fast über Nacht geworden war. Wer für die vielen PCs, die inzwischen in den Büros und Rechenzentren gelandet waren, echte Programme schreiben kann, der ist anerkannt. Das Problem dabei: Zum Programmieren braucht man englische Fachtermini. Die wirklich interessanten Software- und Informatikbücher sind alle in Englisch. Und noch dazu ist dieses Englisch mit neuen Fachbegriffen nur so gespickt. Achim Jung hatte es mit einem gewöhnlichen Wörterbuch probiert und kurze Zeit später frustriert aufgegeben. Die neuen Begriffe stehen in den herkömmlichen Wörterbüchern einfach nicht drin. Also hatte er sich die neuen Fachworte Schritt für Schritt selbst übersetzt und in eine Datei auf seiner Diskette gespeichert. Inzwischen sind es so viele geworden, dass es fast schon ein kleines Wörterbuch ist.

Doch in den letzten Wochen hatte Jung immer wieder das Gefühl gehabt, dass er dieser Sisyphos-Arbeit nicht mehr gewachsen ist. Es sind einfach zu viele Begriffe, die in der Informatikwelt ständig neu dazukommen. Wenn er sein Wörterbuch aktuell halten will, dann müssen auch andere Studenten mitarbeiten. Also wird er heute sein komplettes Deutsch-Englisch-Wörterbuch auf den Uniserver überspielen. Seine vier Mitstudenten, mit denen er gestern Abend in der Kneipe gesessen hatte, würden ihren Teil auch dazuschreiben. Und wer weiß, wer sonst noch so daran mitmacht.

Das World Wide Web entsteht

Noch drei Jahre vorher wäre all das völlig unmöglich gewesen. Da hatte es noch nicht mal einen öffentlich zugänglichen Rechnerraum an der TU München gegeben. Wenn Hans Riethmayer zurückdenkt, schüttelt er den

Kopf. „Unglaublich, wie teuer damals die Rechenleistung und der Plattenplatz waren." Er war schon froh gewesen, als 1992 eine Reihe Workstations als Vorgänger der heutigen Desktop-Computer an den Münchener Unis auftauchten. Wohl gemerkt: nicht allein in seinem Rechenzentrum. Hier steht einer dieser Computer. Ein anderer in der Informatik der LMU, einer bei der Physik der TU, einer bei der Elektrotechnik der TU und ein paar im Leibnitz Rechenzentrum der Bayerischen Akademie der Wissenschaften.

Riethmayer arbeitet in der Rechnerbetriebsgruppe der Fakultät für Informatik. Er ist dafür zuständig, dass die dort vorhandenen Workstations funktionieren. Schnell ist klar, dass die Unis mit ihren einzelnen PCs wenig anfangen können. Zu begrenzt ist der Speicherplatz. Viele Softwarepakete müssten über völlig unzureichende Internetkapazitäten aus den USA besorgt werden. Wenn ein Student ein bestimmtes Softwarepaket sucht, dann dauert das ewig. Und dazu noch die Bandbreite! Das Informatik-Rechenzentrum hat eine 9,6-Kilobit-Leitung ins Internet. Die kann genau ein Nutzer belegen. Wenn der sie nicht freigibt, ist das Internet für alle anderen tot.

Es sind die Studenten, die die Initiative zum Abbau der Softwaremisere übernehmen. Sie schreiben eine Archivsoftware, die alle diese neuen Rechner im Münchner Raum verbindet. Sie nennen es den Münchner Informations Verbund (MIV). Es ist eine gigantische Arbeit. Aber als sie fertig ist, sieht es für den Nutzer so aus, als würde er sich in nur einem Computer bewegen. Er merkt gar nicht, dass die Datenmengen quer über München auf alle angeschlossenen Computer verteilt sind.

Doch es sollte nicht lange beim MIV bleiben. Denn aus den USA schwappt das World Wide Web nach Europa und nach München. Die MIV-Aktivisten sind fasziniert. Denn dieses neue World Wide Web macht es möglich, das Internet auf viel einfachere Art und Weise zu nutzen. Plötzlich gibt es sogenannte Websites. Und um sie zu bedienen, muss der Nutzer keine Programmbefehle mehr eintippen, sondern einfach auf diese neuartigen Links klicken. Es sind wieder die Studenten, die jetzt ihr Softwarearchiv ins World Wide Web bringen. Jetzt können darauf nicht mehr nur Münchner zugreifen, sondern jeder, der einen Einstiegspunkt ins WWW findet. Nun heißt das ganze ISAR: Informationssysteme und Archiv München.

Doch nicht lange! Denn der Name ISAR wird auch von einem kommerziellen Unternehmen verwendet. Das TU-Rechenzentrum beschließt, den Namen zu ändern: LEO soll das Angebot ab sofort heißen. Auch LEO ist ein Bakronym, es symbolisiert den Löwen als Wappentier Münchens, heißt aber mit „echtem bayrischen Understatement" auch: Link-Everything-Online. Zwar gibt's hier nicht alles, aber inzwischen tatsächlich mehr als nur ein Softwarearchiv für Informatiker. Stadtinformationen über München sind hinzugekommen, genauso wie ein Mirror der amerikanischen Movie-Database. Filminteressenten laden sich hier ihre Filmbeschreibungen herunter.

Das Angebot ist inzwischen weit über München hinaus bekannt. Denn die Münchner gehören zu den ersten hundert Webservern weltweit. Eine Million Zugriffe aus dem World Wide Web heraus gibt es inzwischen jeden Monat, als an jenem Abend Achim Jung sein Deutsch-Englisch-Wörterbuch auf den LEO-Server kopiert.

„Wir wollen LEO retten"

Zwei Jahre später sitzt Hans Riethmayer mit zwanzig Studenten in einer Münchner Kneipe. Es sind andere Studenten als damals. Riethmayer kennt das schon. „Kili" rufen ihn seine Freunde, seit er in seiner Jugend so rasant wuchs, dass er seine ältere Schwester überholte und sie ihn fortan als Kilimandscharo bezeichnete. Kili Riethmayer kennt das ständige Kommen und Gehen rund um das Rechenzentrum. Es ist das schwere Los der Studentenprojekte: Die Beteiligten sind kurzzeitig schwer engagiert, dann lässt die Aktivität nach und spätestens, wenn der jeweilige Student die Uni verlassen hat, gibt es ein großes Problem.

Riethmayer merkt das am deutlichsten am LEO-Server. Er ist jener Mitarbeiter des Rechenzentrums, der LEO unter seine Fittiche genommen hat. Es ist unheimlich gewachsen in den letzten Jahren. Mehr als 150 Studenten haben inzwischen verschiedenste Inhalte eingestellt, vom neuen „Online Guitar Archive", das Gitarrengriffe plus Songtexte enthält, bis zu jenem Wörterbuch, das inzwischen wächst und wächst.

Doch Riethmayer hat ein Problem. Nicht nur LEO wächst wild vor sich hin, sondern auch das World Wide Web. Die Industrie ist aufgewacht. Fast explosionsartig entstehen kommerzielle Angebote, private Homepages und Suchmaschinen. Bevor es dies alles gab, war LEO noch interessant. Doch jetzt? Die amerikanische Movie Database, einer der großen Renner unter den Nutzern, ist kommerziell geworden. Sie will nicht länger auf dem LEO-Server sein. Das Gitarrenarchiv fällt aus Copyright-Gründen weg. So geht es nicht weiter! Aber wie sonst? Das ist die Frage, weshalb Riethmayer seine engagiertesten Studenten heute Abend hier in die Kneipe gerufen hat. Es geht um nichts Geringeres, als LEO zu retten.

Es soll nicht das einzige Treffen bleiben. Ein halbes Jahr lang dauern die Diskussionen, bis Riethmayer seinen Vorgesetzten ein Thesenpapier übergeben kann. Darin steht: LEO ist überlebensfähig, wenn es zwei volle Mitarbeiterstellen von der Universität bekommt. Die Antwort ist eine typisch universitäre: LEO solle durchaus überleben. Aber Mitarbeiterstelle gibt es keine einzige! Die Gelder der Universität sind knapp und für Forschung oder Lehre bestimmt. LEO ist keines von beiden.

Riethmayers Antwort ist simpel: „Wenn LEO überleben soll, aber die Universität das nicht bezahlt, dann brauchen wir Geld von außen. Wir könnten Werbung schalten, um die beiden Mitarbeiter zu bezahlen." Es ist nur scheinbar eine einfache Logik. Aus dem Blickwinkel der Universität wird sie unglaublich kompliziert. Darf eine Universität auf ihrer Website Werbung schalten? Darf sie anderen Unternehmen Rechnungen stellen? Und wenn ja: Wie geht das? Wer macht das? Es dauert ein dreiviertel, Jahr bis alle wichtigen Verantwortlichen in der Universität darüber nachgedacht haben. Doch dann hat Riethmayer die Genehmigung in der Hand. Nun muss er es auch angehen!

Ein Weihnachtsurlaub am Computer

Die Entscheidung der Univerwaltung mag einige Zeit in Anspruch genommen haben, aber sie wird sich später als weise herausstellen. LEOs Konkurrenz von den anderen Universitäten in Deutschland, die ähnliche Angebote auf ihren Servern aufgebaut haben, schläft langsam ein. Sie haben schlicht kein Geld, während Riethmayer sehr schnell zwei große Werbekunden findet, die ein Jahr lang in diesem englischen Wörterbuch auf LEO ihre Produkte bewerben. Es ist genug Geld, dass Riethmayer eine Übersetzerin anstellen kann.

Er merkt, dass die Zeit der freiwilligen Studentenarbeit dem Ende zugeht. „LEO war bis dahin von lauter Informatikern geprägt“, erklärt Riethmayer später. „Entsprechend war die Technik nicht schlecht, aber der Wortschatz schon ziemlich. Wir haben gemerkt, dass man solch einen Dienst, der langsam an Ruf gewinnt, nicht mit Freiwilligen betreiben kann. Man braucht jemanden, der vom Fach ist, und nicht Leute, die dem Service zuarbeiten, wenn sie gerade Lust dazu haben.“

Doch mit der Professionalisierung schafft Riethmayer sich zugleich neue Probleme. Die Anzahl der Zugriffe auf das Wörterbuch steigt rapide. Zwar besteht LEO nach wie vor nicht nur aus dem Wörterbuch, sondern darüber hinaus aus vielen anderen Diensten. Es sind sogar noch welche dazugekommen: eine Jobbörse, ein Karl-May-Archiv und eine Cocktailbar mit Rezepten zum Mixen. Doch die Nutzer des Wörterbuches stürmen regelrecht die Website. Sie überfordern die Software. Inzwischen kommt es sogar vor, dass man ein Suchwort eingibt und dann eine Minute warten muss, bis die Antwort kommt. Riethmayer hat ein Problem.

„Es geht leider nicht mehr. Wir kriegen nicht mehr Rechnerkapazität!“ Hans Riethmayer macht die Tür hinter sich zu. Er sieht frustriert aus. So hat Elmar Bartel seinen Kollegen bisher selten erlebt. Der Leiter des Rechenzentrums hat – durchaus verständlich – LEO gerade eine Abfuhr erteilt. Sie werden nicht mehr Rechner bekommen, also ist das Problem mit den ewigen Wartezeiten bei vielen gleichzeitigen Zugriffen auch nicht zu lösen. Oder?

Elmar Bartel hat bislang nicht viel mit LEO zu tun gehabt. Er ist Mitarbeiter der TU und betreut die in der Rechnerbetriebsgruppe der Informatik selbst gebauten

PCs. Als er Riethmayers Klagen hört, fasst er einen spontanen Entschluss: Nur mit einem kompletten Paradigmenwechsel bei der Wörterbuchsoftware kann der Kollaps vermieden werden. Dies ist keine studentische Arbeit mehr, er wird sich der Sache selbst annehmen!

Er hat zwei Wochen Weihnachtsurlaub in diesem Jahr 2000. Genau so lange braucht Elmar Bartel, um die erste Version einer völlig neuen Wörterbuch-Software zu schreiben. „dictQuery" nennt er sie. „Die Lösung in dieser Notlage konnte nur von einem ‚Besessenen' kommen", wird Riethmayer später sagen. Bartel sagt, er habe sich als Informatiker herausgefordert gefühlt. Er opfert seinen Weihnachtsurlaub und natürlich macht er es kostenlos, wie alle bei LEO. Seine Motivation ist die Anerkennung. Denn in der deutschen Informatikergemeinde, ihren Foren und Newsrooms wird sehr genau beobachtet, was die Münchner dort treiben. Inzwischen bekommen sie sogar schon von weither zusätzlichen Wortschatz zugesandt, den sie aufnehmen sollen.

Es sind diese respektvollen Rückmeldungen aus der Szene und die ständig steigenden Zugriffszahlen, die Bartel als Lohn für seinen geopferten Weihnachtsurlaub erwarten. Er will es den anderen beweisen. Und er tut es. Ein Vierteljahr später, nach Tests und kleinen Überarbeitungen, geht die Wörterbuch-Software in Betrieb. Plötzlich kann man mit dem Wörterbuch wieder arbeiten. Die Zugriffszahlen steigen weiter. 300.000 Wortanfragen pro Tag! Rasant! Es beginnt das Jahr 2001. Und es ist jener Zeitpunkt, als allen Beteiligten klar wird, dass LEO zum Wörterbuch wird.

Wer erkennt den Regelbruch zuerst?

Immer wenn Hans Riethmayer sich die Statistik der Zugriffszahlen auf seinem LEO-Portal anschaut, wundert er sich. Nicht über die Zahlen! Die sind hervorragend! Riethmayer wundert sich über die klassischen Wörterbuchverlage. Müssen die nicht diese Millionenzugriffe auf sein Online-Wörterbuch auch bei ihren Absatzzahlen merken? Und kommen die nicht auf den Gedanken, dass die Regeln des Übersetzungsmarktes sich mit LEO radikal geändert haben? Riethmayer ist überzeugt, dass es Papierwörterbücher mittelfristig nicht mehr geben wird. „Sie sind ja schon am Erscheinungstag veraltet", sagt er. Als in jenem Jahr 2001 das World Trade Center in New York einstürzt, dauert es gerade mal eine halbe Stunde, bis neue Begriffe im LEO-Service sind. Niemals könne ein gedrucktes Wörterbuch gegen die Online-Version konkurrieren. Wir werden immer aktueller sein, sagt Riethmayer.

Zudem werden die Kunden von einem Nachschlagewerk künftig mehr erwarten als von diesen Papierwörterbüchern. Wie soll man dort zum Beispiel die Herkunft von flektierten Worten in romanischen Sprachen darstellen? „Je vais", zum Beispiel, „ich gehe. Das assoziiert niemand mit dem französischen ‚allez'. Das müssen Sie erstmal im Papierwörterbuch finden", sagt Riethmayer. Genauso wenig finden sich in den klassischen Büchern die Links auf Forumsdiskussionen, aus denen oft erst hervorgeht, in welchem Umfeld welches Wort Verwendung finden sollte. Oder Tabellen für alle in den romanischen Wörterbüchern enthaltenen Verben. Oder Audioquellen für die Wiedergabe der Aussprache. Oder die deutschen Substantivdeklinationen. Oder die Etymologie und die Bedeutung amerikanisch-englischer Wörter. Oder das Gleiche für britisches Englisch! Oder, oder, oder! Bis hin zur Vision, dass man bei LEO irgendwann einmal auch Texte in Eingabeflächen eingeben kann und sich per Knopfdruck die Übersetzungen von Wörtern und Wendungen anzeigen lässt. Und das Wichtigste: All diese Services sind für die Nutzer ab sofort kostenlos. Denn sie sind werbefinanziert!

„Sehen die herkömmlichen Wörterbuchverlage diesen tiefen Regelbruch ihrer Branche nicht?", fragt sich Riethmayer manches Mal.

Es sind Mitarbeiter von Langenscheidt, die sich dann doch in jenen Jahren bei ihm melden. Doch Riethmayer hat nicht das Gefühl, dass sie die Gefahr und die Geschäftsidee hinter LEO verstanden hätten. Im Gegenteil! Ihr Vorschlag ist, sie würden LEO auf ihren Kanälen mit vertreiben. Natürlich müsste LEO dafür ein kostenpflichtiges Angebot werden.

Riethmayer winkt ab. Bezahlinhalte kommen für ihn nicht infrage. Gerade eben hat er die Geschichte eines Konkurrenten erfahren, der solche Wörterbücher kostenpflichtig anbietet. Von dem hatte sich eine namhafte Firma 2.000 Lizenzen kostenlos zum Test kommen lassen. Ein halbes Jahr später habe der Anbieter gesagt: „Also, Leute, jetzt geht es wirklich nicht mehr kostenlos. Jetzt müsst ihr die Lizenzen auch mal kaufen." Daraufhin habe er seine Lizenzen zurückerhalten mit dem Hinweis, dass die Firma ihren Mitarbeitern jetzt offiziell empfohlen hätte, LEO zu benutzen.

Riethmayer schüttelt den Kopf: Offenbar haben die Wörterbuch-Verlage die Konsequenzen des LEO-Modells einfach nicht verstanden. Es soll nicht sein Problem sein.

Sie denken an Selbstständigkeit

Hans Riethmayer hat ein ganz anderes Problem: die Zeit. Denn nach wie vor ist er Angestellter der Rechnerbetriebsgruppe Informatik der TU München. Seine Haupttätigkeit ist Systemadministration. Neben den vierzig Wochenstunden dafür, arbeitet er zusätzliche dreißig kostenlos für LEO. Und trotzdem fühlt er sich immer unzufrieden. In keinem der beiden Bereiche kann er 100 Prozent abliefern.

Dabei läuft LEO prächtig. Es ist inzwischen 2005 geworden. LEO ist gewachsen. Es kann jetzt auch französisch und spanisch. Und es ist größer geworden. Fünf Übersetzerinnen arbeiten inzwischen hier. Täglich gibt es fünf Millionen Suchanfragen. Die Werbekunden laufen Riethmayer die Tür ein.

Doch langsam bereitet die Gestaltung des Angebots im Rahmen der universitären Gegebenheiten Probleme. Es sind vor allem die Verträge, die Riethmayer zu schaffen machen. Schon einmal hat er den befristeten Drei-Jahres-Vertrag der ersten Übersetzerin verlängert. Eine weitere Verlängerung verbietet das Hochschulrecht. Riethmayer will Verena Nutzinger aber behalten. Er verbringt jetzt viel seiner Zeit in Verhandlungen mit der Unibürokratie. Was, wenn ein Globalplayer ein sehr attraktives Partnerschaftsangebot macht, nach dem sich jeder die Finger lecken würde? Und derartige Kontakte stellen sich mit dem Wachstum von LEO vermehrt ein. Doch Riethmayer muss damit zur TU-Verwaltung. „Ein halbes Jahr bis zur TU-Spitze und wieder zurück. Wie sollte ich das meinem Industriepartner erklären?“

Irgendwann in diesen Tagen des Jahres 2005 stellt Hans Riethmayer fest, dass er unzufrieden ist mit seinem Job. Er liebt LEO, aber er verbringt die meiste Zeit nicht mit LEO, sondern mit Verhandlungen als kleines Rädchen im Getriebe der großen Organisation. „Der Deutsche grübelt ja gerne und überlegt und überlegt und bleibt dann doch lieber Angestellter", sagt Riethmayer später und schmunzelt. Doch in diesen Tagen hat er den Gedanken: „Wir müssen uns unbedingt selbstständig machen. Und LEO aus der Universität herauslösen."

Auch für Elmar Bartel hat sich die Zeit seit seiner Weihnachtsnothilfe vor fünf Jahren weitergedreht. Es war sogar schon kurz danach, dass er die TU hinter sich ließ. Das Angebot einer Firma war zu verlockend. Kostenlos, abends und von Zuhause hatte er in all den fünf Jahren seine LEO-Technologie weitergepflegt. Der Arbeitskontakt war nie abgerissen, ganz im Gegensatz zu all den ehemaligen Studenten. Hans Riethmayer drückt seine Bewunderung für Bartel so aus: „Man muss schon eine gewaltige Besessenheit und ein großes Verantwortungsgefühl haben, dass man neben einem Vollzeitjob dann auch noch LEO weitertreibt." Bartel hat beides. Und Bartel kann sich vorstellen, eine Firma mit Riethmayer zu gründen.

Vom Angestellten zum Rulebreaker

Es gibt viele Menschen, die auf einen Job wie den von Hans Riethmayer ihr Leben lang hoffen: Angestellter auf Lebenszeit im öffentlichen Dienst einer Universität. Es ist ein Job, mit dem man in Sicherheit alt werden kann. Doch als Riethmayer fünf Jahre später nach seinen Gründen für seinen Übergang in die Selbstständigkeit befragt wird, sagt er: „Mit einem derart interessanten Ansatz wie LEO vor Augen, treibt es einen, etwas Neues zu machen. Und das ausschließlich und mit ungeteilter Arbeitskraft. Für diese Herausforderung lohnt es sich auch, ein sicheres Arbeitsumfeld aufzugeben."

Über dreißig Jahre ist er nun Angestellter. Zehn sind es noch bis zur Rente. Er hat seine Arbeit gern gemacht. Aber das Projekt LEO hat ihm Schritt für Schritt Lust gemacht, zum Unternehmer zu werden. Er ist nicht jener Unternehmertypus, der sich mit Freude in großes Risiko begibt. Aber er habe vermutlich einen größeren Ehrgeiz als andere, sagt er. Er nimmt einen Vergleich: „Wenn jemand in einer Hütte lebt und feststellt, dass es ihm aufs Dach regnet, hat er zwei Möglichkeiten: Der eine macht eine Dachpappe drauf. Der andere überlegt sich, dass das Gleiche im nächsten Jahr wieder passieren wird. Er macht ein Ziegeldach drauf." Riethmayer ist der Zweite. „Das erfordert dann eine größere Konsequenz", sagt er. „Dachpappe aufs Dach geht in ‚Nullkommanix'. Wenn ich aber ein Ziegeldach draufmachen will, dann muss ich erstmal schauen, wo ich das Fundament herbekomme."

Und dann ist da noch die Verantwortung. Die Entscheidung für die sichere Bank und das Abwarten der Rente in gesicherter Anstellung würde bedeuten, dass die Zeitverträge für LEOs Übersetzer nicht verlängert werden. Für „unfair gegenüber den Engagierten" hält er das. Und er selbst würde mit neuen Mitarbeitern vorn anfangen oder aufgeben müssen. Seine Entscheidung ist klar: LEO soll leben!

In diesem Moment beginnen Riethmayer und Bartel die Formulare für eine Firmengründung zusammenzutragen. Von einer Ausgründung aus der Universität ist die Rede. Mit großen Hoffnungen geht Riethmayer zur ersten Verhandlung mit der Univerwaltung. Noch ahnt er nicht, wie schwierig sich die Prozesse gestalten werden, welche Instanzen einbezogen werden müssen, wie komplex es ist, Rechtefragen an Inhalten zu klären, wie viel Überzeugungsarbeit dafür zu leisten ist, dass auch jemand, der nicht BWL studiert hat, ein derartiges Unterfangen stemmen kann.

Nach zweieinhalb Jahren geht es dann sehr plötzlich sehr schnell. Hans Riethmayer und Elmar Bartel haben eine eigene Firma, die LEO GmbH, gegründet. Und so fordert die neue Selbstständigkeit auch sofort die unternehmerischen Fähigkeiten heraus: neues Hosting, neue Server, neue Arbeitsräume müssen in kürzester Zeit organisiert werden, damit der Betrieb lückenlos weitergehen kann.

Der Verteilerkasten auf dem Esstisch

Der Lkw-Fahrer wundert sich. Er ist in einer Wohnsiedlung zum Halten gekommen, vor einem Zweifamilienhaus. Noch einmal kontrolliert er die Adresse. Aber es kann kein Zweifel bestehen. Er ist richtig hier. „Riethmayer" steht am Klingelschild.

Normalerweise liefert er seine Waren in Firmen aus. Große Rechenzentren sind seine Kunden oder die IT-Abteilungen großer Firmen. Heute hat er auf der Ladefläche eine riesige Palette. Ein großer Webserver wird das wohl sein, verpackt mit Rack und allem Zubehör. Wo soll der hin, hier in der Siedlung? Er stellt ihn mitten in die Einfahrt.

Als Hans Riethmayer die gigantische Palette vor seinem Haus stehen sieht, stockt ihm erst einmal der Atem. Seine Familie hatte sich schon vor einigen Tagen alles andere als begeistert gezeigt, als er das Esszimmer okkupierte. Seitdem ist der Esstisch zur Arbeitsplattform geworden und ihre Wohnung zum Büro. In die Mitte des Tisches kam der Verteilerkasten des DSL-Anschlusses und daran fünf Laptops. Seitdem klingeln jeden Morgen vier Übersetzerinnen an der Wohnungstür. Sie kommen zur Arbeit ins Riethmayersche Wohnzimmer.

Doch angesichts dieser Palette vor dem Haus wird es jetzt wohl nicht beim Wohnzimmer bleiben. Jetzt ist der Wintergarten dran. Er wird zu Elmar Bartels Revier. Hier installiert er die ersten Server der neuen Firma. Zwei Monate wird das so gehen. Dann hat Riethmayer geeignete Räume gefunden. Sie ziehen in ein Bürohaus vor den Toren von München. Südlich an der Autobahn nach Salzburg liegt Sauerlach. Hier ist es gut und günstig.

Unabhängigkeit statt großes Geld

Wer wissen will, warum Hans Riethmayer die sichere Bank des öffentlichen Dienstes so scheinbar ohne Bedenken und Zukunftsängste verlassen hat, der muss einen Blick auf die „Werbung in LEO"-Seite auf der Website des Wörterbuches werfen. Hier sieht man, welche Werbeplätze im laufenden Jahr noch frei und welche schon gebucht sind. Riethmayers wichtigste Werbeplätze sind für das kommende Jahr ausgebucht.

Das ist auch in jenem Frühjahr 2006 schon so. Er springt weder ins kalte Wasser, noch geht er ein großes Risiko ein, noch muss er Schulden machen. Sein wichtigster Werbepartner zahlt seine Jahresrechnung im Voraus und Riethmayer kann ab sofort alle Kosten aus den Einnahmen zahlen. Seine Kosten halten sich in Grenzen: Die Miete, die Server und seine Übersetzer, von denen die meisten als Halbtagsangestellte bei LEO arbeiten. Das ist alles! Bodenständigkeit statt größenwahnsinniger Planungen für ein Kleinstunternehmen, sagt Riethmayer dazu. Neue Begriffe für das Wörterbuch bekommt LEO geschenkt. Wortspenden nennen sie die Glossare, die sie von Firmen oder Verbänden zugesandt bekommen.

Wenn die Seite ausgebucht ist, nimmt LEO mit seinen Werbebannern 500.000 Euro im Jahr ein. Dazu kommen Google-Anzeigen und Textlinks zu Sprachreisen und Nachhilfeangeboten. „Mit diesem Ergebnis geht es uns sehr gut“, sagt Riethmayer und der Zuhörer ahnt, dass er lieber ein paar Euro weniger verdient, aber seine Unabhängigkeit bewahrt, als jede mögliche Einnahme mitzunehmen und dafür schlaflose Nächte zu haben. Tatsächlich, bestätigt er, die schlaflosen Nächte gibt es zwar auch bei ihm. Vor allem, wenn technische Probleme auftreten, die schnell behoben werden müssten. „Da draußen sitzen jeden Tag zehn Millionen Menschen, die auf den Service zugreifen wollen. Wenn da etwas nicht funktioniert, dann können wir zuschauen, wie unser E-Mail-Postfach immer voller wird. Da steigt dann schon mal der Druck.“ Riethmayer ist völlig entspannt, wenn er das sagt. Er lacht.

Von den Existenzsorgen anderer Unternehmensgründer ist der LEO-Gründer frei. Genau wie von den Ambitionen an rasantes Wachstum oder den schnellen „Exit“. So heißt es in Start-up- und Venture-Capital-Kreisen, wenn die eigenen Anteile an einem neu gegründeten Unternehmen nach kurzer Zeit wieder verkauft werden können. Mit Gewinn, versteht sich!

Solche Situationen hat auch Riethmayer erlebt. Immer wieder bekommt er Anfragen von Investoren, die eine Kapitalaufstockung gegen Beteiligung anstreben. Ab und an ist auch mal ein Wörterbuchverlag darunter. „Aber wenn wir das gemacht hätten, dann hätten wir plötzlich Wünsche umzusetzen gehabt, die sich mit dem, was wir machen, nicht vertragen“, sagt er. Riethmayer fürchtet, dass der Hintergedanke der klassischen Wörterbuchverlage ist, das Angebot von LEO für die Nutzer kostenpflichtig zu machen. Dann würde es den klassischen Wörterbüchern nicht mehr schaden.

Riethmayer und Bartel lehnen auch in den kommenden Jahren jedes Angebot ab, Teile ihrer Unabhängigkeit zu verkaufen. „Diese Unabhängigkeit ist unsere oberste Maxime“, erklärt Bartel. „Nur so macht es Spaß. Auch wenn mancher sagt, dass wir viel mehr Geld verdienen könnten. Ich mache meine Arbeit gern. Und wenn ich dann mit etwas konfrontiert werde, was mir die Arbeit vermiest, dann mache ich lieber einen Abgang.“ Oder eben die anderen.

Es ist diese banale Logik der Unabhängigkeit, mit der sich Riethmayer und Bartel den Regeln ihrer Branche entziehen. Sie sind Rulebreaker, die in ihre Idee verliebt sind. Sie wollen das beste Wörterbuch der Welt sein. Sie wollen die meisten Nutzer haben. Und sie wollen kostenlos für ihre Nutzer sein. Eine denkbar schlechte Basis, um mit den Gewinnoptimierern der Verlage und VC-Investoren auf einer Wellenlänge verhandeln zu können. Riethmayer wundert sich in den ersten LEO-Jahren über die Trägheit der Konkurrenz: „Eigentlich habe ich immer gedacht: ‚Jetzt lassen die uns ein Weilchen mitspielen. Und dann stellen sie fest, dass wir unangenehm werden und bauen auch ein Online-Angebot auf. Als Konkurrenz zu uns!‘“ Pons tut das. Dreizehn Jahre später!

Als im Oktober 2008 das ebenfalls kostenlose Online-Angebot des Traditionsverlags startet, hat Riethmayer Verständnis für den späten Einstieg: „Deren Problem war natürlich, dass ein kostenloser Onlineservice den Verkauf ihrer Wörterbücher nicht unbedingt ankurbelt. Das heißt, die stecken Geld in etwas hinein, das auf der anderen Seite auch noch ihren Gewinn schmälert. Also greifen sie sich selbst an!“ Bei Riethmayer ist es einfacher. Er hat keine Druckwerke. Er kann nichts an Umsatz verlieren. Er macht es einfach.

Werden Rulebreaker konservativ?

Es gibt Brezeln im Besprechungsraum. Und Tee. Jeder der beiden LEO-Chefs, Hans Riethmayer und Elmar Bartel, hat eine eigene Kanne. Sie sitzen unter den vier kleinen Fotos von bunten Schmetterlingen, die in schlichten Holzrahmen nebeneinander an der Wand hängen. Sie sind zu klein, um den Raum wirklich zu schmücken. Und ganz gerade hängen sie auch nicht. Aber es ist ja auch der Besprechungsraum einer Informatikerfirma! In der Branche erzählt man sich von Riethmayer, dass er Sandaletten, Jeans und Strickjacke trage. Und natürlich diesen zauseligen Vollbart. Genauso ist es heute auch. Er fährt einen Fiat Panda und macht im Urlaub Rucksacktouren.

Riethmayer würde auch heute noch besser in ein Uni-Rechenzentrum passen als in die Welt der Verleger und Manager. Doch hier im Gewerbegebiet hinter den Einfamilienhäusern von Sauerlach fühlt er sich auch wohl. Wohler noch als im Rechenzentrum. Überall in der Büroetage stehen und liegen Kuscheltierlöwen in Groß und in Klein. Genau genommen, arbeitet hier inzwischen nicht mehr der Rulebreaker, sondern der Marktführer. Mehr als 300 Millionen Zugriffe hat LEO jeden Monat allein im Deutsch-Englisch-Wörterbuch. Und das schon seit Jahren. Eigentlich ist es jene Zeit, in der der Regelbruch abgeschlossen ist und Langeweile einzieht. Jedenfalls bei anderen Regelbrechern. Nicht so bei Riethmayer.

Er schwärmt von den neuen technischen Herausforderungen, die er mit seinem Team gerade vor sich hat. Die Smartphone-Angebote haben gerade gestartet. Die Flexionslösungen auch. Aber die seien ein Fass ohne Boden, sagt Riethmayer. „Als Informatiker wollen wir das natürlich möglichst algorithmisch. Doch nicht immer ist die Sprache so logisch, wie wir sie gern hätten.“ Und beim E-Learning beginnt LEO gerade damit Videoszenen anzubieten, in denen die Nutzer Vokabeln lernen können." Also keine Langeweile!

Dennoch ist es inzwischen der Marktführer LEO, der angegriffen wird. Als 2008 der Onlineservice von Pons startete, hieß es in der Branche, jetzt beginne die Jagd auf LEO. Riethmayer sieht das gelassen. Intensiver beobachtet er schon, was Onlinefirmen wie Google und Yahoo! gerade entwickeln. Mit Google Translate und Yahoo! Babel Fish versuchen diese, standardisierte Übersetzungen für ganze Internetseiten und lange Texte anzubieten.

Riethmayer und Bartel haben sich das angeschaut und dagegen entschieden. Zu schlecht seien die Ergebnisse, weil die Technik den Zusammenhang der Worte nicht verstehe. „Wenn ich mein Kochrezept übersetzen lasse von Google, dann möchte ich nicht unbedingt das kochen, was dabei rauskommt", spottet Riethmayer. „Das hört sich dann sehr nach Nouvelle Cuisine in Extremform an." Es sei nicht sein Anspruch, ganze Texte zu liefern. Er wolle Übersetzungen zu einzelnen Worten und Wortfolgen geben. Nur dort könne Technologie heute wirklich hochwertige Übersetzungen anbieten. Und der Nutzer könne dann entscheiden, was in seinem Zusammenhang Sinn ergibt. „Es werden viele Versuche gemacht, aber wir glauben, dass trotz aller Rechenleistung Google & Co. unser Gewerbe nicht ersetzen werden. Wir sind der Meinung, dass die Übersetzung ganzer Texte in absehbarer Zeit nicht in einer Qualität funktionieren wird, wie man sie braucht."

Als Hans Riethmayer das sagt, weicht seine ruhige, gelassene Aura für einen kurzen Augenblick einem komischen Gefühl. Für Sekundenbruchteile ist es zu ruhig im Raum. Es ist, als hätte eine unsichtbare Person gefragt: „Ob nicht vor zehn Jahren die Wörterbuchverlage genauso von LEO gesprochen haben?" Sie war nicht zu hören, doch jeder im Raum hat sie verstanden. Hans Kili Riethmayer wird den Fehler der anderen nicht wiederholen.

Fall 10: Warum drei Hotel-Oscars in eine dunkle Gasse gingen

„Und jetzt die Shooting-Stars aus Aalen. Hier siiiiiind: Blitzkrieg!“ Der Moderator stürmt von der Bühne. Ihm entgegen rennen vier Fünfzehnjährige die Treppe zur Bühne hinauf. Zweitausend Augenpaare verfolgen die komischen Gestalten. Der Leadsänger im LEOparden-T-Shirt und mit zerfetzter Jeans, mit kurzen strubbeligen, gefärbten Haaren. Man sieht ihnen ihre Vorbilder an. Jedenfalls, wer die Punkszene kennt, steckt die vier Aalener mit dem furchtbaren Bandnamen gleich in die Ramones-Ecke. Daher kommt ja auch der Name. Vom legendären Ramones-Titel: „Blitzkrieg Bob“. Zweitausend Ohrenpaare hören den Sänger mit voller Lautstärke ins Mikrofon brüllen: „Eins-Zwei-Drei-Vier ...“

Was dann einsetzt, ist in den Ohren der meisten hier eine ohrenbetäubende Gitarrenquälerei, nur unterbrochen durch wilde Schreiereien des Sängers. Es gibt Stücke von den Ramones, den Sex Pistols und Patti Smith zu hören. Den meisten Besuchern des kleinen Rockfestivals hier in der süddeutschen Provinz ist das egal. Kaum war der erste Ton erklungen, haben sie sich zum Bierwagen oder ins Toilettenhäuschen geflüchtet.

Von der Bühne sieht es aus, als hätte jemand eine Bombe ins Publikum geworfen, so schnell zerstieben die zweitausend Menschen in alle Richtungen. Hundert bleiben stehen und beginnen, sich gegenseitig anzuspringen. Pogo! Als dreißig krachige Minuten später der Festivalmanager vor der Bühne steht und mit seiner Hand am Hals die bekannte „Kopf ab“-Geste macht, ist der Leadsänger zufrieden. Noch einmal schreit er sich die Seele aus dem

Leib und macht dann einen wenig beklatschten Abgang. Wieder haben sie es geschafft, dass ihr Auftritt vorzeitig abgebrochen wurde. Alles andere hätte ihn auch schwer enttäuscht.

Es ist das Jahr 1978. Punk ist die Avantgarde dieser Zeit. Es ist der Protest gegen den Räucherstäbchen- und Patchouli-geschwängerten Mainstream, gegen die allgegenwärtigen Hippies mit ihren Sonnenblumen und Joints und gegen eine Rockmusik, die in den letzten Jahren ihre Ehrlichkeit verloren hatte. Immer glamouröser, bombastischer und teurer waren diese Pink Floyds, Supertramps und Barkley James Harvests geworden. Höchste Zeit, dass jemand den Kommerzwahn stoppte.

„Blitzkrieg" ist eine Schülerband. Doch sie sehen sich in der besten Punktradition: Bass, Gitarre, Schlagzeug, Stimme! Die Instrumente passen in einen Kofferraum. Es ist eine Art Demokratisierung der Musik. Jeder kann eine Band gründen und im Zweifel tut er es auch. Der Süddeutsche Rundfunk wählt die Jungs irgendwann zur „Band mit dem schrecklichsten Namen des Jahres". So werden sie über ihre Kleinstadt hinaus bekannt.

Doch die große deutschlandweite Bekanntheit gibt es erst zwei Jahre später. Inzwischen ist die Neue Deutsche Welle über das Land geschwappt. Sie bringt sinnlose Texte und eine elektronische Musik, bei der viele nervös auf ihre Musikanlage schauen, was denn jetzt genau kaputt ist. Die Töne, die sie da hören, können ja nie und nimmer aus einer funktionierenden Anlage kommen! Die einen finden es furchtbar, die anderen flippen aus. Für Michael Bentele ist die Neue Deutsche Welle eher eine professionelle Herausforderung. Er ist Student der Münchner Filmhochschule und hat sich vorgenommen, in seinem Abschlussfilm die zehn bekanntesten Bands der NDW zu porträtieren. Er stellt seine Kamera auch bei jenem Sänger mit dem LEOparden-T-Shirt auf. Der hat inzwischen gemeinsam mit einer Schulfreundin eine neue Band. „Deutscher Kaiser" nennt sie sich. Im Video sind die beiden als Ticketverkäufer auf dem Rummel zu sehen. Das Stück heißt: „Halli Galli tanzt für Sie".

Als Bentele kurze Zeit später von der ARD den Auftrag bekommt, die erste Jugendmusiksendung „Formel Eins" zu konzipieren, nutzt er die zehn Videos aus seinem NDW-Film. Damit kommt Deutscher Kaiser ins Fernsehen und in die Deutschen Charts.

Was niemand der „Formel Eins"-Zuschauer weiß: Jener Rummelverkäufer in diesem Video wird in wenigen Jahren zuerst als „Kolumbus des Cyberspace" und später als Telekom-Vorstand durch die Zeitungen geistern. Bernd Kolb ist sein Name. Über seine Schülerjahre als avantgardistischer Musiker sagt er später, dass sie etwas beschreiben, das er in seinem Leben nie verloren hat: Die Neugier, den Spaß am Neuen und die unbändige Lust, auszuprobieren, ob Dinge, die bisher immer gleich waren, auch anders gemacht werden können.

Tu, was du willst, aber ohne Fallschirm

Bernd Kolb wächst in Aalen auf. Der Ostalbkreis ist für seine Generation die tiefste Provinz. Sein Elternhaus steht siebzig Kilometer östlich von Stuttgart. Auch da ist noch Provinz. Die spannende Welt beginnt für Kolb in London bei den Sex Pistols und endet im New Yorker Stadtteil Queens bei den Ramones. Sein Aussehen ist die Verbindung zur Welt. Doch sein Entdeckergeist hat nichts mit löcherigen Jeans zu tun. Er liegt ihm wohl zur einen Hälfte in den Genen. Zur anderen Hälfte lernt Bernd Kolb die Lust auf das Neue bei seinem Vater.

Der ist Unternehmer und hat für seinen Sohn eine einfache Regel: „Du kannst alles machen im Leben“, sagt er. „Wenn du an etwas glaubst und du glaubst, etwas tun zu müssen, dann tue es. Tue es auch, wenn es etwas ist, was ich persönlich weder inhaltlich gut finde, noch selbst jemals machen würde. Ich vertraue dir, dass es für dich so richtig ist, wie du es machst. Aber glaube nicht, dass du dann zu mir kommen kannst, wenn etwas schiefgeht. Ich bin nicht deine Bank, die 24 Stunden lang geöffnet ist. Es gibt keinen Fallschirm.“ Es ist die erste Situation in seinem Leben, in der sich Kolb zwischen „Freiheit“ und „Sicherheit“ entscheiden muss. Er wählt die „Freiheit“. Es ist wohl der bessere Deal. Denn die Alternative hätte geheißen: „Wenn du tust, was ich will, dann unterstütze ich dich finanziell.“

Sein Deal mit dem Vater macht Bernd Kolb schon früh zum Selbstdenker. Er lebt bereits als Schüler selbstständig. Als sein Vater zwei Jahre vor Kolbs Abitur ein Einfamilienhaus in Aalen kauft, fragt er eines Abends seinen Sohn: „Sag mal, willst du nicht eine eigene Wohnung?“ „Ja, klar. Wieso?“

„Es geht um unser neues Haus. Wenn dort ein Familienmitglied in dem Haus wohnt, dann sparen wir die drei Prozent Grunderwerbssteuer. Das müssen wir zwar mit deiner Mama noch abklären, damit die nicht ausflippt. Aber wenn du mitmachst, dann kannst du die Wohnung haben.“

Kolbs Vater ist Kaufmann. Doch neben seinem rechnerischen Kalkül ist er ein liebender Vater, der sich offenbar keine Sorgen macht, dass mit seinem siebzehnjährigen Sohn etwas schiefgehen könnte. Ab sofort hat Bernd eine Wohnung. Natürlich ist er der Einzige seiner Jahrgangsstufe mit einer Wohnung. Dass er trotzdem weiter zur Schule geht und Abitur macht, ist vielleicht eine beabsichtige Lektion des Vaters. Auf einmal ist der siebzehnjährige Bernd Kolb erwachsen. Er kann damit umgehen.

Der erste Regelbruch

Kolb lebt in seiner Musikwelt. Oder besser: Er macht sich seine Welt, wie sie ihm gefällt. Als er vom Punk zur Neuen Deutschen Welle wechselt und „Deutscher Kaiser" wird, überlegt er mit Bandkollegin Regine Haschka, auf welchem Wege sie am schnellsten Weltstars werden. Die anderen Bands spielen jahrelang ein teures Demoband nach dem anderen ein und schicken es an die Plattenlabels. Denn der Plattenvertrag ist die Eintrittskarte in die Glamourwelt des Musikbusiness.

Doch Bernd Kolb fragt sich schon die ganze Zeit, warum diese Plattenfirmen soviel Macht über seine Entwicklung haben sollen. Was machen die eigentlich genau? Sie pressen Platten, stecken die in ein Cover, bringen sie in den Laden und kleben ein Preisschild drauf?! Dafür braucht man doch keine Plattenfirma! Kolb lässt seine erste Platte bei Sonopress in Gütersloh produzieren. Die Manager dort müssen wohl gedacht haben, sie hätten sich verhört, als Kolb am Telefon eine Tausender-Auflage zu 2,70 D-Mark das Stück ordert. Aber er bekommt seine Platten, ordentlich in einer weißen Hülle. Für wenig Geld bedruckt er Leaflets, packt sie in Sandwichmanier um die Platten herum und tackert sie fest. Fertig!

Für die Musikredakteure des Süddeutschen Rundfunks, an die Kolb stolz seine erste Platte verschickt, genügt eine Schallplatte offenbar als Qualitätssiegel. Sie fragen nicht nach einer Plattenfirma. Sie spielen es einfach.

Es ist das erste Mal, dass die Strategie des siebzehnjährigen Provinzpunks mit der eigenen Wohnung und der großen Neugier aufgeht. „Deutscher Kaiser" ist die erste deutsche Band, die ihre Vermarktung im eigenen Label organisiert. Es gibt bislang kein Vorbild, aber später viele Nachahmer. Dreißig Jahre später wird Kolb sagen: „Das war einfach: Frechheit siegt!" Er wird davon erzählen, dass er diesen Leitsatz neulich erst seiner Tochter Anna beigebracht hat. „Frechheit siegt. Und das sagt dir dein Vater, also nimm's ernst!"

Der Punk beim Jurastudium

„Stellen Sie sich vor: Herr B. aus K. geht mit seinem Dackel Waldi über die Straße. Bedauerlicherweise kommt gerade Dampfwalzenfahrer Paul Z. aus M. und überfährt den Dackel. Was ist das, ein Sachschaden oder Tierquälerei?" Bernd Kolb verdreht die Augen. Wie oft hat er diese Geschichte schon gehört? Offenbar hat der Professor tatsächlich vor, ein ganzes Jahr über diesen Fall zu philosophieren. „Wenn man viel Zeit hat und auch sonst nix im Leben vor hat, dann kann man das tun. Aber für mich war das Thema nach zwei Stunden erledigt: Der Dackel ist juristisch ein Sachschaden. Der Dampfwalzenfahrer muss dem halt einen neuen Dackel kaufen und die Welt ist wieder in Ordnung!"

Es ist inzwischen 1981 geworden. Kolb ist zum Studium nach Tübingen gegangen. Psychologie ist sein Wunschstudium und Jura ist etwas, das ihm seine Familie und die Bekannten geraten haben. Auch Kolb hat das Gefühl, bei allen Verrücktheiten, die er nach dem Studium vorhat, wäre es vielleicht gut, eine sichere Bank zu haben, auf die man sich im Fall der Fälle mal für ein paar Monate setzen könnte. Da erinnert er sich, dass seine Lehrer schon in der Schule sein rhetorisches Talent gelobt hatten. „Sie müssen aus ihrer Redegewandtheit Kapital schlagen! Sie wären ein toller Anwalt. Sie können reden! Sie können überzeugen! ... Sie können alles, was ein Anwalt können muss!“ Kolb denkt sich: Das Jurastudium wird mich zwar langweilen, aber ich sitze es auf der „linken Arschbacke“ ab. Und dann habe ich Sicherheit fürs Leben.

Doch es kommt anders. Es ist der größte intellektuelle Reinfall seines Lebens, sagt er später. Tübingen mit der ältesten geisteswissenschaftlichen Universität der Welt ist gerade dabei, sich von der größten Hippie- und Ökohochburg Deutschlands zu erholen. Das ist nicht Kolbs Format. Er hatte schon vor vier Jahren mit seiner Punkband gegen die alten Zöpfe rebelliert. Jetzt holen sie ihn hier wieder ein. Das kann ja wohl nicht wahr sein!

Dazu kommt dieser universitäre Betrieb, den Kolb als eine mies geführte, langweilige Stoffsammlung ansieht. „Eine große Desillusion“, sei das gewesen. „Ich hatte mir das alles viel aufregender und viel spannender vorgestellt. In Wahrheit war es ein miserabler langweiliger Lehrbetrieb für Konformisten. Und das war ich nicht.“ Irgendwann geht er einfach nicht mehr hin. Außer in die großartigen Rhetorikvorlesungen von Walter Jens. „Der einzige Punk in der ganzen Uni“, sagt Kolb.

Er ist ein Einzelgänger hier an der Uni. Echte Freunde unter den Kommilitonen hat er keine. Stattdessen wohnt er in der vom Vater bezahlten Neubauwohnung auf einem Hügel über der Innenstadt, während die anderen unten in der Fußgängerzone hauptsächlich kiffen und meditieren.

Es ist eine Qual für ihn. Und er vermutlich für die anderen auch.

Studienabbruch mit Eklat

„Entschuldigen Sie bitte!" Der Professor schaut erstaunt von seinem Rednerpult auf. Es ist äußerst selten, dass in Tübingen Dozenten während der Vorlesung von Studenten unterbrochen werden. „Wie kann man denn eigentlich in Deutschland über Sozialpsychologie diskutieren und das ganze Thema der Nazizeit und der Nazipropaganda nicht auf dem Zettel haben. Das verstehe ich nicht!" Im Hörsaal könnte man jetzt eine Stecknadel fallen hören.

Bernd Kolb hat diese Frage gestellt, weil er ernsthaft empört ist. Psychologie war sein Wunschstudium gewesen, weil er sich wirklich für Kommunikationspsychologie und Massenpsychologie interessierte. Wie setzt man Psychologie ein, um gesellschaftlich Dinge zu verändern? Das ist für ihn die große Frage, die unter anderem hinter allen Arten von Werbung steht. In seiner Vorstellung ist die Werbung eine eher geheimverschwörerische Szene. Es sind jene, die das 25. Bild in einen Spot einspielen, das dafür sorgt, dass man während des Films Appetit auf Chio Chips kriegt. Niemand kann es beweisen und nur einige wenige wissen davon. Doch die Menschen sind komplett gesteuert von den Werbemanipulationen. Diese Gedanken reizen den Achtzehnjährigen. Er will studieren, um dieses Handwerkszeug auch zu beherrschen. Leider hat sein Studium gar nichts damit zu tun. Stattdessen wird hier Psychotherapie hoch und runter gelehrt. Und wenn es doch einmal eine Vorlesung zu Sozialpsychologie gibt, dann ohne die wirklich wichtigen Fragen.

Es kommt zum Eklat. Bernd Kolb wird an diesem Tag aus dem Hörsaal verwiesen. Dies sei eine neonazistische Frage gewesen, heißt die Begründung des Dozenten. Kolb versteht die Welt nicht mehr. „Ich bin sicher kein Neonazi. Weiter weg als ich kann man davon nicht sein. Aber dass man allein für eine solche Bemerkung diesen Ruch bekommt, zeigt die Engstirnigkeit der Dozenten. Wenn die als Geisteswissenschaftler diese Abstraktion nicht fahren können, dass man über dieses Thema spricht, dann bin ich hier falsch." Für Kolb ist in diesem Augenblick das Psychologiestudium zu Ende. Die älteste geisteswissenschaftliche Universität der Welt ist ihm zu verknöchert. Sie ist genau das Gegenmodell zu einem jungen Springinsfeld, wie Kolb einer ist.

Es ist für Bernd Kolb keine schwere Entscheidung, sein Studium nach diesem Erlebnis abzubrechen. Zwar muss er sich den verständnislosen Debatten seiner Eltern stellen. Doch er selbst ist sich sicher: Mit keinem der Dinge, mit denen er in diesem Studium konfrontiert wurde, will er sich jemals wieder beschäftigen. Er hatte begonnen, ein Fundament zu bauen, auf dem er später niemals stehen wollte. Kolb bricht ab. Er hat keinerlei Berufsausbildung.

Ein Schwabe in New York

Bernd Kolb macht das, was er immer macht, wenn er keinen Plan hat: Musik. Sie verschlägt ihn nach New York. Eine gigantische Erfahrung für jemanden, der von der Ostalb kommt. Es ist wieder Independent-Musik, diesmal mit einer amerikanischen Plattenfirma, einem Verleger und einem ordentlichen Management. Kolb ist der Deutsche, der die elektronische Musik, die ersten Vorläufer des

Techno, nach New York bringt. Joe Machine nennt er sich und unterschreibt einen Vertrag für drei Langspielplatten. Die erste verkauft 6.500 Stück.

Doch es kommt wieder anders. In New York lernt Kolb Zeus kennen. Zeus B. Held ist damals Gott in der Musikszene. Er ist Produzent von Ultravox, den Superstars der neuen New-Wave-Szene. Zeus B. Held ist Deutscher, hat aber in London ein Studio, das vor allem Filmmusik produziert. Er bietet Kolb an, ihn zu produzieren. Außerdem könne Kolb Filmmusiken komponieren, um davon seine Miete zu bezahlen. Kolb ist begeistert. Das ist seine Chance als Musiker. Er geht zu seinem Label und berichtet von der großartigen Möglichkeit. Er wolle aus dem Vertrag aussteigen. Niemand widerspricht.

Also bricht Kolb seine Zelte in New York ab. Auf dem Weg nach London kommt er für einige Wochen in Aalen vorbei, um hier seine Wohnung aufzulösen. Doch hier erwartet ihn schon das Schreiben, das sein Leben ändern wird! Es ist ein unverschämter Brief, geschrieben von den Anwälten seiner amerikanischen Plattenfirma. Darin steht, dass ihr Vertrag nach wie vor gültig sei. Sollte er jemals irgendetwas für irgendjemanden machen, würde diese Musik den Amerikanern gehören. Kolb ist schockiert über seine ehemaligen Freunde in dieser coolen Szene. Doch er versteht, dass er vermutlich nie mehr Musik machen wird.

Mit den New Yorkern hat er sich verkracht. Dort kann er nicht mehr hin. Nach London darf er auch nicht. Auf einmal sitzt Bernd Kolb wieder in Aalen. Hier in der Provinz, der er vor drei Jahren schon dachte, entkommen zu sein. Sommer 1988.

Vom Seitenstreifen auf die Überholspur

Bernd Kolb läuft durch die Straßen seiner Kleinstadt, in der jeder jeden kennt. Der Typ, der ihn hier anspricht, ist ein ehemaliger Klassenkamerad. Kein Freund, keiner, mit dem Kolb je etwas zu tun hatte. Doch sie kennen sich und sie grüßen sich. „Hey, du bist ja wieder in der Stadt, habe ich gehört. Ich bin Grafiker geworden und will eine Agentur gründen. Du bist so ein kreativer Typ. Wenn du jetzt ein Weilchen da bist, dann hilf mir doch dabei!" Kolb hat wirklich nichts Besseres zu tun.

Es soll eine Kreativagentur sein. Sie soll für ihre guten Ideen bekannt werden. Also gibt Kolb ihr den Namen „Idee", geschrieben „I-D". Kolb hat keine Ahnung, wie eine Werbeagentur aussehen muss. Aber er baut sie auf. So, wie er es schon immer getan hat und immer wieder tun wird. Sein erstes Projekt ist ein Flyer zur Selbstdarstellung. Er macht ihn als One-Man-Show: eigene Texte, eigene Grafik. Die Grafik ist damals schon digital. Doch um sie aus dem Rechner zum Drucken zu bekommen, muss man sie vom Bildschirm abfotografieren und eine Lithografie machen. Auf der Vorderseite steht: „Die Verführung war noch nie ein kleines Kunstwerk, sondern schon immer große Kunst." Kolb ist 22 Jahre später noch stolz auf den Titel. Und drinnen steht: „I-D-Media verleiht seinen Kunden Kraft und Stärke durch den Einsatz von psychologischen Erkenntnissen und die Ausrichtung an den Bedürfnissen der Menschen über den konsequenten strategischen Auf- und Ausbau von Marken!" Es ist großes Kino und harter Stoff für die Gegend. Nichts, womit man in der Region Ostalb ein Geschäft schießen könnte. Für Kolb ist im Nachhinein klar: „Mit sowas stirbst du entweder, oder irgendeine Trendmarke entdeckt dich und sagt: ‚Wow, was ist denn das Verrücktes?'"

Er hat tatsächlich dieses Glück. Durch Zufall stoßen

zwei Marokkaner auf Kolb, die gerade eine junge Modemarke namens „Chevignon“ entwickelt hatten. Ihr Geschäft war es, alte Avirex-Fliegerjacken aus Amerika aufzukaufen, die auf dem Rücken so bemalt waren wie jene der Bomberstaffeln. In Deutschland sind die Jacken Kult. Es gibt sogar Gerüchte, dass in München Leute überfallen worden wären, nur um ihnen diese Jacken zu klauen. Irgendwann reichte der Nachschub der Second-Hand-Jacken aus Amerika einfach nicht mehr aus. Da erfanden die beiden Marokkaner den fiktiven Airforce-Piloten Charles Chevignon und verkauften unter dieser Marke nachgemachte Jacken. Sie übertrugen die Stonewash-Technik von den Jeans auf die Lederbearbeitung, um aus neuer Leder-Rohware Vintage-Jacken herzustellen, die aussahen, als seien sie gebraucht und damit authentisch.

Als Kolb sie zum ersten Mal trifft, sagen sie zu ihm: „Wir werden niemals dasselbe Logo zweimal nehmen. Wir machen es jedes Mal neu.“ Es sind genau jene Verrückten, die Kolb braucht. Die Regeln des Marketings interessieren sie nicht. Bei Chevignon gibt es sechshundert verschiedene Fassungen des Logos. Kolb findet das revolutionär. Begeistert macht er den beiden einen Vorschlag. Er will mit der Marke Chevignon andere Produkte labeln: eine Armbanduhren-Kollektion, eine Wanduhren-Kollektion, eine Taschen-Kollektion, eine Schreibwaren-Kollektion. Die beiden sind einverstanden. Kolb macht sich an die Arbeit.

Für ihn sind die beiden der lebende Beweis, dass Nonkonformismus super erfolgreich ist. Wenn er gut gemacht ist! Es ist schwierig, mit den beiden Marokkanern Geschäfte zu machen. Sie sind nie ganz nüchtern. Und wovon sie nie ganz nüchtern sind, will Kolb Jahre später noch nicht beschreiben. Meetings mit ihnen gehen gar nicht. Stattdessen sind die beiden oft tagelang verschwunden. Doch der 26-jährige Kolb versteht in seinen ersten I-D-Media-Tagen, dass die Leute diese Verrücktheiten lieben. Sie sind sexy, sie bringen einem die coolsten Mädchen und die geilsten Partys. Mehr davon!

Es ist Kolbs Erfolg mit Chevignon, der auch andere Unternehmen der Fashionbranche auf diese neue Agentur in Aalen aufmerksam macht. Zuerst ruft „Mustang Jeans“ bei Kolb an. Sie sitzen ganz in der Nähe, in Künzelsau. Also macht Kolb noch einmal, was er für Chevignon gemacht hat. Der einzige Unterschied: Die Mustang-Leute kommen immer pünktlich zu den Meetings. Und sie bezahlen ihre Rechnungen pünktlich. Es wird ernster!

Danach wird er zum Nächsten durchgereicht: „Lee Jeans“. Die sind Teil eines amerikanischen Konzerns. Die VF Corporation ist eine der größten Bekleidungsfirmen der Welt. Sie besitzt unter anderen Marken wie Wrangler, The North Face und eben Lee. An der New Yorker Wallstreet ist sie im S&P 500 Index gelistet. Die Provinzagentur des Bernd Kolb ist binnen weniger Monate in der Champions League der Bekleidungsindustrie gelandet. Selbst die New Yorker rufen immer an, wenn sie ein wildes „never seen before“ oder ein PR-taugliches „the hottest shit“ haben wollten. Auch Aalen, im Ostalbkreis.

Offenbar mögen sie Kolbs Verrücktheiten. Oder wie soll man es nennen, dass er potenziellen Kunden nach dem ersten Gespräch ein Angebot auf den Tisch legt, das lautet: „Sie geben mir 50.000 Mark und sechs Wochen Zeit. Am Ende weiß ich nicht, was dabei herauskommt. Aber wir arbeiten nur so.“

Dass Werbeagenturen normalerweise in Vorleistung gehen und sich kostenlos an Pitch-Runden beteiligen, weiß Kolb schlicht nicht. Er hat keine Ahnung von der Branche. Und das ist wohl das Beste, was ihm passieren kann. Jahre später ringt er mit sich um eine Erklärung: „Ich war damals so jung, so unerfahren und so weit draußen“, sagt er. „Wenn ich diese Frechheit nicht gehabt hätte, wäre das alles gar nicht passiert. Ich hatte das Glück, dass die Fashionszene es arschcool fand, dass da einer kommt und sagt: ‚Freunde, erstmal das Geld auf den Tisch. Denn: Denken kostet!‘“

I-D Media ist in der Branche zur Trendagentur geworden. Nicht weil Kolb sich diese Schublade ausgesucht hätte. Im Gegenteil: Er hasst Schubladen. Sie engen ihn ein. Aber er wird nicht gefragt. Und bei den Aufträgen für Lee stellt er fest, dass er beginnt, sich selbst zu kopieren. Denn die alten Chevignon-Ideen passen mit ein bisschen Schminke auch auf Lee. Als Kolb das merkt, sinkt sein Spaßfaktor. Höchste Zeit, sich nach etwas Neuem umzusehen!

Die erste Radiowerbung

In Aalen liest man die Schwäbische Post. 85 Prozent der Menschen tun das. Hier ist die Welt für Zeitungsverleger im Jahr 1990 noch in Ordnung. Auch Bernd Kolb liest die Schwäbische Post. Doch was er an diesem Tag liest, elektrisiert ihn. Gestern wurden Radiofrequenzen für den neuen privaten Rundfunk vergeben. Denn neben dem öffentlich-rechtlichen Süddeutschen Rundfunk sollen künftig auch private Radios in der Region senden. Offenbar, so liest es Kolb, hat der Verleger der Schwäbischen Post auch die Lizenz für das neue „Radio 7“ bekommen. In einem Jahr soll es an den Start gehen und sich vollständig aus Werbung finanzieren. Das ist neu! Das ist noch nicht da gewesen. Kolb denkt: „Wenn die ein Radio komplett aus Werbung finanzieren wollen, dann brauchen die Radiowerbung. Das können die doch gar nicht!“ Er kann es auch nicht, aber immerhin hat er ein Tonstudio. Kolb beschließt: Das mache ich jetzt!

Als sich Bernd Kolb und Ulrich Theiss zum ersten Mal gegenübersitzen, stellt Kolb sich als erfahrener Produzent vor. Was auch stimmt. Allerdings sagt Kolb nicht, dass er bislang Musik produziert hat, aber keine Werbung. Theiss ist der Geschäftsführer der Schwäbischen Post. Auch er hat keine Ahnung von Radio. Aber er hat eine Frequenz. Kolb schlägt ihm vor, ein Joint Venture zu gründen. Er werde die komplette Rundfunkwerbung für drei Jahre exklusiv produzieren. Theiss soll die Werbezeiten verkaufen. Theiss antwortet: „Sagen Sie, haben Sie eigentlich etwas, das man sich mal anhören könnte?“

Das Einzige was Kolb hat, sind noch ein paar Exemplare von seiner letzten Joe-Machine-Platte aus New York. Es ist jene Platte, über die sein Verleger damals gesagt hatte: „Du bist der Einzige, den ich kenne, dessen Musik wirklich so klingt, als würde sie direkt aus der Hölle kommen.“ In den New Yorker Szeneclubs war Joe Machine angesagt gewesen. Aber auf dem Wohnzimmerplattenspieler des Regionalzeitungsfürsten in der Ostalb?

Kolb hat keine Wahl: „Herr Theiss, ich habe für Sie etwas Besonderes“, antwortet er. „Es ist meine letzte Platte aus New York. Ich werde sie auch signieren.“ Es ist wieder Frechheit und Kalkül. „Er wird sie sich nie anhören“, ist Kolbs Gedanke, als er einige Tage später seine „Follow the Rainbow“-Vinyl bei Theiss vorbeibringt. Falsch! Zwei Tage später klingelt bei Kolb das Telefon.

„Herr Kolb, sagen Sie, haben Sie nochmals so eine Platte?“

„Ja. Hat sie Ihnen so gut gefallen, dass Sie sie weiterverschenken wollen?“

„Nein. Die, die Sie mir gegeben haben, die ist kaputt.“

„Wie, kaputt?"

„Ja, die geht nicht."

„Wieso geht die nicht?"

„Die läuft nicht bei mir auf meiner Anlage."

„Hängt sie?"

„Nein, nein. Die läuft schon durch. Aber aus den Boxen kommen so komische Geräusche ... die muss kaputt sein."

„Herr Theiss, das ist eigentlich ganz schöne Musik. Die ist bestimmt kaputt! Ich bringe Ihnen noch eine vorbei."

Theiss sagt nie wieder etwas zu der Platte. Aber er macht einen Vertrag mit Kolb. Mehr als 500 Rundfunkspots wird er in den nächsten Jahren machen. 2.000 Mark für den Sechzig-Sekünder. Es ist auch ein Spot für die ESSO-Tankstelle auf der Ostalb dabei. Die hat gerade ihre Tankstelle zum Imbiss und Shop umgebaut. „Das war brandneu. Ich fand das geil!", sagt Kolb später. Als der Tankstellenbetreiber seinen Spot nach Hamburg in die Zentrale schickt, bekommt Kolb den Auftrag für die nationale Kampagne. Wieder ist er ganz vorn dabei.

„Das wird die Welt verändern!"

Scheinbar hat Bernd Kolb sich mit Aalen arrangiert. Aber er reist permanent in die Metropolen dieser Welt, um frühzeitig zu sehen, welche Trends in den kommenden Jahren nach Europa schwappen werden. Und es ist wieder in New York, als er in den einschlägigen Szenemagazinen zum ersten Mal von einem sogenannten „Internet" liest. Genauer gesagt: Es ist gerade „talk of the town".

Offenbar, so liest Kolb, gibt es ein universitäres Computernetzwerk, das aber von Studenten missbraucht wird.

Die hätten angefangen, mit dieser einfach zu programmierenden HTML-Computersprache ihre Urlaubsfotos und private Internetseiten auf die Uniserver zu knallen und sich diese gegenseitig zu schicken. Kolb hat dieses Internet noch nie gesehen. Aber er kennt in Manhattan einen Computerladen, in dem er sich immer sein Technikspielzeug holt. Der Laden hat 24 Stunden am Tag geöffnet. Und er hat einen Computer, der an das Internet angeschlossen ist. Kolb verbringt Stunden darin. Er lässt sich alles zeigen: Wie man zwischen den Seiten navigiert und wie einfach es ist, ein Foto oder eine eigene Seite zu erstellen. Was ihn fasziniert. Offenbar kann jeder Computer auf der Welt diese Seite sehen, sobald man auf den Knopf drückt.

„In dieser Sekunde war mir klar: Das wird die Welt verändern!“, sagt Kolb später. Denn dort in dem freakigen Computerladen in Manhattan hat er verstanden, dass ab sofort der Empfänger zurücksenden kann. Und zwar jeder! „Das ist die Demokratisierung der Medienlandschaft. Die Entmonopolisierung von Media Space! Das wird der Demokratie zu einer ganz neuen Höhe verhelfen und die gesellschaftliche Teilhabe jedes Einzelnen wird wachsen!“

Zurück in Aalen lässt sich Kolb einen Compuserve-Anschluss legen. Er hat in Deutschland die Kundennummer 61. Sein Modem muss er an den normalen Telefonhörer anschnallen. Die Daten werden als Töne übertragen. Es ist der Megatrend für eine Trendagentur wie ihn. Also lädt er seine Modekunden zum Trendworkshop. Ein Wochenende lang erklärt er ihnen das Internet, diese neuartigen Silberscheiben namens CD-ROM und den BTX-Dienst. Am Sonntagabend bei der Verabschiedung kommt der Marketingchef von Mustang Jeans auf ihn zu und sagt: „Tolles Wochenende. Aber Herr Kolb, jetzt sagen Sie mir noch, wo ist denn auf der CD jetzt die Musik drauf?“

Es ist wieder einmal der Moment, in dem Kolb bewusst wird, dass er seiner Zeit voraus ist. Oder anders gesagt: „Ich habe gewusst: Okay, das wird so schnell nichts. Von diesen Kunden kommt kein Auftrag für ein Referenzprojekt.“ Doch genau das braucht Kolb. Also plant er eine Eigenproduktion. Diese neuartige CD-ROM soll dafür gut sein. Doch nicht als Datenträger, wie die Computernerds und Technikfreaks sie benutzen. Nein! Kolb interpretiert die Regeln um. Für ihn ist die CD-ROM ein neuer Medienträger. Einer, den die Welt noch nicht gesehen hat und der trotzdem dabei ist, die klassischen Zeitungen anzugreifen. Seine Idee ist ein neuartiges Medienformat: das erste CD-Magazin der Welt. „Radar“ wird es heißen und am ganz normalen Zeitungskiosk verkauft werden.

Drei Ausgaben produziert Kolb. Dann geht ihm das Geld aus. Aber: Noch zwanzig Jahre später schwärmt Kolb davon. „Ein sensationelles Produkt!“ Es spricht sich herum bis in die USA. In der Werbebranche tuschelt man über diese kleine Agentur aus Süddeutschland, die offenbar die erste in der Welt ist, die ein funktionierendes Multimedia-Studio eingerichtet hat. Die Aufträge für CD-ROM-Produktionen kommen aus der ganzen Welt, von Swatch, Hewlett-Packard, Reemtsma und wie sie alle heißen. Und weil es um zukünftige Geschäftsmodelle geht, interessieren sich gleich die Vorstände für Kolb. Diese Kontakte sollen später zum wichtigsten Kapital des Agenturchefs werden.

Der „Kolumbus des Cyberspace“

Diese Reemtsma-Zigarettenmarke „West“ ist eine der besten Kundinnen von Kolbs verrückten Trendvisionen.

Denn schon Anfang der 1990er-Jahre sucht die Tabakindustrie neue Wege für ihre Werbung. Auf den klassischen Kanälen droht ihr permanent das Werbeverbot. Also wird alles probiert, was geht. Für Kolb ist das ein Segen. Denn „West“ bezahlt ihm jene Spielereien, die ihn für die Ewigkeit berühmt werden lassen. Als „Kolumbus des Cyberspace“ werden ihn später die Zeitungen feiern, als jenen Entdecker, der die alten Regeln der klassischen Werbewelt hinter sich gelassen hat und losgesegelt ist, um der europäischen Markenindustrie das Internet zu erobern. Das klingt zwar pathetisch, ist aber nicht gelogen.

Kolbs „I-D Media“ bringt mit www.west.de die erste Webseite für ein europäisches Markenunternehmen ins Internet. Es ist jene Zeit, in der sonst nur Universitäten ihre eigenen Internetserver haben und im Netz sind. Doch schon wieder bricht Kolb die herkömmlichen Regeln. Er interpretiert dieses neue Internet einfach um. In seiner Gedankenwelt ist es nicht das Computernetz zum Austausch wissenschaftlicher Dokumente und kleiner Diskussionsforen. In seiner Welt ist es ein neues Medium für die direkte Kommunikation zwischen Unternehmen und deren Kunden. Auf west.de setzt Kolb Standards. Auf der Markenwebsite integriert er einen Chatroom, in dem die Nutzer ihre Kommentare hinterlassen können. Das ist selbst für die trendaffinen West-Manager ein starker Toback. „Was machen wir eigentlich, wenn da einer reinschreibt ‚Rauchen ist Scheiße‘ oder ‚Marlboro schmeckt besser‘? Zensieren wir das?“, wird Kolb gefragt. Jede Woche, so erinnert er sich sechzehn Jahre später, habe er einen herzinfarktnahen Anruf der Anwälte von Reemtsma bekommen, weil wieder einer der Nutzer etwas geschrieben hatte, von dem es hieß: „Jesus, Maria, wenn das ein Journalist liest und in seine Zeitung schreibt … das wird böse!“

Bernd Kolb betrachtet das alles als Chance. Jedes Unternehmen könne plötzlich eins zu eins mit jedem Kunden kommunizieren, gibt er als neue Marketingregel aus. Dafür bekommt er deutsche und internationale Marketing-Awards hinterhergeworfen. Doch es wird zwanzig Jahre dauern, bis die Marketingwelt wirklich verstanden hat, was er in diesem Jahr 1994 damit meint.

Doch für ihn erfüllt sich in diesem Jahr zugleich ein alter Traum. Er springt aus seiner Schublade. Ab sofort gilt „I-D Media“ nicht mehr als „Trendagentur“, sondern als Internet-, CD-ROM- und Digitalpionier. Kolb sammelt in Aalen eine wild gemixte Werbetruppe aus der ganzen Welt. Dreizehn Festangestellte hat er inzwischen. Kolb und seine alte Bandkollegin vom „Deutschen Kaiser“, Regine Haschka, sind die einzigen Aalener. Der Rest sind Kanadier, Amerikaner, Franzosen, Engländer und Australier. Sie alle hat Kolb auf den schwarzen Brettern von Compuserve ausfindig gemacht. Dort drin zu sein, gilt schon mal als Beweis, dass man etwas von dem neuen Internet versteht. Und sie alle finden es „super crazy“, in einem Dorf zu sein, wo man aus dem Fenster neben dem Computer schaut und echte Kühe auf der Weide sieht. Seit das CD-Magazin „Radar“ um die Welt gegangen ist, weiß man von diesem „Spaceship im Nowhere“ dort in Deutschland.

Ab jetzt geht es Schlag auf Schlag. I-D Media wird zur Kreativschmiede der Internetentwicklung in Deutschland. Denn das aufkommende Internet verändert grundlegend die Geschäftsmodelle von Medien und Marketing, aber auch die Prozesse innerhalb der Unternehmen. Kein Wunder, dass Kolb der faszinierten Öffentlichkeit einen Regelbruch nach dem anderen präsentiert. Er kreiert die millionenschweren Onlinestrategien für Sony, die Telekom und Swatch. 1996 baut er für die Uhrenmarke das erste weltumspannende Projekt einer Consumermarke. Swatch-

Net-Hunt heißt das erste Cybergame. Es zieht mehr als eine Million Nutzer aus 75 Ländern ins Netz. Zwei Jahre später, 1998, ist er der Star der Computermesse CeBIT. In einer 7.000-Quadratmeter-Halle inszeniert er eine gigantische Party, um seine virtuelle Welt Cycosmos vorzustellen. Es ist eine dreidimensionale Computerwelt, in der sich die Nutzer mit Avatarfiguren bewegen können. Schon im ersten Jahr sind 650.000 Internetnutzer im Cycosmos unterwegs. Es ist neun Jahre, bevor mit der virtuellen Welt „Second Life" ein riesiger Hype um virtuelle 3D-Welten entstehen wird.

Im Jahr 2000 beschließt Kolb, eine Brücke zwischen der nüchternen Technik und menschlichen Emotionen zu schaffen. Er erfindet den virtuellen Popsänger E-Cyas. E-Cyas ist ein Avatar. Ihn gibt es nur in der virtuellen Internetwelt. Sein Song „Are you real" schafft es bis in die deutschen Charts. Das Video, das in ganz Europa in den Musiksendern läuft, spielt in der Cycosmos-Welt. Es beginnt mit einem Blick auf das Titelbild von „Radar".

Zu dieser Zeit ist Kolb schon nach Berlin umgezogen. 600 Mitarbeiter arbeiten für ihn. An der Börse ist seine ehemalige Provinzagentur zwischenzeitlich mehr als eine Milliarde Euro wert.

„Ich kann mich nicht selbst feiern!"

Es ist der 23. Juni 1999. Ein Mittwoch, 9:00 Uhr. Vier Menschen stehen nebeneinander auf der Galerie im großen Parkettsaal der Frankfurter Börse. Neben Bernd Kolb steht seine Vorstandskollegin der I-D Media AG, Regine Haschka, daneben der Finanzvorstand Frank Reinhardt und Lothar Späth. Der frühere Ministerpräsident von Baden-Württemberg ist Aufsichtsratsvorsitzender bei Kolbs I-D Media geworden. Es sind nur noch wenige Sekunden, bis sich zeigen wird, ob die mörderische Arbeit des letzten Jahres sie in das erhoffte Ziel bringt.

Noch einmal gehen Bernd Kolb jene Bilder durch den Kopf, die er sich in den letzten Tagen schon tausendmal ausgemalt hat. Was wäre, wenn? Was wäre, wenn der Börsengang der I-D Media heute funktioniert? Was wäre, wenn die Anleger seine Aktien zeichnen und kaufen wollen? Was wäre, wenn er plötzlich hunderte Millionen D-Mark auf dem Konto hätte? Dann könnte er wirklich investieren und die Welt erobern!

Die letzten Tage waren ein einziges Fiebern für diesen Augenblick gewesen. Das ganze Team, seine Familie, ja die ganze Stadt Aalen hatten für diesen Augenblick gehofft und gebetet! Jetzt tauchen auf der gegenüberliegenden Anzeigetafel die ersten Zahlen des Tages auf. Zum ersten Mal steht dort das Kürzel IDL und dahinter der Kurs …

Die vier auf dem Balkon glauben ihren Augen nicht zu trauen. Die Zahl, die sie weiß auf schwarzer Anzeigetafel vor sich sehen, bedeutet, dass sie in diesem Moment dreihundert Millionen D-Mark reicher sind! Sie können sich jetzt alle jene Dinge leisten, von denen sie schon immer geträumt haben. Selbst der mit allen Wassern gewaschene Lothar Späth ist ergriffen. „Was sollen wir tun, um das zu feiern?“, heißt es schnell.

Bernd Kolb sagt: „Also, ich weiß nicht, was ihr machen wollt. Aber ich weiß, was ich jetzt machen werde. Ich setze mich jetzt ins Auto und fahre nach Aalen.“ Späth & Co. können es kaum glauben. Aber Kolb ist nicht nach feiern zumute. Er setzt sich ins Auto und rast Richtung Aalen. Das Foto, das an diesem Vormittag ein Geschwindigkeitsblitzer der Polizei von ihm schießt, wird er sich sein Leben lang aufheben. „Als Erinnerung!“, sagt er.

Gegen halb zwei mittags ist er wieder in seinem Aalener Büro. Auch hier denkt niemand an das Arbeiten. 150 Mitarbeiter warten auf die Ankunft ihres Chefs. Luftballons und Konfetti liegen im Großraumbüro, ein DJ ist auch schon da. Alles ist bereit für die größte Jubelfeier der Agenturgeschichte. Jedem hier in der Firma ist bewusst, dass dieser Tag das größte Erfolgserlebnis ist, das man sich überhaupt sich vorstellen kann. Wahrscheinlich werden die wenigsten von ihnen noch einmal einen solchen Tag erleben.

Doch Bernd Kolb hat ein anderes Gefühl: „Verdammt, jetzt muss es aber auch losgehen. Jetzt müssen wir hier wirklich arbeiten!“ Er geht durch den Feiertrubel hindurch in sein Zimmer. Als seine Assistentin hereinkommt und ihn zum Feiern mitnehmen will, sagt er: „Lasst mich in Ruhe. Ich muss jetzt alle meine Kunden anrufen. Die sollen das von mir persönlich erfahren. Und dann müssen wir sofort weiterschauen. Ihr wisst gar nicht, was jetzt auf euch zukommt. Ich würde jedem raten, sich sofort hinter seinen PC zu setzen und zu gucken, dass wir ganz schnell an Neugeschäft kommen.“

Es gibt wohl keinen Mitarbeiter, der die Laune seines Chefs an diesem Nachmittag versteht. Dabei ist es ganz einfach. Kolb ist keiner, der stolz auf sich selbst ist. „Wenn ich mit meiner Brust dieses Zielband erreiche“, erklärt er, „und es winkt das Treppchen und ich soll jetzt da hochsteigen, die Hände ausstrecken und das Stadion soll mich bejubeln ... Das mache ich nicht! Natürlich will ich das Zielband erreichen. Ich gebe alles dafür und widme mein gesamtes Leben nur noch diesem Ziel. Aber wenn ich das erreicht habe, dann ist das für mich kein Grund zum Feiern. Ich kann in einem solchen Augenblick nicht zurückschauen. Ich schaue nach vorn und sehe die vielen Herausforderungen, die als Nächstes auf uns zukommen.

Da kann ich mich nicht selbst feiern, da hätte ich fast ein schlechtes Gewissen."

Der rote Faden des Lebens

Bernd Kolb sagt von sich selbst, dass er den Regelbruch gar nicht so sehr mag. Er möchte neue Regeln aufstellen. Das Entscheidende für ihn sei immer gewesen, früh bei neuen Entwicklungen dabei zu sein, um selbst die Chance zu haben, das Neue zu gestalten und ein paar der neuen Gesetze oder der neuen Rahmenbedingungen entwickeln und formulieren zu dürfen. Dieses psychologische Element zieht sich durch sein ganzes Leben, angefangen von der Punkband mit vierzehn, über das erste eigene Plattenlabel, die erste Radiowerbung, das erste CD-ROM-Magazin, die erste Website, das erste Online-Spiel, den ersten virtuellen Popstar in Deutschland, die erste virtuelle Welt bis zu seinen späteren Projekten. „Es ist eine ungeheure Freude, Protagonist sein zu dürfen, eigene Regeln aufzustellen und beobachten zu können, dass die nächste Generation diese Regeln schon als etwas ganz Normales betrachtet", sagt er.

Ihn reizen Themen, für die es bislang keine Regeln und Vorbilder gibt. Und ihn reizen Themen, von denen andere sagen, dass sie nicht funktionieren können. So wie die Werbung im Internet. Die Werbebranche erzählt sich auf ihren Kongressen Anfang der 1990er-Jahre, dass Werbung im Internet nie funktionieren könnte. Die Begründung ist einfach: Damals musste der Nutzer für den Zugang zum Internet noch bezahlen. Flatrates kennt die Welt noch nicht. Also wird sich doch niemand etwas Werbliches anschauen und auch noch Geld dafür zahlen! Nein, das Internet sei ein anarchisches Medium, jeglicher Kommerz habe hier keine Chance. Für Kolb sind solche Sichtweisen schon immer ein Ansporn, zu sagen: „Wenn ihr das alle nicht seht und ihr meint, dass das nach alten Regeln so nicht gehen kann, dann werde ich versuchen, erste Erfahrungen damit zu sammeln. Vielleicht bekomme ich dabei erst einmal eins auf die Mütze. Das halte ich aus. Aber ich lerne dabei sehr viel und entwickle die Welt in einem kleinen Bereich weiter. Ich glaube, das ist der rote Faden meines Lebens!"

Bert Brecht war es, der 1930 die zwei Stücke „Jasager"' und „Neinsager" schrieb. In beiden zieht ein Knabe mit einer Forschergruppe über die Berge. Er will Arznei für seine kranke Mutter holen. Doch er wird selbst so krank, dass er der Gruppe zur Last fällt. In solchen Fällen ist es Brauch, sich vom Felsen stürzen zu lassen. Der Jasager tut das, der Neinsager nicht! „Wer A sagt, muss nicht B sagen. Er kann auch erkennen, dass B falsch ist", sagt der Knabe am Ende. Der bisherige Brauch des Felssturzes soll ersetzt werden durch den neuen Brauch, in jeder Lage neu nachzudenken. Bernd Kolb ist ein „Neinsager".

Doch was ist der innere Antrieb eines Rulebreakers? Wofür tut er, was er tut? Kolb will nicht zuerst das große Geld. Er will verstanden werden. Selbst wenn es anfangs mit „Blitzkrieg" nur hundert von zweitausend Zuhörern des Festivals oder später mit „I-D Media" nur wenige trendaffine Marketingleiter sind. Er ist glücklich, wenn andere Menschen beginnen, die von ihm entdeckten Wege zu beschreiten. „Dinge vorantreiben, neue Räume aufsperren", nennt er das selbst: „Ich will aus den engen Grenzen des heute Vorstellbaren immer wieder mal eine Tür aufmachen und den anderen zeigen, dass es dahinter noch weitergeht. Natürlich ist es dort hinten derzeit noch dunkel und nass und vielleicht auch gefährlich. Aber es gibt etwas zu entdecken! Wir sind die Mutigen. Wer will mit?"

Einer, der so denkt, lebt ein rastloses Leben. Er kommt nie an seinem Ziel an. Denn immer, wenn er ein Ziel erreicht, hat er den Blick schon auf die nächste Aufgabe gerichtet. Doch wenn schon nicht beim Erreichen von Zielen, wann sonst freut sich solch ein Mensch? Kolb sagt, dass er sich über neue Gedanken freut. Er meint Gedanken, von denen er das Gefühl hat, dass sie seinem Denkkosmos ein fehlendes Puzzlestück hinzufügen. Er liebt Kritiker, von denen er Argumente hört, die er bislang nicht kennt. „Das empfinde ich als etwas sehr Konstruktives und Positives für mich. Ein neuer Gedanke, der das Universum meiner Gedanken erweitert und den ich umsonst bekomme, sagt der Schwabe in mir. Da bin ich sehr dankbar. Das ist wie ein Geschenk."

Den Blinden die Farbe schmackhaft machen

Es gab viele verrückte Jahre seit Kolbs Punkauftritten mit „Blitzkrieg". Es gab Jahre, in denen er zum Unternehmer des Jahres wurde, es gab Jahre, in denen er als erster Nichtamerikaner den „Goldenen Clio", den größten US-Marketing-Award, bekam und es gab Jahre, in denen er Millionär wurde. Und doch soll dieses anbrechende Jahr 2005 zum vielleicht wichtigsten seines Lebens werden.

Denn an einem Nachmittag im August 2005 landet Bernd Kolb in Marrakech. Er lässt sich vom Flughafen aus in die Medina, die Altstadt mit ihrem gigantischen Labyrinth der verwinkelten Gassen, fahren. Hier, wo jeder Stadtplan umsonst ist, leben auf wenigen Quadratkilometern so viele Menschen wie in Köln. Am zentralen Platz, dem Djemaa el Fna, kamen früher die Karawanen nach ihrem Marsch durch die Sahara an. Djemaa el Fna heißt: Platz der Geköpften. Es ist ein Schmelztiegel der Kulturen. Hier scharen sich Menschen um Märchenerzähler, hier lassen Gaukler ihre Äffchen tanzen, hier hört man überall die kratzigen Flöten der Schlangenbeschwörer. Nach zwei Stunden in dieser Stadt weiß Kolb, dass dies sein Ort ist.

Er hat eine Vision. Davon weiß noch keiner in Deutschland. Und es soll auch keiner wissen. Denn nächste Woche wird Kolb bei der Deutschen Telekom einsteigen. Als Vorstand für Innovation. Da macht es sich schlecht, wenn alle Welt schon darüber redet, was Kolb nach der Telekom machen wird.

Vor wenigen Tagen hatte er erst bekannt gegeben, dass er seine I-D Media verlassen wird. Nach den Anfangsjahren des rasanten Booms hatte er in den letzten Jahren sein Unternehmen auch noch durch die Internetkrise gebracht. Es waren harte Jahre, viele Mitarbeiter mussten gehen, der Aktienkurs stürzte ab. Genau wie überall! Aber während andere Internetunternehmen in dieser Zeit pleite gingen, konnte Kolb seine I-D Media konsolidieren. Nun hat sie eine erfolgversprechende Zukunftsperspektive. Alles, was in den kommenden Jahren passieren wird, müssen seine Nachfolger verantworten. Doch natürlich ist die I-D Media ziemlich klein geworden im Vergleich zur Boomzeit. Kolb hat Lust auf etwas Neues, etwas Großes!

Genau genommen, hat er Lust auf zwei neue Dinge. Zum einen wird er nächste Woche zum vermutlich ersten Vorstand eines deutschen DAX-Unternehmens berufen, der keine abgeschlossene Berufsausbildung hat. Wieder ein Regelbruch! Er will die Schwungmasse des Telefongiganten nutzen, um seine Ideen schneller, breiter und größer machen zu können. Natürlich zum Wohl der Deutschen Telekom.

Zum Zweiten aber will Kolb zur Perfektion treiben, was er sein bisheriges Leben lang getan hat. „Das durchgängige Thema meines Lebens ist Innovation. Es ist im Grunde ein permanenter Kampf darum, den Blinden die Farbe schmackhaft zu machen. Man muss Fantasie erzeugen, man muss einfache Bilder malen, die keine Angst machen. Man ist ständig in der Situation, dass man selbst sich Dinge schon vorstellen kann, aber andere Menschen noch nicht. Dann muss man diese Dinge in Bilder packen, damit auch andere sie sich vorstellen können. Und diese Bilder müssen dann noch so positiv sein, dass die anderen Lust darauf bekommen", erklärt Kolb seine Berufung.

Die Methode für ein solches Innovationsmanagement ist immer wieder die gleiche. Man muss versuchen, die Teilnehmer solcher Workshops möglichst schnell dazu zu bringen, dass sie ihre gewohnten Denk- und Handlungsmuster komplett vergessen. Nur dann sind sie wirklich offen und kreativ. Dies ist der Grund, warum Kolb und alle anderen Innovationstrainer ihre Workshops am liebsten an originellen Locations machen. Inspirierend müssen sie sein, anders als andere, weg vom Trott. „Das habe ich in meinem Leben hunderte Male gemacht", erinnert sich Kolb. „Sie waren an den skurrilsten Orten. Mal waren die Orte die richtigen und die Infrastruktur war nichts. Mal war die Infrastruktur perfekt, aber der Ort war falsch. So richtig optimal war es in den seltensten Fällen." In ihm reift die Idee, dass er irgendwann einmal jenen idealen Ort dafür schaffen wird. Es wird ein Ort sein, der nur ein Kriterium erfüllen muss: Alles, was man an bisher Gelerntem mitbringt, alle Routinen, alle Erfahrungen dürfen zum Überleben an diesem Ort nichts nützen.

An diesem Tag in Marrakech spürt Bernd Kolb intuitiv, dass er seinen Ort gefunden hat. Es geht dabei nicht um jene Legenden, die später deutsche Zeitungen schreiben:

Kolb hätte sich in die Märchen aus 1001 Nacht verliebt usw. Kolb nimmt diese Storys hin, sie schmeicheln ihm. Aber in Wahrheit ist Marrakech perfekt, weil es einen internationalen Flughafen hat, der für europäische Manager mit kurzem Flug zu erreichen ist, aber gleichzeitig die größtmögliche kulturelle Distanz bringt. Hier lässt sich auf einfachste Weise jener innovationstreibende Kulturschock herstellen.

Ein paar Monate später, im Dezember 2005, wird Kolb hier sein erstes Haus kaufen. Doch da ist er schon bei der Telekom. Die Vision kann ruhig ein paar Jahre liegen, denkt er. Ewig wird die Telekom-Zeit nicht sein. Bis dahin kann die Idee reifen. Kolb sagt: „Den Gedanken fand ich schön."

Der erste DAX-Vorstand ohne abgeschlossene Berufsausbildung

Als Kai Uwe Ricke, der Vorstandsvorsitzende der Telekom, Kolb in seinen Vorstand holt, ist wohl beiden klar, dass sie sich auf ein Experiment mit ungewissem Ausgang einlassen. Ein Rulebreaker im Konzern! Geht das überhaupt?

Bernd Kolb antwortet auf diese Frage nicht direkt. Er hat unterschrieben, dass er keine Interna aus der Telekom-Zeit weitergibt. Aber wenn man die junge Geschichte des Mediums Internet ansehe, sagt er, und die Liste der Top 100 Internetunternehmen nehme, dann ist darin keine einzige Marke, die aus einem Konzern hervorgegangen wäre. Man müsse sich fragen, warum ist das so? Reiner Zufall oder hat das Methode? Für Kolb hat es Methode. Ein Konzern ist nur deshalb ein Konzern, weil er eine gewisse Größe und Komplexität hat. Er kann nur noch funktionieren, weil es unendlich viele Routinen und Prozesse gibt, die jedem der Tausenden Mitarbeiter jeden Morgen wieder sagen, was er an diesem Tag zu tun hat.

Improvisation sei damit ausgeschlossen. Und selbst, wenn man sie einführen wolle: Es geht nicht! Denn die Kultur dafür wächst in Konzernen nicht. Die Kultur der Konzerne besteht aus Routine und Effizienz. Natürlich gibt es Sprünge in der Entwicklung solcher Konzerne. Doch die werden am ehesten von Rationalisierern gebracht, Leuten vom Schlage eines José Ignacio López de Arriortúa, der die Automobilkonzerne Opel, General Motors und Volkswagen effizienter, schlanker und noch profitabler machte. Mit mehr Standards und mehr Routinen. Für Kolb hat das nicht mit jenen Fundamentalinnovationen und neuen Paradigmen zu tun, die er liebt. Diese könnten in Konzernen gar nicht entstehen, sagt Kolb.

Und was tut er dann bei der Telekom? Nun, dass die großen Innovationen nicht im Konzern entstehen, bedeute ja nicht, dass nicht jeder Konzern solche Impulse brauche. An dieser Stelle ahnen Kolbs Zuhörer, ohne dass er es sagt, dass er mit Kai Uwe Ricke die Quadratur des Kreises versucht hatte. Deshalb hatten die beiden die Innovationsabteilung der Telekom in eine eigene GmbH ausgelagert. In Berlin, fern von der Muttergesellschaft in Bonn, sollte die Innovationssparte eigenständig agieren. Sie sollte eigene Produkte entwickeln und vermarkten. Vielleicht sollte sie sogar die Geschäfte der großen Telekom angreifen, bevor es ein anderer tat? Kolb bestätigt das natürlich nicht. Er schweigt dazu.

Was er sagt, ist: Er habe nie die Absicht gehabt, als normaler Lohn- und Gehaltsempfänger in einem Konzern zu arbeiten. Er habe die Bedingungen für die Zusammenarbeit vorgeschlagen und Kai Uwe Ricke sei darauf eingegangen. Doch als Ricke am 12. November 2006 erklärt, dass er noch am selben Tag zurücktritt, ahnt auch Kolb, dass die Tage seiner Innovationssparte gezählt sind. Es dauert noch bis ins nächste Jahr 2007. Doch dann kündigt Bernd Kolb seinen Vorstandsposten. Er sei einer der Wenigen, die nicht rausgeflogen seien, sondern selbst gingen, sagt er. Warum er das tat, sagt er nicht. Wahrscheinlich hatte der neue Vorstandsvorsitzende eine andere Vorstellung von Innovation. Vermutlich hat er Kolb einfach das Budget gestrichen.

Bernd Kolbs letzter Arbeitstag bei der Telekom ist an einem Freitag. Am Sonntag packt er seine Koffer. Und am Montag landet er wieder in Marrakech.

Ana Marrakchi

Bernd Kolb sitzt auf dem Boden. Er bemüht sich, alles genauso zu machen wie seine marokkanischen Gastgeber. Dreizehn Personen haben ihn hier im Riad dieses vierhundert Jahre alten Palastes begrüßt. Sie hatten sich auf den Teppich gesetzt. Er macht es genauso. Neben ihm sitzt sein Omar Nahli. Er ist Regionalchef der marokkanischen Telekom in Marrakech. Doch heute ist er Dolmetscher. Denn wenn funktioniert, was Kolb vorhat, dann wird Nahli der Chef eines der innovativsten Projekte des Landes werden.

Nahli hängt ein weißes Leinentuch an die Wand. Kolb bringt Beamer und Laptop in Position. Für einige der Anwesenden wird es die erste Powerpoint-Präsentation ihres Lebens. Es sind die dreizehn Kinder des Hausherrn, die hier im Raum sind. Was Kolb ihnen zeigt, ist für die meisten unglaublich. Die Computeranimation zeigt einen

3.200-Quadratmeter-Palast mit sechzehn Suiten, vier Restaurants, einem Spa und verschiedenen Konferenzräumen. „Ana Marrakchi“ soll er heißen, „ich bin aus Marrakech.“

Es ist ein skurriles Bild. Durch das baufällige Haus fliegen 3D-Animationen und futuristische Zeichnungen. Doch was die dreizehn Marrakchi verstehen: Wenn sie diesem Deutschen ihr Haus verkaufen, dann wird ihr Ort zu etwas Großem in der Stadt. Das ist wichtig für die alteingesessene Familie. Als Kolb mit seiner Präsentation fertig ist, wird er hinausgeschickt. Stundenlang trinken er und Omar Nahli Tee in den Terrassen-Cafés des benachbarten Djemaa el Fna. Die Familie hat sich zum Palaver zurückgezogen. Nach drei Stunden klingelt endlich Omars Handy. Sie werden wieder hineingerufen. Kolb ist hochnervös.

Das Problem für ihn: Er muss alle dreizehn überzeugt haben. Denn in Marokko kann man Immobilien nur kaufen, wenn alle Erben zustimmen und beim Notar den entsprechenden Kaufvertrag unterschreiben. Kolb hat es mit dem Hausherrn und seinen dreizehn Söhnen und Töchtern zu tun, die alle bereits selbst wieder Kinder haben. Und zu allem Überfluss gilt in Marrakech der Verkauf eines so prominenten Hauses an einen Ausländer nicht gerade als politisch korrekt. Wird er den Familienrat überzeugt haben, dass es zur Ehre der Familie gereicht, solch einen Palast aus ihrem Gebäude zu machen?

Als Kolb sich wieder auf den Teppich setzt, ist es still im Haus. Nur das Familienoberhaupt spricht jetzt: „Es ist eine sehr schwierige Diskussion“, sagt er. „Im Grunde ist sich die Familie einig. Wir finden, es ist eine gute Idee. Wir als Familie möchten Ihnen dieses Haus verkaufen. Aber nur unter der Voraussetzung, dass es uns noch gelingt, zwei meiner Schwestern zu überzeugen. Sie haben noch nicht zugestimmt. Lassen Sie uns in Kontakt bleiben." Es ist nicht das Ergebnis, das Bernd Kolb sich erhofft hat. Doch er versucht, das Beste daraus zu machen. Er bedankt sich und sagt, dass er schon einmal auf eigene Kosten einen Notartermin besorgen wolle.

Diese Hängepartie dauert noch Monate. Genau bis zum Notartermin. Bis sie gemeinsam vor dem Notar stehen, weiß Kolb nicht, ob die beiden Töchter tatsächlich kommen würden. Doch sie sind da. Offenbar hatten zwei ihrer Brüder einige Geldsorgen mehr als ihre Schwestern. Von denen lassen sich die skeptischen Schwestern überreden, mit hierher zum Notar zu kommen. Als dieser seinen ewig langen Kaufvertrag vorgelesen hat, geht es ans Unterschreiben. Zehn doppelseitige A4-Blätter sind es. Jeder Beteiligte muss jedes Blatt signieren.

Plötzlich stutzt der Notar. Er schaut auf die Unterschriften und sagt: „Etwas stimmt hier nicht!" Alle schauen auf das Blatt in seiner Hand. „Das ist ja eine völlig andere Unterschrift", sagt er und deutet auf zwei Unterschriften auf nebeneinander liegenden Blättern. Jetzt ist es offensichtlich. Die Unterschriften stammen von derselben Person, aber sie sehen völlig unterschiedlich aus. „Ja, und?! Ich kann doch nicht schreiben", sagt die Oma der Familie. „Sie haben gesagt, ich solle jetzt hier etwas hinmalen. Das habe ich gemacht. Und auf das andere Blatt habe ich auch etwas gemalt."

„Aber Sie sollen nichts malen. Ich brauche Ihre Unterschrift! Schreiben Sie Ihren Vornamen und den Nachnamen. Aber es muss auf jeder Seite gleich aussehen."

„Ach nein. Das ist doch viel schöner, wenn es immer anders aussieht!"

Die ganze Gesellschaft stöhnt: „Oma, bitte!"

Die Familie beginnt vor den Augen des Notars, mit ihrer Oma das Schreiben zu üben. Eine halbe Stunde dauert es, bis sie dreizehn Mal die gleiche Kritzelei auf das Papier bringt. Jetzt besitzt Bernd Kolb das größte zusammenhängende Grundstück im Zentrum der Medina von Marrakech.

Ana Yela, das Rulebreaker-Hotel

Es wird nicht das einzige Haus bleiben, das Kolb in Marrakech kauft. Der Umbau zu dieser Ikone der Innovation, mit dem er einst in Marrakech die Topmanager der Welt auf innovative Ideen bringen wird, dauert ewig. Schon das Ausheben des Kellers hat ein ganzes Jahr gedauert. Denn durch die Gassen der Medina passen weder Bagger noch Kräne. Es ist Handarbeit. Bis „Ana Marrakchi“ fertig wird, werden mindestens fünf Jahre vergehen. Eine Zeit, in der Kolb nicht untätig sein kann.

Er kauft ein zweites Haus. Ein Kleineres, am anderen Ende der Medina. Es liegt in einem der unberührtesten, traditionellsten Viertel, mitten im echten Leben. Gemeinsam mit seiner Frau Andrea will er ein neuartiges Hotel daraus machen. Ein Hotel, das so noch niemand auf der Welt gebaut hat. Ein Hotel, das die Regeln des weltweiten Hotelbusiness bricht, einen „Ort der Inspiration“.

Es ist im Nachhinein nicht herauszufinden, wer welche Idee zum Regelbruch hatte. Denn die beiden führen keine „normale“ Beziehung. Sie treffen sich nicht wie andere Paare abends zuhause. Sie wartet nicht in der Heimat, wenn der Mann auf Reisen ist. Nein! Sie ist, wo er ist, und er ist, wo sie ist. „Uns beide gibt es nur zusammen“, sagt Kolb. Sie tauchen immer gemeinsam auf. Sie teilen nicht nur das Bett, sondern auch die Interessen, die Themen,

Termine, Gespräche und ihr Hotel. Andrea Kolb ist nicht nur seine Frau, sondern seine Sparringpartnerin. Und eine begnadete PR-Frau. Dass das kleine Hotel in Marrakechs Medina in den kommenden Jahren mehr als dreihundert begeisterte Reportagen in den wichtigsten Zeitungen in aller Welt bekommen wird, hat kaum mit Bernd, sondern mit Andrea Kolb zu tun.

Doch noch ist es nicht so weit. Noch steht hier nicht mehr als ein ehrwürdiges Haus, dem man seine dreihundertjährige Geschichte ansieht. Bernd Kolb holt seinen alten Freund Yannick Hervy nach Marrakech. Er ist ein französischer Designer aus Toulouse. Ein freundlicher, stiller Kerl, den Kolb kennengelernt hat, als er noch für die Chevignon-Jungs neue Produkte entwickelte. Seitdem sind Yannick und er unzertrennlich. „Der liebe Gott hat mir vieles an Talent gegeben", sagt Kolb, „aber malen kann ich nicht." Yannick kann. Es entsteht eine Freundschaft und, wie Kolb es nennt, „kongeniale Zusammenarbeit". Im Grund läuft es so, erklärt er: „Inhaltlich und strategisch habe ich mir immer mit viel Fantasie die revolutionärsten Sachen ausgedacht. Und Yannick war der Einzige, dem ich das verbal so rüberbringen konnte, dass er einen Stift in die Hand nimmt und genau das zeichnet, was ich meine. Ich habe es mit vielen Designern versucht. Aber Yannick ist scheinbar mental mit mir so verbunden, dass wir heute fast nicht mehr reden müssen. Für einen Beobachter ist es wahrscheinlich sehr skurril, wie wir arbeiten. Aber da kommen einfach irre Sachen raus."

Als die beiden im Jahr 2007 ihr kleines Hotel umbauen, entdecken sie hinter einer offenbar nachträglich eingebauten Wand einen kleinen verborgen Raum. Niemand kennt diesen Raum. Darin befindet sich nur ein einziger Gegenstand: eine kleine silberne Schmuckschatulle. Als Kolb seinen gefundenen „Schatz" öffnet, kommt ein Blatt

Papier zum Vorschein. Die Vorder- und die Rückseite sind beschrieben. Doch er kann sie nicht lesen.

Es ist eine alte, arabische Kalligrafie, in der die Geschichte von Yela geschrieben steht. Yela ist ein Mädchen, das einst in diesem Haus gewohnt hat. Sie ist 16, als sie diese Zeilen schreibt. Es ist ihr letzter Tag in diesem Haus, es ist der letzte Tag vor ihrer Hochzeit. Sie erzählt die Geschichte ihrer Jugend in diesem Haus, das ihr Großvater vor vielen Jahren gebaut hat. Und sie erzählt die Geschichte ihrer Liebe zu jenem Jungen aus der Nachbarschaft, den sie morgen heiraten wird.

Es klingt für europäische Ohren wie ein unglaubliches Märchen aus 1001 Nacht. Doch wer vor der Kalligrafie in dem kleinen Hotel in Marrakech steht, für den wird die Geschichte real. Sie passt genau an diesen Ort. Bernd Kolb ist genauso überwältigt wie alle seine Besucher danach. Er beschließt, sein künftiges Hotel „Ana Yela" zu nennen: „Ich bin Yela". Das Hotel erzählt die Geschichte des Mädchens Yela von der schweren Holztür am Eingang bis auf jenen roten Teppich auf der Dachterrasse, von dem aus man die Dächer von Marrakech, die großen schneebedeckten Berge des Atlas, die Palmen der Oase und die unendliche Wüste sehen kann. Es ist jener rote Teppich, auf dem Yela nachts schlief, wenn ihr Verehrer über die Dächer zu ihr kletterte. Es ist jener rote Teppich, mit dem Yela zu fliegen glaubte, als er sie das erste Mal küsste.

Die Restaurierungsarbeiten für das Hotel dauern viele Monate. Kolb holt sich hundert einheimische Handwerker, die er zwingt, ausschließlich jene traditionellen marokkanischen Handwerkstechniken zu benutzen, mit denen das alte Marrakech erbaut wurde. Elektrische Geräte verbietet er. Sie müssen diesen reichen Deutschen manches Mal für verrückt halten. Jedes einzelne Möbelstück, jede Lampe, jedes Dekorationsobjekt bis hin zum Geschirr entwirft Kolb zusammen mit Yannick Hervy selbst und lässt es in den benachbarten Gassen von Handwerkern anfertigen. Die Geschichte von Yela wird in Silber an die großen Türen geschlagen, die wie Buchseiten chronologisch durch das Haus führen.

Als Monate später die ersten Besucher eintreffen, lässt Kolb sie mit einem Fahrer vom Flughafen abholen. Sie fahren an der markanten roten Stadtmauer um die Medina herum. Als sie endlich durch eines der vielen Tore hineinfahren und auf einem belebten Platz parken, sind die Besucher irritiert. Wo ist das Hotel? Sind wir richtig? Werden wir gerade entführt? Sie stehen auf einem dreckigen Platz, inmitten des pulsierenden Lebens der Medina. Es riecht nach Myrte und Jasmin, laut überdröhnen die Rufe der Muezzine das Scheppern jener Werkstätten, in denen Töpfe geschlagen und Mopeds repariert werden. Sie müssen springen, um den Massen der verrückt um die Wette rasenden Mopeds auszuweichen, deren Ströme sich ameisengleich und endlos durch das Labyrinth der engen, schmutzigen Gassen schlängeln. In solch eine Gasse werden die Gäste geführt. Zu Fuß geht es weiter. Noch ist die Gasse so breit, dass man den hupenden Mopeds ausweichen kann. Es geht vorbei an Verschlägen, in denen die Bäcker Brot backen, vorbei an enthäuteten Kleintieren und Hühnerköpfen, die die Fleischer auf der Straße verkaufen, und an Süßigkeiten-behangenen Tante-Emma-Kabuffs, in denen sich der rote Staub der Stadt sammelt. Als die Gasse noch enger wird, fragen die Hotelgäste noch einmal: Wo sind wir? Hundert Meter weiter biegt der Fahrer nach rechts in eine winzige Gassenschlucht ein. Sie ist nicht nur eng und dreckig. Sie ist auch noch dunkel. Man sieht, dass sie nach zwanzig Metern nach links abbiegt. Was dahinter ist, sieht man nicht. Es ist die „Derb Zerwall“.

Hinter der Biegung steht man vor dem hölzernen Eingangstor des Hotels „Anayela“. Sobald man hindurchgeht, ist man in einer anderen Welt. Es ist der Gegenpol zu Hektik und Angst der Gasse. Es ist eine Oase der Stille. Bernd Kolb hat hier kein Hotel gebaut. Es ist ein Gesamtkunstwerk. Der Angst einflößende Gang durch das Labyrinth der Medina gehört genauso dazu wie die Geschichte von Yela.

Keine der Regeln des üblichen Hotelbusiness gilt hier. „Anayela“ ist das einzige Hotel der Welt, das bereits dreimal den Oscar für die Hotellerie, den World Hotel Award, bekommen hat.

Ich bin in der Überzahl

Als die Nachricht von Bernd Kolbs Hotelplänen im Jahr 2007 in den großen deutschen Nachrichtenmagazinen auftauchen, sind die berühmten „gut informierten Kreise“ verblüfft. Wieso springt der jetzt wieder aus der Schublade raus? Gerade hatte man den Punkmusiker, Jurastudenten, Fashionwerber, Internetvordenker und Innovationsexperten erfolgreich in der Telekom-Schublade verstaut, nun macht er Hotels! Wie kann ein Mensch allein so viele unterschiedliche Dinge machen? Und die auch noch gut?! Kolb lächelt über sich selbst. „Es klingt komisch, aber ich interessiere mich einfach für viele verschiedene Themen. Und wenn ich etwas mache, dann richtig!“, sagt er. Es sei wohl eine Mischung aus Veranlagung und seinem spielerischen Antrieb, die Dinge, die ihn interessieren, einfach auszuprobieren. Zum Regelbrechen brauche man nun einmal ganz verschiedene Sichtweisen. Expertentum helfe dabei wenig.

Was nur seine Bekannten wissen: Kolb ist auch noch ein hervorragender Fotograf. Er hat sich nur noch nie getraut, eine Ausstellung zu machen. „Wenn ich jetzt noch rauskomme damit und sage, dass ich auch noch Fotograf bin, dann halten die Leute mich doch für bescheuert!" Einen Film will er demnächst auch noch drehen. Dies ist eines seiner größeren Probleme: Immer wenn er mit einem neuen Projekt beginnt, muss er sich erst einmal legitimieren, nun auch Experte in diesem Gebiet zu sein.

Man fühlt sich umstellt von Bernd Kolb. Es ist, als würde er einem permanent zurufen: „Ich bin in der Überzahl!"

Die sieben Sünden

Am 1. Juni 2010 gibt Bernd Kolb den „Nachhaltigkeitspropheten". Die einflussreiche Bertelsmann-Stiftung hat in ihre vornehme Berliner Residenz „Unter den Linden" eingeladen. Es sind die Köpfe aus der Berliner Politikszene, die hier sitzen. Vorn auf der Bühne steht Bernd Kolb. Er spricht nicht über das Internet oder über Hotels. „Perspektiven 2020" steht auf der Einladung, die jeder am Einlass vorzeigen muss. Hier hinein kommen nur geladene Gäste. Doch diese bekommen die ungeschönte Wahrheit über die Welt, so wie Kolb sie sieht. Er spricht über die Sieben Todsünden.

Zwei Jahre lang ist er durch die Welt gefahren. Er hat recherchiert und mit den wichtigsten Experten gesprochen. Nun ist er überzeugt, sein Wissen über die Welt erzählen zu müssen. Er berichtet den schockierten Gesichtern, dass uns in wenigen Jahren in bestimmten Regionen der Welt das Wasser ausgehen wird. Er erzählt von den sibirischen Dauerfrostböden, die aufgrund der Erderwärmung immer weiter auftauen. Ob sich jemand im Saal vorstellen könne, was passiert, wenn die gigantischen Methanvorräte durch das Tauwetter plötzlich an die Oberfläche dringen? Niemand will es sich vorstellen. Doch Kolb ist kein Apokalyptiker. Nach den Sieben Todsünden kommen die sieben Tugenden. Und danach die sieben „Leitplanken“ für nachhaltige Politik und Wirtschaft. Kolb will aufrütteln. Es ist wie damals! Und die versammelte deutsche Elite applaudiert begeistert.

Bernd Kolb berichtet über seine Reisen nach Asien. In einem Hotel auf Bali hat er seinen Fahrer gebeten, ihm nicht das touristische, sondern das wirkliche Bali zu zeigen. Er hat ihm auch diese Powerpoint-Präsentation über die Zerstörung der Erde durch uns Menschen gezeigt. Zwei Tage später kommt der Fahrer aufgeregt ins Hotel gerannt. Kolb solle schnell kommen. Er habe einen Termin beim Hohepriester von Bali. Es ist der höchste Geistliche hier. Der sagt zur Begrüßung, dass sich die Kunde von dem Deutschen und seinen wichtigen Informationen schon auf der ganzen Insel verbreitet habe. Kolb zeigt auch ihm seine Powerpoint-Bilder von der sich zersetzenden Welt. Der Hohepriester ist schwer beeindruckt. Drei Tage später lässt er Kolb noch einmal kommen. Er habe die Götter befragt, sagt er. Sie hätten ihm gesagt, dass dieser Deutsche eine Mission habe. Der Hohepriester verspricht Bernd Kolb seine Unterstützung. Er könne ihn jederzeit um Hilfe bitten. Er werde sie ihm geben.

Und noch einmal kommt der Fahrer aufgeregt zu Kolb. Diesmal fährt er ihn in die Region Ubud, zum „König von Ubud“. Der hat zwar keinen offiziellen Königsrang, aber er ist der letzte Spross des Königsgeschlechts. Für die Balinesen ist er der König. Auch ihm erzählt Kolb von den Gefahren, die er auf die Welt zukommen sieht. Daraufhin hält der König vor Kolb eine dreißigminütige Rede. Er spricht über seine Sicht der Tradition und Moderne. In einer unglaublich schönen Art und Weise, so beschreibt Kolb es später, habe der König beschrieben, wie wichtig es sei, die Tradition zu bewahren, aber zugleich dem Fortschritt Raum zu geben. Es ist dieser König von Ubud, von dem Bernd Kolb jene Regel hört, die er fortan an alle seine Zuhörer weitergeben wird: „Der einzige Maßstab für die Entwicklung unserer Ubud-Region", sagt der König, „ist die Lebenszufriedenheit der Bewohner. Wir wollen Wachstum und Fortschritt. Aber das, was als Erstes wachsen soll, ist das Lebensglück unseres Volkes. Alles andere dient nur diesem Zweck." Die Welt mit diesem Gedanken zu infizieren, ist mit Sicherheit die größte Regel, die Kolb jemals zu brechen versuchte.

In der Region Ubud bedeutet das zum Beispiel, dass es ab 23:00 Uhr eine Sperrstunde gibt. Wenn es hier auch Diskotheken gäbe, wie in den Küstenregionen von Bali, dann würden diese sicher gute Geschäfte machen, erklärt der König. Aber seine junge Generation würde Alkohol trinken, sie wäre aggressiv und es würde Schlägereien geben. Das wäre kein Beitrag zur Lebenszufriedenheit dieser Gesellschaft.

Bernd Kolb bezeichnet an diesem Abend in der Bertelsmann-Stiftung Europa und Amerika als „alte Welt". Die „neue Welt" seien China und Indien. Es gelte jetzt, den Transfer hinzubekommen, damit die „neue Welt" nicht die Fehler der alten wiederhole und die „alte Welt" an den Ideen der „neuen Welt" gesunde. „Das Schicksal unserer Gesellschaft liegt heute schon in der Hand Asiens. Aber gemeinsam können wir die Chancen nutzen, die in jeder Krise stecken", ruft Kolb den versammelten Managern und Politikern zu. Auf dass sie endlich aufwachen!

Er selbst gibt die Marschrichtung vor: „Wir müssen

zwei Dinge schaffen: Wir müssen einerseits die erfahrensten Manager und die besten Köpfe der Welt für das Thema gewinnen. Wir müssen sie zweitens zu einem internationalen Netzwerk formen, ein Netzwerk aus allen Kontinenten und Kulturen, das unsere Welt als globales Ganzes versteht.

Die Vision des Club of Marrakech

Bernd Kolb hat schon begonnen, dieses Netzwerk zu bilden. Sobald sein Hotel-Palast in der alten Medina von Marrakech fertig wird, soll er die Heimstätte für einen neuen Club zur nachhaltigen Transformation der Welt werden. Kolb meint das keineswegs pathetisch. Er ist weit weg von Gutmenschen- und Müsli-Essertum. „Die Protagonisten, die uns die Rettung der Welt seit 40 Jahren predigen, sind tolle und intellektuell spannende Menschen. Aber sie sind keine Unternehmer und in der Kommunikation häufig nicht sonderlich professionell", sagt Kolb. Diese Art von Weltverbesserungstheoretikern konnte er schon als Punk nicht ausstehen. Sie haben ihre Zeit gehabt und haben sie nicht genutzt.

Bernd Kolb ist überzeugt, dass die Rettung der Welt ein großes Geschäft ist. So wie er damals das Internetzeitalter mit all seinen neuen Geschäftsmodellen vorausgesehen hat, so sieht er heute eine Nachhaltigkeitswirtschaft voraus, die es versteht, die Rettung der Welt mit einer wirtschaftlichen Logik zu verbinden. „Nur so kann es gehen!", sagt er. „Gib den Konzernen die Möglichkeit, mit der Rettung der Welt Geld zu verdienen, und sie werden es tun!" Mit dieser Idee des Social Business will Kolb den alten Institutionen nun eine neue entgegenstellen. Die Welt brauche nicht mehr die Analysen des „Club of Rome“. Sie brauche jetzt Action! Taten, die den Unterschied machen, und dafür das Netzwerk des „Club of Marrakech“.

Es gibt nicht wenige, die solche Visionen für unrealistische Fantastereien halten. Doch Kolb lächelt nur, wenn man ihn darauf anspricht. Es sei wie damals in der Vor-Internetzeit. Auch da haben sie ihm nicht geglaubt.

Kolb mag das englische Wort „Evangelist“. In großen amerikanischen Unternehmen gibt es Menschen, die das sogar auf ihrer Visitenkarte stehen haben. Eine solche Visitenkarte hatte Kolb nie. Doch es beschreibt seinen Charakter sehr gut. „Ich glaube nicht, dass man einen vollkaskoversicherten Segelschein machen muss, wenn man die Welt erobern will. Man braucht Selbstvertrauen, Neugier, Abenteuerlust und die Lust auf „Punk“. Man darf nichts Vorgegebenes jemals akzeptieren, ohne es vorher hinterfragt zu haben. Man muss den Willen haben, zu gestalten, mitzumischen und zu formen, statt nur Zuschauer zu sein. Und es darf einem nichts ausmachen, nicht verstanden oder kritisiert zu werden.“ Kolb kennt diese Situationen zu Tausenden.

Und doch gibt es etwas, das ihm sehr wohl etwas ausmacht. „Diese reaktionäre Ignoranz, wenn jemand sagt: ‚Ich will gar nicht verstehen, was du mir sagen willst‘, das macht mich rasend!“ In solchen Situationen spürt er es in sich kochen. Dann kann er den anderen nicht in dem Glauben heimgehen lassen, dieser hätte recht. Er muss ihm zeigen, dass das nicht so ist. Kolb empfindet das als seine Schwäche. Für ihn ist es eine der wichtigsten Aufgaben eines Rulebreakers, die Sprache seines Gegenübers zu finden, um überhaupt verstanden zu werden. „Das ist eine Gabe“, sagt Kolb. „Die Kunst in der Sprache des Gegenübers zu sprechen! So hat schon Cicero die hohe Kunst der Rhetorik definiert!" Dagegen sei es arrogant, ignorant und vermessen, wenn man sich diese Mühe nicht mache. Kolb ist wohl das Musterbeispiel eines Evangelisten!

Der Club of Marrakech wird seine Plattform. Ein Netzwerk, in das man „Ideen wie Wassertropfen hineintropfen lassen kann", stellt Kolb sich vor. „Dann schlägt der Tropfen auf und macht eine Welle. Vielleicht sind fünf von hundert Experten des Club of Marrakech betroffen. Wir inkubieren die Ideen, wie moderieren das. Das finde ich eine sehr schöne Rolle für mich."

Natürlich wird er dabei Geld verdienen, schließlich ist er Unternehmer. Und die Reindustrialisierung der Welt, das größte Geschäft der Zukunft.

Die Psychologie der Rulebreaker

Es sind Rulebreaker, die den Fortschritt unserer Welt treiben. Die Geschichten über erfolgreiche Regelbrüche ließen sich weiter fortsetzen. Oder sie ließen sich um jene Rulebreaker-Geschichten ergänzen, die noch nicht den Erfolg der Markteroberung gefeiert haben. Allen diesen Storys ist gemeinsam, dass das Erobern neuer Märkte in allererster Linie eine Frage von Menschen ist, nicht von Prozessen. Wer eine Markteroberung plant, der braucht Rulebreaker!

Doch wie erkennen Sie jene Rulebreaker? Wie können Sie diese Rulebreaker in ihr Unternehmen holen? Und wie können Unternehmen sie für die eigenen Themen motivieren? Um diese Fragen zu beantworten, müssen die vorangegangenen Geschichten der Regelbrüche noch einmal analysiert werden. Welche Charaktere haben Rulebreaker? Wie denken sie? Was treibt sie an, was motiviert sie? Und: Was unterscheidet Rulebreaker von den anderen Menschen, von jenen, die Regeln nicht am liebsten brechen, sondern sie annehmen und danach leben? Nach den vielen Gesprächen, die diesem Buch zugrunde liegen, sind wir uns in einem Punkt sicher: Sie sind anders! Rulebreaker unterscheiden sich in fundamentalen Aspekten deutlich von anderen Menschen. Unseres Wissens wurde noch nie versucht, explizit ein Psychogramm dieser Rulebreaker zu erstellen. Das scheint fast unglaublich, angesichts der Bedeutung, die sie für die Entwicklung der Märkte und Geschäftsmodelle spielen. Es ist Zeit für das erste Mal:

Bei der psychologischen Beschreibung der Persönlichkeit eines Menschen unterscheidet man zwischen sogenannten States und Traits. States sind eher emotionale Zustände, die man für eine bestimmte Zeit „haben“ kann. Gute Laune oder Müdigkeit gehören etwa dazu. Hingegen stellen Traits die der Persönlichkeit zugrunde liegenden Eigenschaften eines Menschen dar. Seit Ende der 1970er-Jahre haben sich vor allem sogenannte „Big 5“-Modelle zur Beschreibung der Traits, also der Persönlichkeit eines Menschen, durchgesetzt. Sie gehen davon aus, dass es fünf fundamentale Persönlichkeitseigenschaften eines Menschen gibt. Sie lauten: Extraversion, Verträglichkeit, Gewissenhaftigkeit, Emotionale Stabilität und Offenheit.

Es war der amerikanische Psychologe Marvin Zuckermann, der 1974 feststellte, dass es offenbar eine zusätzliche, recht sonderbare Persönlichkeitseigenschaft gibt, die nicht in das bislang verwendete Schema zur Kartografie einer Persönlichkeit passte: Den Drang nach Stimulation. Zuckermann bezeichnet sie als „Sensation Seeker“. „Sensation Seeker“ sind Menschen, die scheinbar gänzlich sinnlose Dinge tun. Sie springen mit dem Fallschirm aus Flugzeugen, fahren gern Achterbahn und lieben es, sich immer neuen Situationen und Stimulationen auszusetzen. Aber sie setzen sich auch unklaren Geschäftssituationen aus, sie lieben das Risiko ebenso im Beruf. Zuckermann fand heraus, warum Menschen dies tun. Es handelt sich um Menschen, die grundsätzlich unterstimuliert sind. Sie brauchen also, um sich wohlzufühlen, ein deutlich höheres Maß an Stimulation, als normale Menschen dies brauchen.

Eng damit verbunden schien ein weiteres Persönlichkeitsphänomen zu sein: das des Einzelgängers. Diese Erkenntnis führte Zuckermann schließlich zur Typologie des „Unsocialized Sensation Seeker“, also eines stimulationssuchenden Einzelgängertypus. Offensichtlich hat Zuckermann bereits damals eine der wichtigen Eigenschaften eines Rulebreakers beschrieben. Harald Blumenauer, Oliver Blume und Ulrich Hegge sehen sich reflektierend ganz explizit als „Einzelkämpfer“. Und viele der Interviewten stimmen zu.

Wer sich auf eine Reise durch die Welt der Rulebreaker begibt, dem fällt immer wieder auf, dass den typischen Rulebreaker insbesondere die Suche nach dem besonderen Kick ausmacht, der im Regelbruch liegt. Er ist gepaart mit einer hohen Unsicherheitstoleranz. Im Einzelfall lässt sich sogar regelrecht ein Streben nach Unsicherheit ausmachen.

Es kann an dieser Stelle nur spekuliert werden, dass die hier vorgestellten Rulebreaker auf dem von Zuckermann vorgeschlagenen Faktor des „Sensation Seekers“ wohl hoch laden würden, ja es handelt sich geradezu um Prototypen für das von ihm beschriebene Verhalten im Geschäftsumfeld. Aber hinzu kommt eine weitere, mindestens ebenso wichtige Eigenschaft: die hohe Frustrationstoleranz!

Gegen die Wand laufen

Das „Immer wieder aufstehen“ benennen die meisten Rulebreaker als ihr wichtigstes Erfolgskriterium. Sie sprechen von Rückschlägen, die einen Rulebreaker nur noch stärker machen. Ulrich Hegge fing nach der Insolvenz von vorn an, ebenso wie Heinrich Blumenauer und viele andere. Eine der wesentlichen Strategien von Rulebreakern ist es, so lange gegen die Wand zu laufen, bis die Wand umfällt. Diese Leidensfähigkeit und zugleich Lust am Durchsetzen einer Veränderung scheint eine der hervorstechenden Eigenschaften des Rulebreakers zu sein.

Dies gilt wohl insbesondere, wenn es darum geht, eine Veränderung durchzusetzen, an die das Umfeld nicht glaubt. Alle Protagonisten dieses Buches wurden von ihren Kollegen ausgelacht. Und das waren sehr kluge Kollegen, sogar Experten. Horst Rahe wird belächelt, als er die marode DSR in Rostock übernimmt. Jene Branchenexperten erklären ihn nahezu für verrückt, die die Konsequenzen und Implikationen einer solchen Übernahme abschätzen und bewerten können, viel besser als wir Schifffahrtslaien es können. In Harald Blumenauers Maklerbranche sitzen jene Experten, die die Konsequenzen seines Handels vermeintlich am besten beurteilen können, im Verband der Makler. Es sind genau jene, von denen er nicht etwa Anerkennung, sondern geradezu argwöhnische Ablehnung erfährt. Sind also Rulebreaker die besseren Experten? Wissen sie, was andere nicht wissen? Oder sehen sie ein Detail, eine technische Entwicklung, die andere aus ihrer Branche nicht sehen?

Sehen Rulebreaker die Zukunft besser voraus?

Es war der junge Wanja Oberhof, der die Chance der Digitalisierung im Medienbereich, die Anforderungen der Individualisierung von Zeitungen und die Möglichkeiten der neuen Drucktechnik erkannte. Es war Ulrich Hegge, der die Chancen des Behavioural Targeting erkannte. Dieser Moment des „Erkennens" ist zweifellos wichtig und charakteristisch für Innovationen und vor allem für Innovatoren. Nicht umsonst ist es in der Venture-Capital Branche und im Innovationsmanagement schon lange zum zentralen Leitsatz geworden, dass derjenige am meisten Geld verdienen wird, der die Zukunft am besten vorauszusehen imstande ist. Sind Rulebreaker also die besten Futurologen? Sehen sie die Zukunft am besten, am klarsten voraus?

Wir meinen, nein! Diese Fähigkeit macht offenbar den herausragenden Zukunftsmanager und Innovator aus, aber nicht den Rulebreaker! Rulebreaker scheinen, nach allem was wir wissen, nicht die besseren Experten zu sein. Und sie haben ihre Ideen wohl auch nicht wirklich zeitiger als andere. Behavioral Targeting war eine bereits bekannte und in Fachkreisen diskutierte Innovation, als Ulrich Hegge seine Reise begann. Als Wanja Oberhof nach potenziellen Konkurrenten recherchiert, entdeckt er, dass Vordenker der Branche schon seit zwanzig Jahren von der individuellen Zeitung reden.

Und nicht nur, dass sie nicht die Ersten waren! Sicher waren weder Ulrich Hegge noch Wanja Oberhof besonders wissende Experten mit gewaltigem Wissensvorsprung. Ebenso wie Horst Rahe, der wahrscheinlich nicht Deutschlands bester Experte für die Sanierung von maroden Reedereien ist. Und ob Michael Zerr anfänglich besonders viel von der Energiewirtschaft verstand, darf getrost bezweifelt werden. Offenbar waren also der Informationsstand und die Kenntnisse um Zukunftsentwicklungen bei allen Rulebreakern vorhanden, jedoch nicht stärker ausgeprägt als bei anderen Experten.

Chancen statt Probleme

Was sich unterscheidet, ist nicht das Wissen. Es ist die Bewertung der vorgefundenen Situation! Rulebreaker ziehen andere Schlüsse aus den vorgefundenen Informationen und ihrem Branchenwissen. Möglicherweise haben sie sogar eine ähnliche Zukunftsvision vor Augen wie die anderen Experten. Aber sie bewerten sie völlig anders und kommen zu vollkommen anderen Konsequenzen. Für die Branche aber auch für sich selbst! Diese andere Bewertung der Zukunftsvision ist ein zentrales Merkmal in der Psychografie der Rulebreaker. Sie ist uns in allen untersuchten Fällen auf die eine oder andere Weise begegnet.

Vor allem scheinen Rulebreaker radikale Branchenveränderungen und disruptive Umwälzungen in der Zukunft nicht als Gefahr oder Problem, sondern als Chance zu bewerten. Im Gegensatz zu den meisten Experten im Verlagswesen bewertet Wanja Oberhof die schnell voranschreitende Digitalisierung und Individualisierung des Leseverhaltens als Chance. Und Art Fry sah die Erfindung eines Klebers, der nicht klebt, als die Chance seines Lebens an.

Diese Fähigkeit zum Erkennen von Disruption als Chance unterscheidet den Rulebreaker vom Innovationsmanager. Das ist der Grund, warum Rulebreaker neue Märkte entdecken, während Innovationsmanager „nur“ zu Produktverbesserungen oder Prozessoptimierungen kommen.

Allerdings begeben sich Rulebreaker nicht immer bewusst auf den Weg der Disruption. Ulrich Hegge berichtet, dass er nie eine Regel bewusst gebrochen habe. Ihm sei oft erst beim Etablieren neuer Regeln für ein neues Geschäftsmodell aufgefallen, dass er die alten Regeln bricht. Ganz ähnlich ergeht es auch Hans Riethmayer, der sich eher darüber wundert, warum die etablierten Spieler des Marktes so wenig auf ihn reagieren. Und auch Karl Matthäus Schmidt hatte zunächst eine Idee, die ihn antrieb: Die Idee eines neuen Kundennutzens im Bankbereich. Sein Bewusstsein darüber, dass er gerade im Begriff war, die angestammten Regeln eines Wirtschaftszweiges mit Milliardenumsätzen ernsthaft infrage zu stellen, stellte sich erst viel später ein.

Bei Oliver Blume war es jedoch anders: Sein Regelbruch war sehr bewusst und mit Kalkül. Auch Christopher Latham Sholes war wohl bewusst als Regelbrecher unterwegs. Genau wie Harald Blumenauer, für den der Regelbruch selbst von Beginn an der Antrieb war. So müssen wir die Frage danach, ob der Regelbruch anfänglich bewusst oder gar strategisch ausgeübt wird, ob also die Geschäftsidee der Suche nach einem Regelbruch folgt oder die Rulebreaker eher eine Lösung für ein Problem suchen und dabei auch den Bruch mit konventionellen Regeln nicht scheuen, mit einem Unentschieden beantworten.

Rulebreaker brechen Regeln. Manchmal, um sie zu brechen, manchmal en passant und unbewusst. Aber immer ist ihnen der Regelbruch, sobald er ihnen bewusst wird, ein Antrieb und Ansporn.

Zerstörerische Energie

Doch es gibt eine weitere charakteristischen Eigenschaft, die Rulebreakern und ihren Regelbrüchen innewohnt: ein gewisses Maß an zerstörerischer oder geradezu krimineller Energie.

Die Lust auf Zerstörung des Alten und Verstaubten habe schon seinen Vater getrieben, sagt Harald Blumenauer. Und er habe dieses „Rulebreaking-Gen" übernommen. Tatsächlich scheint diese Lust auf schöpferische Zerstörung alle Rulebreaker zu motivieren und ihnen Mut zu geben. Diese Beobachtung passt exakt zur Definition von Joseph Schumpeter, der schon 1942 Innovation als einen Prozess der „kreativen Zerstörung" beschrieb.[11] In diesem Sinne sind Rulebreaker schlicht und einfach Innovatoren.

Schumpeter meinte aber nicht die Zerstörung im eigentlichen, physisch-destruktiven Sinne. Er bezieht sich auf die Zerstörung von Geschäftsmodellen, auf das lustvolle Kaputtmachen und Wiederzusammensetzen von Geschäftselementen, das in der heutigen Wirtschaftsliteratur gern kompliziert als die neuartige „Rekombination" von Geschäftselementen bezeichnet wird. Allen diesen Ansätzen gemeinsam ist das Erkennen des Wirkungszusammenhangs einzelner Elemente in komplexen Geschäftsmodellen, deren Abstraktion und neuartiges Zusammenstellen.

So erkennt Horst Rahe die wichtigsten Elemente, die Pauschalurlaubern wichtig sind, und rekombiniert sie geschickt mit den Elementen der Kreuzfahrt. Wanja Oberhof stellt die Elemente Tageszeitung, Internet, Individualisierung und Logistik neuartig zusammen. Er nimmt dabei sehr bewusst in Kauf, dass sein Modell den Tageszeitungen und ihren Verlagen gefährlich werden kann. Nach einem ersten Scheitern (er)findet er eine Gegenargumentationsstrategie, die er sich aus dem prominenten Mund des Ex-Bundesinnenministers bestätigen lässt. Auch bei Hans Riethmayer findet sich das Element der Rekombination. In seinem Fall ist es die Rekombination aus Internet-Oberfläche und Wörterbuch. Und selbst Riethmayer, der sonst kein von krimineller getriebener Serien-Rulebreaker ist, nimmt den Niedergang der Wörterbuch-Verlage zumindest billigend in Kauf.

Diese „kriminelle Energie", die dem Regelbruch zugrunde liegt, ja ihn sogar antreibt, kommt in zwei Erscheinungsformen vor. Die Erste ist der lustvolle Verstoß gegen implizite und damit aus psychologischer Sicht besonders machtvolle Regeln. Die Zweite ist der Kampf gegen Establishment und Konkurrenz. Art Fry pflastert das Vorzimmer des Chefs mit seinen Haftzetteln. Horst Rahe lässt offenes Feuer auf See zu. Christopher Latham Sholes macht seine Tastatur langsam und beschwerlich statt leichter und schneller. Sie alle verstoßen vor allem gegen implizite Regeln des Geschäfts, gegen das „Das-haben-wir-schon-immer-so-gemacht".

All diese Regelbrüche scheinen typische Vertreter des „Out-of-the-box-Thinking" zu sein. Das legt nahe, dass man sie auch bewusst evozieren kann, wenn man entsprechende Techniken anwendet. Von diesen Techniken gibt es in der Kreativitätsforschung unzählige. Sie sollen es dem Innovator ermöglichen, auf diese Weise gedankliche Grenzen zu überschreiten. In der Praxis funktionieren einige besser und einige schlechter. Zu den Besseren gehören Techniken wie:

- Versuchen Sie, wegen einer Idee gefeuert zu werden
- radikale Variationen in Semantischen Kästen
- Variationen anhand Osbornes Checklist
- Edison-Prinzip
- Assoziationsmethoden, wie Bisoziation, 6-3-5-Methode oder Brainwriting

All diesen Techniken ist gemeinsam, dass sie dazu genutzt werden können, den Menschen aus der gedanklichen Begrenztheit einer geschäftlichen Problemstellung zu befreien und außerhalb dieses gedanklichen Kastens, der „Box", zu neuartigen Lösungen zu kommen. Offenbar wenden Rulebreaker diese Regeln, unbewusst oder auch bewusst, effizient an.

Doch speziell bei Rulebreakern geht der Drang, die Dinge anders und ungewöhnlich zu machen, weiter. Es wird nicht nur mit Lust und einem gewissen Maß an krimineller Energie gegen die Regeln des Geschäfts verstoßen. Es wird zugleich mit Lust das Establishment angegriffen.

Als Michael Zerr in die Badenwerke kam, war ihm klar, dass er nicht hierher gehörte. In den folgenden Wochen rückte er heimlich die Sessel auf der Vorstandsetage ein wenig schief, nur um zu sehen, wie schnell sie wieder gerade gerückt wurden. Er ließ die Etage bunt anstreichen. Er tat das nicht, weil er selbst die grauen Wände nicht ertragen konnte. Er tat es vor allem, um ein Stachel zu sein, um einen Impuls gegen das Establishment zu setzen. Was er vermutlich nur am Rande bemerkte: Er hatte sein Feindbild gefunden. Er hatte etwas entdeckt, gegen das es sich zu kämpfen lohnte: Jenes Grau, das das Establishment der Firma und der gesamten Energiewirtschaft repräsentierte.

Horst Rahe fasste seinen finalen Entschluss, die DSR zu übernehmen, als er seine Konkurrenten darüber reden hörte, dass er das sowieso nicht schaffen würde. Er hatte seinen Kampf gefunden und nahm ihn auf: Denen würde er es zeigen. Auch Harald Blumenauer scheint seine Energie aus jener Ablehnung zu ziehen, die ihm aus Verband und Makler-Establishment entgegenschlägt. Und Oliver Blume fährt sogar in der Stretchlimousine vor dem Haus der Apothekerkammer-Präsidentin auf und ab, um die Ablehnung aus dem Establishment zu provozieren.

Warum tun Rulebreaker so etwas? Harald Blumenauer nickt, als er gefragt wird, ob sein Vater vielleicht bewusst anecken wollte, um Anerkennung zu erhalten. Vermutlich sei es ihm egal gewesen, ob diese Anerkennung in Form von negativer Kritik oder positiver Zustimmung kommt!

Hier offenbart sich ein weiterer Aspekt, der Rulebreaker ausmacht. Das Phänomen der Anerkennung kommt nicht von geschäftlichen Erfolgen. Anerkennung ist ein Gefühl, das entsteht, wenn andere Menschen, die man selbst besonders wertschätzt, durch ihre Taten oder Reden der eigenen Person Respekt zollen. Jeder Mensch sehnt sich nach dieser Anerkennung. Sie ist kein Phänomen der Rulebreaker allein.

Doch was passiert, wenn jene Experten, jene Wenigen, die überhaupt verstehen, welche Veränderung der Rulebreaker bewirkt, gegen die Veränderung sind? Etwa, weil die Veränderung jene Regeln gefährdet, nach denen heute in der Branche Geschäfte gemacht werden? Anerkennung kann der Rulebreaker hier nicht erwarten! So muss der Rulebreaker in seinem Alltag die Sehnsucht nach Anerkennung durch etwas anderes kompensieren. Gezwungenermaßen zieht er seine Kraft aus einer eigentlich unbefriedigenden Mischung aus Ablehnung und Aufmerksamkeit. Er muss damit leben!

Vielleicht liefert dies auch eine Erklärung für den Umstand, dass bis heute die Welt der Rulebreaker von Männern dominiert wird. Auch wenn man uns vorwerfen mag, eine selektive Auswahl getroffen zu haben: Wir haben uns redlich bemüht, weibliche Rulebreaker zu finden und zu interviewen. Es ist uns nicht gelungen. Und selbst wenn wir uns der selektiven Auswahl schuldig gemacht haben sollten, ist der Umstand doch nicht zu übersehen, dass dieser aggressive Bruch von Geschäftsregeln, der seine Attraktivität zu einem guten Teil aus der Ablehnung des Establishments speist, bis heute weitgehend eine Männerdomäne geblieben ist.

Sehnsucht nach Anerkennung

Das vielleicht beste Beispiel für die Energie, die ein Rulebreaker aus der Ablehnung des Establishments beziehen kann, liefert Michael Zerr. Er erzählt, dass er die Geschichte des FedEx-Gründers „sensationell" gut findet. Dieser war an der Universität mit seiner Examensarbeit zur Logistik durchgefallen, weil er darin das „Hub and Spokes"-Konzept entwickelt hatte. Zerr beschreibt das so: „Wenn du in New York einen Brief verschickst und der soll den Empfänger in der Nachbarstraße erreichen, dann ist es sinnvoller, den Brief erst zum Briefverteilzentrum nach Philadelphia zu transportieren und dann wieder in die Straße nebenan zurück. Alles wird erst zu einem zentralen Punkt, der Nabe, transportiert und wird von dort über die Speichen wieder verteilt. Logistisch ist das besser, als die Briefe von jedem an jeden Ort zu transportieren. Mit diesem revolutionären Konzept ist er in seiner Examensarbeit durchgefallen! Und dann hat er die nächsten dreißig Jahre darauf verwendet, zu beweisen, dass er Recht hatte." Wenn auch diese Gründungsgeschichte von FedEx heute den Status einer modernen Sage hat, ist die disruptive Innovationskraft, gepaart mit dem zunächst kontraintuitiv erscheinenden Mehraufwand, doch nach wie vor deutlich spürbar. Es fällt nicht schwer, sich die Ablehnung vorzustellen, die dem Gründer Frederick W. Smith aus der Logistikbranche entgegenschlug. Diese Ablehnung war seine Energiequelle.

Doch wie jeder Mensch streben auch Rulebreaker nach Anerkennung für ihr Handeln. Nur sind Momente der Anerkennung aufgrund der oft ablehnenden Umgebung selten. Umso wichtiger sind die Momente des „Verstanden-Werdens", die diese Anerkennung vermitteln. Michael Zerr spricht davon, dass er beim Besuch eines Marketingexperten ein Hochgefühl erlebte, weil er sich endlich verstanden fühlte. An diesem Tag, in diesem Moment habe es plötzlich Resonanz gegeben, sagt er. Auf dieses Gefühl der Resonanz müssen Rulebreaker oft lange warten. Und sie müssen bereit sein, diese Wartezeit auf sich zu nehmen.

Vermutlich warten alle Rulebreaker auf den erlösenden Anruf eines Menschen, der ihre Idee verstanden hat. Es kann der Anruf einer Firma sein, die das Start-up-Unternehmen kaufen will. Es kann genauso der Anruf eines Menschen sein, der die Veränderungen in der Zukunft ähnlich bewertet wie der Rulebreaker: als Chance und nicht als Bedrohung.

Um es klar zu sagen: Alle hier versammelten Rulebreaker sind keine Kriminellen! Sie brechen zwar Regeln, aber keine Gesetze. Und doch gibt es aus psychologischer Sicht Parallelen: Auch Kriminelle waren oft Innovatoren. Man denke nur an die Meisterdiebe oder jenen Kaufhauserpresser Dagobert, der immer neue Wege einer Geldübergabe erfand und damit über lange Zeit die Polizei narrte. Auch die Biografien dieser innovativen Kriminellen offenbaren ein Element des einsamen „Nicht-Verstanden-Werdens", wenn auch aus völlig anderem Grund: Nicht, weil sie nicht verstanden werden können, sondern weil sie nicht verstanden werden wollen. Von ihnen weiß man, dass das Bedürfnis nach „Verstanden werden" für den Unverstandenen zu einem sehr wichtigen Motiv werden kann.

Hier lassen sich aus psychologischer Sicht Parallelen erkennen. Die Hoffnung darauf, dass nach der Tat ihre Risikobereitschaft und Genialität von der Öffentlichkeit entdeckt wird, eint vermutlich Eisenbahnräuber und Rulebreaker.

Mit offenem Visier

Für diese Interpretation spricht auch eine weitere Beobachtung: Rulebreaker arbeiten keineswegs im Verborgenen. Vielmehr ziehen sie mit offenem Visier gegen den Feind, das Establishment. Sie kündigen an, was sie vorhaben. Sie sprechen auf Konferenzen. Sie besuchen die späteren Konkurrenten, um sie für ihre Idee zu begeistern. Sie legen ihre Innovationen offen. Sie suchen das Gespräch mit Experten. Oft stoßen sie hier auf Ablehnung.

Erst die Hartnäckigkeit eines Wanja Oberhof und sein hemmungsloses Ansprechen der Vorstände haben die Verlage schließlich in das Experiment von „niiu" getrieben. Obwohl uns Rulebreaker in Märkten begegnen, in denen Geheimhaltung eine durchaus genutzte Geschäftsstrategie ist, haben wir in unseren Gesprächen nichts über Geheimhaltungsstrategien gehört, nicht über Geschäftsgeheimnisse und geheime Formeln gesprochen. Wir haben keinen Rulebreaker erlebt, der überraschende Markteinführungen oder Überraschungsangriffe auf die Konkurrenz plant. Rulebreaker kämpfen mit offenem Visier und sind stets gesprächsbereit. Das heißt jedoch nicht, dass man sie im Gespräch überreden könnte, vom eingeschlagenen Kurs abzuweichen.

Die „Vergehen" gegen Regeln und Konkurrenz, die Rulebreaker immer wieder begehen, sind keine Zufälle. Sie sind auch kein Ausdruck eines normalen Konkurrenzverhältnisses. Vielmehr sind sie der Ausfluss einer spürbaren kriminellen Energie, mit der Rulebreaker in voller Absicht und offenem Visier zu Werke gehen. Es wird mindestens in Kauf genommen, dass ein werthaltiger Markt beschädigt wird.

Doch darüber hinaus geht es den Rulebreakern in ihrem Veränderungsdrang oft sogar um den direkten Angriff auf das Establishment, auf Konkurrenten und etablierte Spieler in einem Markt. Dies markiert übrigens auch einen wichtigen Unterschied zu modernistischen Change-Management- und Markteroberungsstrategien, wie etwa der Blue-Ocean-Strategie. Rulebreaker nutzen unbewusst Elemente daraus, ihre grundsätzliche Sichtweise ist jedoch diametral dazu.

So wie der Virgin-Gründer Richard Branson mit Spaß und Intelligenz immer wieder monopolistische Strukturen angreift und aushebelt, so hat auch ein Banker wie Karl Matthäus Schmidt Spaß daran, zu sehen, wie sich die Konkurrenz über seiner Idee des Honorarbankings die Köpfe zerbricht. Ein Harald Blumenauer träumt ebenso von der kreativen Zerstörung des Maklertums durch Festprovisionen wie ein Christopher Latham Sholes seine Tastatur weltweit durchsetzen wollte. David gegen Goliath, nennt es Michael Zerr. Er hat auf den David-Effekt spekuliert, als er mit Yello-Strom die Giganten von RWE bis EON angegriffen hat. „Das fanden natürlich alle cool", sagt er.

Für Rulebreaker gilt: Hätte es ihre großen Visionen nicht gegeben, es hätte eine wichtige Triebfeder für den Regelbruch gefehlt. Wir vermuten, dass diese Mischung aus Gestaltungswillen, krimineller Energie und dem lustvollen Direktangriff auf die etablierten Marktspieler jene explosive Mischung ist, die den Rulebreaker zum erfolgreichen Regelbruch befähigt und ihm seine hohe Leidensfähigkeit schenkt.

Ein wenig mag diese Mischung an die gentechnisch veränderten Comic-Mäuse Pinky und Brain erinnern, bei der die Maus Brain immer wieder gefragt wird: „Und was machen wir morgen?" Sie antwortet mit sturer Gleichmütigkeit: „Was wir jeden Abend machen. Wir versuchen, die Weltherrschaft an uns zu reißen." Vielleicht hat Oliver Blume ja recht und es ist tatsächlich ein Gendefekt, der zu seinem „Häuptlingssyndrom" führt.

Grau ist gut!

Rulebreaker brauchen Regeln, um sie zu brechen! Sie gedeihen besser in grauen Umwelten. Denn dort gibt es mehr Regeln! Michael Zerr sagt auf die Frage, ob er lieber zu Lufthansa oder Ryan Air gehen würde, wie aus der Pistole geschossen: Lufthansa! Die Ryan Air habe ihren Regelbruch ja schon begangen. Jetzt aufzuspringen käme ihm eher langweilig vor. Und tatsächlich ist seine Schilderung der Gründung von Yello Strom fast eine Blaupause für den Regelbruch, wie ihn die Rulebreaker lieben: in grauer Umgebung, in verstaubten Branchen und damit zwangsläufig auch mit grauen, verstaubten Kollegen.

Michael Zerr hält das für eine „selbstgewählte Ausgrenzung". Er fühlte sich in der deutschen Energiebranche wie ein „Piratenteam beim Entern". Richard Branson liefert ein wahres Meisterstück darin, sich genau in jenen Märkten aggressiv anzusiedeln, in denen entweder monopolistische Strukturen herrschen oder ehemalige Staatsbetriebe zu Hause sind. So gibt es heute Ableger seiner Marke „Virgin" z. B. in der Telekommunikations- und Transportbranche. Auch dies unterscheidet die Rulebreaking-Strategie von anderen Innovationsstrategien, wie wir im nächsten Kapitel sehen werden.

Nach seinem erfolgreichen Regelbruch beim Energieversorger suchte Michael Zerr erneut nach „grauen Umwelten" und enterte eine Hochschule! Auch hier führt ihn sein Weg wieder in halbstaatliche und streng regulierte Gefilde. Bei dieser Strategie hilft offensichtlich, dass die Kunden in diesen monopolistisch dominierten oder teilstaatlichen Märkten häufig mit ihren Anbietern und deren Angeboten unzufrieden sind. Es gibt hier einen Innovationsstau, denn es gab in der Vergangenheit meist kaum Zwang zur Veränderung. Oft haben sich diese Branchen von den Marktentwicklungen der benachbarten Branchen abgekoppelt, so wie Oliver Blume beim Vergleich des Apothekermarktes mit dem sehr ähnlichen Einzelhandelsmarkt feststellte. Diese starren, verharrenden Branchen zogen über viele Jahre natürlich auch einen bestimmten Typus von Mitarbeitern an: Beamtentypen dominieren, geregelte Arbeitszeiten sind die schöne Regel. Im Zuge von Deregulierung, Konkurrenz, Privatisierung und der weiteren Öffnung dieser Märkte bieten genau diese Märkte nun ein ideales Spielfeld für Rulebreaker. Doch in dieser Umgebung kämpfen die Rulebreaker nicht nur gegen die Konkurrenz: Sie kämpfen vor allem gegen die Kultur des eigenen Unternehmens.

Intrinsische Motivation

Einer der wichtigen Grundsätze für den Umgang mit Rulebreakern ist: Sie bleiben Regelbrecher auch nach ihrem Regelbruch! Sie werden nicht zu perfekten Managern des operativen Geschäfts! Dies ist nicht ihre Kompetenz! Stattdessen wechseln sie oft das Unternehmen. So baut Horst Rahe innerhalb seines Unternehmens permanent neue Geschäftsbereiche auf, die er dann per Management-Buy-out wieder abstößt. Er versteht sich weniger als Besitzer, denn als Aufbauer. Seine Konsequenz ist, dass er die Unternehmen verkauft, wenn sie stabil laufen. Harald Meurer freut sich darauf, nach erfolgreichem Regelbruch zwar in seinem Unternehmen zu bleiben, aber die operativen Aufgaben abzugeben und stattdessen neue Produkte zu entwickeln. Ulrich Hegge hingegen hat seine Idee und sein Unternehmen verlassen, nicht etwa während einer existenziellen Krise, sondern dann, als es langweilig wurde.

Denn Rulebreaker sind intrinsisch motiviert. Karl

Matthäus Schmidt erklärt, dass er von einer Idee geradezu besessen sein kann. Er spricht von „Herzblut“. Diese Besessenheit treibt Wanja Oberhof dazu, nachts als Zusteller Anzeigenzeitschriften zu verteilen. Michael Zerr wollte „es sich und anderen beweisen“. Art Fry setzt sich nachts hin und schraubt in seinem Keller eine Produktionsmaschine zusammen, um den Kollegen zu beweisen, dass es geht! Harald Blumenauer sagt: „Erst die Überzeugung, dann das Geld.“ Und selbst wenn Horst Rahe ein Lehrbuchbeispiel dafür ist, dass man mit Rulebreaking Millionen verdienen kann, zeigt auch er eher intrinsische Motivation. Für ihn gäbe es keine Grenze zwischen Arbeitsleben und Privatleben, sagt er. „Bei mir sind Arbeit und Privatleben eine Einheit, die fließend ineinander übergeht.“

Diese intrinsische Motivation hat mit Selbstvertrauen zu tun. Alle Rulebreaker, die wir getroffen haben, sind überdurchschnittlich intelligent. Sie denken schnell. Möglicherweise fühlen sie sich anderen auch intellektuell überlegen. Das ist möglicherweise ein Grund für ihr großes Selbstvertrauen. Wanja Oberhof sagt: „Geht nicht? ... gibt’s nicht!“ Horst Rahe spricht von seiner Ignoranz, Michael Zerr von seiner Aufsässigkeit und Ulrich Hegge nimmt gleich beide Attribute für sich in Anspruch. Was sie meinen: Sie verlassen sich auf sich selbst und treffen Entscheidungen vor allem mit sich selbst. Sie glauben an sich selbst.

Der Weg ist das Ziel

Und wann fühlen sich Regelbrecher am Ziel? Vermutlich nie! Der Weg sei das Lebensziel, sagt Michael Zerr. Ihm fällt dazu die Geschichte des Sisyphos ein. „Man muss sich den Sisyphos als glücklichen Menschen vorstellen", sagt Zerr. „Der Kampf gegen Gipfel kann Menschenherzen erfüllen."

Doch diese Sichtweise des Lebens hat etwas gleichsam Tragisches. Rulebreaker werden immer unzufrieden sein. Täglich! Welches Ziel sie auch immer in ihrem Leben erreichen, im Geist werden sie diese Situation schon Hunderte Male vor Augen gehabt haben. Für Oliver Blume ist das Erreichen eines Ziels deshalb kein Höhepunkt. Nein, es langweilt ihn. Denn seine Vision ist in diesem Augenblick schon wieder ein großes Stück weiter. Und Bernd Kolb erzählt von der Situation seines Börsenganges, als alle anderen den sensationellen Erfolg feiern, während er sich in sein Büro setzt und daran denkt, dass unglaublich viel Arbeit vor ihm liegt.

Der Frust der Rulebreaker ist, dass sie nie ihre Vision erreichen werden. Wann auch immer sie darüber nachdenken, es liegt in jedem Moment eine Menge Arbeit zwischen dem „Jetzt" und der Vision. Dieser Frust sei das Lebenselixier der Rulebreaker, sagt Oliver Blume. Sie nehmen täglich eine Dosis.

Vielleicht ist es dieser Frust, der Rulebreaker immer wieder dazu bringt, sich selbst und anderen ihren Mut unter Beweis zu stellen. Sie sind sehr mutige Menschen. Sie stellen sich bewusst gegen eine Masse von Menschen und deren Expertise. Manche von ihnen haben dafür regelrechte Strategien entwickelt. Harald Blumenauer etwa mit seiner „Wie-ich-die-‚Das-funktioniert-ja-eh-nicht-Antwort'-vermeide"-Strategie. Es erfordert zweifelsohne ein hohes Maß an Selbstvertrauen, Werbespots gegen die Maklerbranche oder markige Werbesprüche gegen RWE zu schalten oder einen offenen Brief an die Bundeskanzlerin zu schreiben. Auch Horst Rahe zeigt vor allem Mut.

Er bricht alle Brücken hinter sich ab, fusioniert sein altes Unternehmen mit dem neuen und zieht nach Rostock in den Plattenbau. Ein echter Rulebreaker braucht keinen Rückfahrschein.

Bereit sein für den Zufall

Ideen von Rulebreakern entstehen wie alle Ideen – plötzlich. Den sogenannten „Aha-Effekt" oder „Geistesblitz" kennen auch sie. Nur können sie ihn besser verarbeiten und nutzen. Versuche mit Verbalprotokollen, also dem Mitschreiben aller Gedanken während einer Ideenfindungsphase, zeigen, dass solche „Aha-Effekte" oder „Geistesblitze" noch wenige Sekunden vor ihrem Auftreten nicht vorhersagbar sind. Sie entstehen aus der Rekombination des unmittelbar zuvor Gedachten und Wahrgenommenen weitgehend spontan. Daher lassen sie sich zwar evozieren, aber nicht vorhersagen. Und sie lassen sich dadurch provozieren, dem Gehirn eine möglichst große Menge an verschiedenartigen Informationen und Eindrücken zur Verfügung zu stellen.

Dies wenden Rulebreaker an. Sie interessieren sich für vieles: Wissenschaft, Technologie, Kunst, Wirtschaft. Und sie rekombinieren deren Elemente spielerisch. Im Englischen existiert ein Wort, das diese Geisteshaltung, die Bereitschaft, den Zufall billigend in Kauf zu nehmen, und gewissermaßen auf eine Reise mit ungewissem Ausgang zu gehen, treffend beschreibt: Serendipity. Diese Geisteshaltung trafen wir bei all unseren Rulebreakern an. Welche Rolle spielt also der Zufall, dem diese Haltung die Tore öffnet, für das Rulebreaking?

Ulrich Hegge sagt, dass es für ihn wesentlich gewesen sei, die richtigen Leute zur richtigen Zeit getroffen zu haben. Wanja Oberhof hilft sein zufälliges Flughafentreffen mit Otto Schily, um ein entkräftendes Argument für Kritiker zu bekommen. Und auch für Horst Rahe entstehen die wesentlichen Dinge durch Zufälle. Er erzählt die Geschichte, wie er sich mit 25 Prozent bei einem Projekt der damals reichsten Leuten der Welt, den Hunt Brothers, beteiligte. Er habe damals ein Telex aus den USA bekommen. Einer seiner vielen Freunde auf der Welt schrieb, dass die Hunt-Brüder etwas Neues in Öl- und Gaserkundung machen wollten. Rahe kannte weder die Hunts, noch kannte er sich mit Öl aus. Google gab es noch nicht, also fragte er Deutsche-Bank-Chef Alfred Herrhausen um Rat. Der telegrafierte zurück: Wenn das wirklich echt sei, dann solle Rahe das nächste Flugzeug nehmen! So eine Chance kriege kaum jemand im Leben! Ein paar Tage später saß Rahe beim Frühstück im Golfclub in Dallas, als seine drei Gesprächspartner ihre Cowboystiefel auf den Tisch legten und sagten: „Rate mal, wie viel Geld hier jetzt auf dem Tisch liegt!“ Es war die unvorstellbare Summe von 25 Milliarden Dollar. Vor ihm saßen Tramell Crow, der größte amerikanische Immobiliendeveloper, einer der Ölbarone und Herbert Hunt.

Kurzum: Rulebreaker sind bereit für den Zufall. Denn sie werden ihn ergreifen.

Unabhängigkeit als Ziel und Notwendigkeit

Doch um den Zufall ergreifen zu können, brauchen Rulebreaker bestimmte Rahmenbedingungen. Finanzielle und strukturelle Unabhängigkeit sind für Rulebreaker dabei Ziel und Notwendigkeit zugleich. Erst damit bekommt der Rulebreaker jenes Maß an gedanklicher Freiheit, das er braucht. Es gibt viele Situationen bei Hegge, Schmidt, Blume, Oberhof und auch Rahe, in denen die Unterstützung von Freunden oder aus der Familie diese Freiheit bringt.

Vor allem die gedankliche Freiheit von finanziellen Ängsten scheint ein wichtiger Baustein zum gelungenen und profitablen Rulebreaking zu sein. Doch wie sieht es mit professionellen Geldgebern aus? Etwa Banken und Venture-Capital-Gebern, also Wagnisfinanzierern? Müssten diese sich nicht die Finger nach Unternehmern mit Rulebreaker-Charakteristik lecken?

Das mag sein, doch sie werden von den Rulebreakern oft nicht gemocht. Horst Rahe etwa hält den Einfluss von Venture Capital für schwierig. Generell sei Shareholder-Value und die Fokussierung auf kurzfristige, quartalsweise Erfolgsberichte an Anteilseigner kontraproduktiv. Er hält es für kaum möglich, den „flinken Jungs aus Harvard mit den großen Blechkoffern" die Chancen einer Rulebreaking-Strategie zu erklären. „Wie sollen die mit ihren 27 Jahren beurteilen, was gut und was schlecht ist. Die sagen dann: ‚Das haben wir doch noch nie gesehen!' Und dann kommen die Rankingagenturen und geben der Idee den letzten Todesstoß, weil sie sagen: ‚Wenn ihr das jetzt macht, dann verliert ihr ein A.'"

Dieses Distanzbestreben gegenüber Abhängigkeiten führt dazu, dass Rulebreaker die Möglichkeiten eine VC-Finanzierung nur sehr dosiert und strategisch geplant einsetzen, etwa, wenn strategisch ein schnelles Wachstum erforderlich ist, das anders nicht finanziert werden kann. Hingegen empfinden wohl alle wie Wanja Oberhof, der die üblichen Businessplan-Wettbewerbe und trendigen Barcamps für Zeitverschwendung hält.

Die Strategie des Nicht-ernst-genommen-Werdens

Rulebreaker haben unsere Welt verändert und werden das weiter tun. Und doch werden sie noch immer unterschätzt. Oliver Blume sieht sogar eine Strategie des Nicht-ernst-genommen-Werdens, die wesentlich dazu beigetragen habe, dass seine easyApotheke groß werden konnte. Auch Wanja Oberhof kennt die Einstellung in der Branche: „Das sind die Jungen und Verrückten." Es sei einer der wichtigen Vorteile seines Rulebreakings gewesen, anfangs unterschätzt zu werden.

Zeitweise kommen sich Rulebreaker so vor, als wären sie tatsächlich die Einzigen, die an sich glauben. Doch sie halten durch, selbst wenn es sinnlos erscheint. Sie laufen gegen die Wand und stehen wieder auf. Rahe trennt sich unterwegs von seinem Partner, Hegge fängt aus der Insolvenz heraus noch einmal von vorn an. Riethmayer wirft seinen Angestelltenstatus an der Universität hin. Art Fry gefährdet seinen Job. Einige setzen ihre eigene Familie aufs Spiel, andere ihre Firma. Keiner von ihnen hat Angst. Und schon gar nicht davor, entlassen zu werden! Vielmehr versuchen sie alle jeden Tag, endlich gefeuert zu werden. Und dabei verändern sie die Welt nachdrücklich.

Sie zeigen uns und jedem, der genau hinschauen will, dass die Eroberung neuer Märkte zuerst keine Frage von Managementtheorien und Prozessen ist. Nein! Sie ist eine Frage der Menschen. Für ein Rulebreaking braucht man Rulebreaker! Sonst macht es keinen Sinn. Um das Potenzial dieser Rulebreaker für sich zu nutzen, müssen Unternehmen lernen, Rulebreaker zu erkennen, sich selbst für Rulebreaker attraktiv zu machen und im Unternehmen mit Rulebreakern umzugehen.

Also schauen Sie genau hin! Rulebreaker sind eine ganz besondere Spezies von Menschen. Sie werden sie erkennen, wenn Sie ihnen begegnen.

Wie Unternehmen zu Regelbrechern werden

In schöner Regelmäßigkeit werden die Unternehmensführer in Deutschland, den USA und vielen anderen Ländern nach ihren Prioritäten befragt. Diese Befragung wird häufig wiederholt, da sich auch Prioritäten natürlich verschieben. Die Welt ändert sich, und damit natürlich auch das, was für Unternehmen wichtig ist. So wird in Zeiten der Krise das Cashmanagement wichtig, zu anderen Zeiten eher die Nachhaltigkeit, eine balancierte Scorecard, der Aktienwert, neue Absatzmärkte oder die Versorgungssicherheit für Rohmaterialien.

Das Thema „Innovation“ jedoch kommt immer vor. In der überwältigenden Mehrheit aller Umfragen im deutschsprachigen Raum sind „Innovation“ und „Innovationsfähigkeit“ unter den Top 3 Antworten. Zudem unterliegt die Bedeutung von Innovation kaum modischen und konjunkturellen Schwankungen. Im Gegenteil! Sie gehört immer zu den wichtigsten Dingen, die ein Unternehmenslenker im Kopf hat. Doch Innovation ist nicht gleich Innovation. Was meinen wir wirklich, wenn wir Innovation preisen?

Die Strategieberatung Roland Berger zwischen den Jahren 2000 und 2004 eine Panel-Studie durchgeführt, in der 1700 Unternehmen über fünf Jahre hinweg hinsichtlich ihrer Performance verglichen wurden. Nur 26 Prozent der Unternehmen gelang es in dieser Zeit, überdurchschnittlich in Umsatz und Gewinn zu wachsen, also gleichzeitig Marktanteile hinzuzugewinnen und den Gewinn zu steigern. Diese „Outperformer“‘ zeichneten sich vor allem durch eines aus: Sie waren „First Mover“. Sie haben nicht nur auf Marktveränderungen reagiert, sondern Innovationen aktiv vorangetrieben. Und zwar in allen Bereichen des Unternehmens: im Kundenmanagement, in der Lieferkette, bei Prozessen und natürlich auch bei den Produkten und Dienstleistungen, die sie anbieten.

Doch darüber hinaus haben diese Unternehmen auch ihr Geschäftsmodell innoviert. Sie haben es verändert und bieten heute möglicherweise ganz andere Produkte und Dienstleistungen an, als früher. Das Beispiel von Nokia, das als Produzent von Gummistiefeln und Toilettenpapier begann und zum Globalplayer des Mobilfunks wurde, ist weltweit bekannt. Auch der Computerhersteller Apple, der heute vor allem Musik, Mobiltelefone und Medieninhalte anbietet, ist ein gutes Beispiel für diese Art von Geschäftsmodellinnovationen.

Rulebreaker treiben genau diese Art von Innovationen voran. Sie stecken hinter den erfolgreichen Markteroberungen durch die Geschäftsmodellinnovationen der „First Mover". Doch Vorsicht: Viele Kräfte in Ihrem Unternehmen werden Geschäftsmodellinnovationen ablehnen. Ein Paradoxon!

Das Missverständnis der Innovationsintensität

Fast ist es schon das immerwährende Paradoxon des Innovationsmanagements. Einerseits lieben die Unternehmenschefs Innovationen, wie wir gesehen haben. Zugleich gilt diese Liebe nur Innovationen mit schwacher Intensität.

Selbstverständlich haben auch Innovationen eine bestimmte Intensität, es gibt stärkere und schwächere. Grundsätzlich sind aus Sicht eines Unternehmens jene Innovationen stärker, die neue Produkte oder das Betreten neue Märkte zur Folge haben. Es sind jene starken Innovationen, die zum Beispiel dazu führen, dass 3M nun Haftzettel herstellt, dass Kreuzfahrten an Pauschalurlauber verkauft werden, und dass Bankberater nicht mehr per Provision sondern per Honorar bezahlt werden.

Doch wenn man Top-Manager fragt, welche Innovationen sie besonders schätzen, dann sind dies nicht die starken Innovationen. Empirische Untersuchungen zeigen ein sehr klares Bild: Eine besonders positive Einstellung haben die Unternehmenschefs zu den schwachen Arten der Innovation, wie „Produktverbesserungen“ und „Weiterentwicklungen“. Mit diesen Innovationsarten lassen sich bestimmte Verbesserungen bestehender Produkte erreichen, wie zum Beispiel die nächste Generation einer bestehenden Produktserie. Diese Innovationsarten lieben Unternehmenschefs.

Dagegen haben sie für „Durchbruchsinnovationen“ und „Geschäftsmodelländerungen“ eher geringe Erwartungen. Gegenüber solchen starken Innovationsarten, die den bisherigen Unternehmensauftrag in Frage stellen, sind sie sogar ablehnend eingestellt. Das hat zur direkten Folge, dass sich auch die Forschungsbudgets der Unternehmen auf jene schwachen Innovationen zur Verbesserung bestehender Produkte konzentrieren, nicht aber auf das Erobern oder Schaffen neuer Märkte.

Dies ist für Experten im Innovationsbereich umso erstaunlicher, als doch die echten, messbaren Renditen von Innovationen ganz anders aussehen. Sie steigen mit der Innovationsintensität! Die Renditen auf die eingesetzten Forschungsmittel bei starken Innovationsarten „Durchbruchsinnovation“ und „Geschäftsmodellinnovation“ sind mehr als doppelt so hoch, wie die Renditen auf die schwachen Innovationsarten „Produktverbesserungen“ und „,Weiterentwicklungen“. Und sogar die Flopraten, also die Anzahl der Misserfolge beim Marktstart, sind bei Innovationen mit höherer Intensität geringer als bei Innovationen mit geringer Intensität!

Im Klartext heißt das: Die Mehrheit der Unternehmenschefs, denen Innovation so wichtig ist, machen einen gewaltigen Fehler indem sie vor allem Innovationen mit geringer Intensität schätzen.

Dieses Paradoxon ist der Grund, warum Rulebreaker so wichtig für die Entwicklung unserer Welt sind. Denn nur durch die Fehleinschätzung und Innovationsschwäche der Mehrheit im Top-Management, bekommen Rulebreaker jene besondere Bedeutung: Sie sind die, die vor allem an Innovationen mit hoher Intensität arbeiten. Sie lieben Durchbruchsinnovationen und denken ständig über neue Märkte und neue Geschäftsmodelle nach. Genau deshalb brauchen Unternehmen Rulebreaker. Und genau deshalb fällt es Unternehmen so schwer, Rulebreaker zu lieben.

Angreifer gegen Verteidiger! Wer gewinnt wann?

Wenn es also offenbar so ist, dass jene Innovationsarten mit hoher Intensität nicht nur sensationeller zu erzählen sind, sondern auch messbar zu mehr Rendite führen, sollten wir versuchen zu verstehen, warum dies geschieht. Dafür ist ein kurzer Rückblick in die wissenschaftliche Disziplin des Innovationsmanagements hilfreich.

Henderson und Clark forschten 1989 am Massachusetts Institute of Technology MIT zu Prozessinnovationen, als sie eine interessante Entdeckung machten.[12] Sie fanden heraus, dass etablierte Unternehmen eine ganze Menge Probleme mit eigentlich recht unbedeutend erscheinenden Innovationen hatten. Insbesondere Prozessinnovationen, bei denen sich die Prozessarchitektur in der Produktentstehung veränderte, führten in schöner Regelmäßigkeit dazu, dass etablierte Firmen aufgeben mussten und ihren gesamten Markt angreifenden Unternehmen überlassen mussten. Eines der prägnantesten Beispiele von Henderson und Clark sind etwa neue Verfahren bei der Herstellung von Computerchips. Warum dies aber geschah, dazu konnten Henderson und Clark noch keine umfassende Antwort geben.

Dies änderte sich vier Jahre später, als James Utterback ein Buch über Innovation vorlegte, dass u. a. über das sogenannte „Dominant Design“ berichtet.[13] Dieses „Dominant Design“ bildet sich in etablierten Märkten heraus, weil es die beste Bauform für ein Produkt oder den besten Prozess für eine Dienstleistung darstellt. So haben sehr viele Autos heute vier Räder, von denen die vorderen beiden gelenkt werden, sowie einen benzin- oder dieselverbrennenden Motor, der vorne liegt. Dies war aber nicht immer so. Lange Zeit wurden sehr erfolgreich andere Designs eingesetzt, etwa der VW Käfer mit Heckmotor. Dennoch hat sich im Laufe der Jahre ein dominantes Design herausgebildet.

Bei seinen Forschungen stieß Utterback auf einen Baustein, der uns beim Verständnis von Rulebreakern hilft. Er untersuchte, wodurch sich das „Dominante Design“ in Branchen ändert. Seine Antwort: Durch kompetenzzerstörende Produkt- und Prozessinnovationen.

Was Utterback damit meint, ist ganz einfach: In den letzten hundert Jahren haben sich in einigen Produktkategorien immer wieder neue Unternehmen etablieren und alte Unternehmen verdrängen können. Die Angreifer haben gewonnen. Bei anderen Produkten war es andersherum: Die Verteidiger, also die etablierten Unternehmen, die bereits eine starke Marktposition innehatten, haben den Kampf gewonnen. Sie haben einfach neue Produkte auf den Markt gebracht und die Angreifer abgewehrt.

Doch wie war es überhaupt möglich, dass in sehr vielen Fällen die Angreifer gewinnen konnten? Warum wurde der Düsenantrieb für Flugzeuge nicht von den Propellerantriebsherstellern durchgesetzt? Warum der Kugelschreiber nicht von den Herstellern der Füllfederhalter? Warum verschwanden die verteidigenden Unternehmen zu Hunderten in der Insolvenz oder in völliger Bedeutungslosigkeit? Waren sie nicht ressourcenreicher und damit viel besser für den Kampf gerüstet? Hatten Sie nicht mehr Geld zur Verfügung? Hatten Sie nicht Patente, geschulte Mitarbeiter, eine solide Einnahmenbasis, ein bestehendes Vertriebsnetz, und gute, eingeführte Marken?

Die Antwort ist verblüffend. Es gibt Märkte, in denen es schlecht ist, zu viel Kompetenz zu haben. Es scheint unglaublich und doch ist es wahr: Die Verteidiger verlieren ihr Märkte, weil sie zu viel davon verstehen! Dies gilt insbesondere für die Einführung neuer, revolutionärer Technologien, wie etwa den Düsenantrieb oder den Kugelschreiber. Hier ist es eher hinderlich, viel Wissen über Propeller oder Füllfederhalter angehäuft zu haben, weil die neuen Technologien ganz neuen Regeln unterworfen sind. Bei 3M hat die neue Klebetechnologie ganz neue Produkte ermöglicht. Man durfte sie nur nicht mit den alten Maßstäben messen, die man gewöhnlich an Klebstoffe anlegte. Wer sich neuen Technologien mit altem Denken nähert, der verliert.

Von kompetenzstörender Innovation betroffen sind vor allem jene Branchen, deren Rahmenbedingungen sich schnell ändern. Auch wenn Utterback vor allem an neue Technologie-Erfindungen gedacht haben mag, so können auch externe, politische oder gesellschaftliche Einflüsse die Märkte gehörig durchschütteln und den Weg für

Angreifer freimachen. Diese in der Branche meist ungewollten Veränderungen der Rahmenbedingungen führen dazu, dass aus Sichtweise der Kunden neue Nutzenbedürfnisse entstehen oder alte neu bedient werden können. Doch dies erfordert neue Technologien und Geschäftsmodelle. Exakt an dieser Stelle wird für die etablierten Verteidiger ihre Kompetenz für die alten Technologien und Geschäftsmodelle zum Hemmnis. Denn sie haben viel Zeit und Geld investiert, um diese obsolet werdenden Kompetenzen aufzubauen. Für entsprechend wertvoll halten sie ihre Kompetenzen. Sie verkennen dabei, dass der Wert ihrer Kompetenz sich nicht nach dem eingeflossenen Investment bemisst, sondern nach der aktuellen Lösungsqualität im Markt. Entsprechend beharren sie auch auf ihren nutzloser werdenden Kompetenzen. Dieses Beharren verzögert oder verhindert das unbelastete Entwickeln der neuen Geschäftsmodelle.

Für die angreifenden Rulebreaker hingegen wird ihre weitgehend naive, aber intelligente Vorgehensweise zum Vorteil gegenüber dem ressourcenstrotzenden Establishment. Ihr mentaler Vorteil ist: Sie messen den alten Geschäftsmodellen und deren obsolet gewordenen Kompetenzprofilen keinen Wert bei. Sie haben ja nicht ihr halbes Arbeitsleben damit verbracht, sich diese Kompetenzen zu erwerben. Also haben sie auch keinen Grund sie zu verteidigen.

Exakt dies ist der Grund, warum Rulebreaker jene radikalen Innovationen und Geschäftmodellinnovationen lieben und forcieren. Obwohl ihnen die Theorien von Utterback nicht geläufig sein müssen, stürzen sich die von uns betrachteten Rulebreaker genau auf jene Produkte und Prozesse, bei denen Kompetenz zum Nachteil wird. Sie nutzen ihre fachliche Inkompetenz auf perfide Weise gegen das fachlich kompetente Establishment.

Rulebreaker arbeiten an disruptiven Innovationen

Eine berühmt gewordene Antwort auf die von Utterback aufgeworfenen Fragen gab Clayton Christensen wenige Jahre später, u. a. in seinem zum Bestseller gewordenen Buch „The Innovators' Dilemma".[14] Er zeigt einen zweiten Grund, warum etablierte Unternehmen, also diejenigen, die Utterback die Verteidiger nannte, recht hilflos den Angriffen durch neue Unternehmen, den Angreifern, gegenüberstehen. Er beschreibt einen ganz besonderen Typus von Innovation und entwickelt einen Begriff, der bis heute die wissenschaftliche Diskussion um Innovationen prägt: „Disruptive Innovationen". Solche disruptiven Innovationen zerstören die Geschäftsmodelle und Prozesse der angegriffenen Unternehmen, indem sie sie durch neue Prozesse und Geschäftsmodelle ersetzen. Beispielsweise zerstörte die Entwicklung der Digitalkamera, die Geschäftsmodelle der traditionellen Filmhersteller. Damit beschreibt Christensen sehr genau, was Schumpeter viel früher so unverbindlich den Prozess „der kreativen Zerstörung" nannte.

Clayton Christensen gelingt es, die Frage nach dem „Warum" weitgehend zu beantworten. Er zeigt, dass es oft völlig rational für etablierte Unternehmen ist, jene disruptiven Innovationen und Technologien zunächst zu ignorieren. Denn sie sind schwer zu einzuschätzen. Und noch schwerer ist es, ihre künftige Performance vorherzusagen. Oft sind disruptive Technologien den bestehenden Technologien und Produkten zuerst unterlegen. Sie funktionieren noch nicht so gut. Oder sie funktionieren noch gar nicht. Oder nur in Marktnischen. Aber: Sie sind anders! Angreifende Rulebreaker bewerten das Potenzial dieses Anders-Seins. Verteidigende Unternehmen bewerten dagegen die Produktivität des aktuellen Produkts. Entsprechend unterschiedlich agieren sie strategisch.

Dazu kommt, dass disruptive Innovationen oft in der Nische von Low-End-Innovationen beginnen. Sie starten aus einer Marktnische oder vom niedrigpreisigen Segment am unteren Marktende aus. Solche Low-End-Angebote sind beispielsweise Harald Blumenauers Festpreisangebot für Immobilienverkäufe, Oliver Blumes um bis zu fünfzig Prozent niedrigere Medikamentenpreise und auch Horst Rahes günstige Kreuzfahrten. Für etablierte Unternehmen, die diese Entwicklung beobachten, scheint es rational gesehen klug zu sein, diese Entwicklung zu ignorieren. Denn sie verdienen ihr Geld hauptsächlich im mittleren und oberen Marktsegment. Für die Top-Manager dieser Unternehmen wäre es geradezu sträflich, diese gewinnträchtigen Segmente zu gefährden, indem man sich Hals über Kopf auf Technologien und Geschäftsmodelle stürzt, die nur für das untere Marktsegment attraktiv sind.

Diese Haltung mag aktuell klug erscheinen. Sie wird in vielen Fällen, im Nachhinein betrachtet, aber als sehr kurzsichtig bewertet werden. Denn in den vielen Fällen von erfolgreichen disruptiven Innovationen wächst das neue Geschäftsmodell rasant vom unteren Segment aus in den Markt hinein und übernimmt binnen kurzer Zeit auch das mittlere Marktsegment, Jenes wo das Geld verdient wird. Auf diese Weise werden die etablierten Unternehmen Schritt für Schritt in die oberen Marktsegmente gedrückt. Anfangs erscheint dies meist noch nicht dramatisch. Denn auch hier lassen sich Gewinne erzielen. Hier werden die alten Kompetenzen wertgeschätzt. Typischerweise sind dies jene Momente in denen Top-Manager die hohe Qualität und die überdurchschnittlichen Margen ihrer Produkte anpreisen. Dies lässt sich der Presse und den Aufsichtsräten als positive Nachricht verkaufen. Seien

Sie wachsam, wenn Sie so etwas hören! Denn Christensen zeigt auch, wohin diese Entwicklung für die Etablierten letztendlich führt: Es dauert nicht lang und sie werden nach oben aus dem Markt heraus gedrängt! Dann hat die zuerst so unscheinbare Low-End-Innovation die gesamte Industrie verändert.

Sieht man sich die Strategien von Rulebreakern an, dann passen ihre Denk- und Handlungsmuster exakt zu dieser Funktionsweise von Innovationen. Rulebreaker sind die Treiber von disruptiven Innovationen. Egal ob bewusst oder unbewusst, haben sich viele der von uns interviewten Rulebreaker strategisch genau so verhalten, wie es die Innovationswissenschaft vorschlägt: Sie haben Low-End-Lösungen in etablierte Märkte eingeführt. Sie haben Veränderungen im technologischen und politischen Umfeld genutzt, um bisher unerkannte oder unbefriedigte Kundenbedürfnisse zu erfüllen. Sie haben kompetenzzerstörende Produkte und Prozesse entwickelt und in etablierte Industrien eingeführt.

Und sie haben ihre Kraft und Energie auf Innovationen mit hoher Innovationsintensität fokussiert. Jene schwachen Innovationsarten wie „Produktverbesserung“ und „Weiterentwicklung“ interessieren sie nicht.

Blue Ocean-Elemente im Rulebreaking

Es gibt unzählige Innovationstheorien und Managementratgeber für Change-Management-Prozesse. Sie sind alle mehr oder weniger klug und durchdacht. Doch wer auf die Geschichten unserer aufgezeigten Regelbrüche schaut, könnte leicht zu der Überzeugung kommen: Sie sind unnütz. Kein einziger unserer Regelbrecher, hat die Regeln eines Managementhandbuchs befolgt. Im Gegenteil! Viele von ihnen würden es weit von sich weisen, lediglich die Ausführenden einer allgemeingültigen Managementtheorie zu sein. Regelbrecher sind Unikate, genauso wie ihr Regelbruch!

Aus diesem Grund ist die Eroberung von neuen Märkten durch gezielte Regelbrüche zuerst keine Frage von Prozessen und Theorien, sondern eine Frage von Menschen. Für ein Rulebreaking braucht es Rulebreaker. Und wenn es die Rulebreaker gibt, dann braucht man schon gar keine Prozesse mehr. Das heißt nicht, dass man nicht versuchen könnte, zu beschreiben, was Rulebreaker tun. Genau das versucht dieses Buch. Und stellt fest: Viele unserer Rulebreaker haben ohne es zu wissen Elemente benutzt, die Teil einer bestimmten Chance-Management-Theorie sind: der Blue Ocean Strategie. Aus diesem Grund sollen hier jene Elemente der Blue Ocean Strategie erklärt werden, die offenbar zum Handwerkszeug eines Rulebreakers gehören.

Es war im Jahr 2005 als die amerikanischen Wirtschaftswissenschaftler Renée Mauborgne und W. Chan Kim ihre Theorie der roten und blauen Ozeane veröffentlichten. Ihre These: Anstatt im roten Ozean, im Haifischbecken des Konkurrenzkapitalismus, mit anderen Konkurrenten um eine begrenzte Nachfrage zu streiten, werde nur in jenen Märkten gutes Geld verdient, in denen es kaum Konkurrenz gibt, den blauen Ozeanen. Es gehe also um die Eroberung blauer Ozeane, so der Strategievorschlag der beiden.

Dabei teilen Chan Kim und Mauborgne die Unternehmen, die sich in einem Markt bewegen, in drei Gruppen ein: Pioniere, Migranten und Siedler. Als Unterscheidungsmerkmal gilt dabei die sogenannte „Nutzenkurve“ ihrer Produkte. Sie gibt an, aus welchen Hauptnutzenkriterien heraus, der Kunde das Produkt des entsprechenden Unternehmens kauft. Die „Siedler“ betreiben Geschäfte, deren Nutzenkurve mit der Grundform der Branche übereinstimmt. Es gibt für den Kunden also kaum einen Unterschied und kaum einen Grund zum Abwägen zwischen den Angeboten. Die „Pioniere“ hingegen bieten einen neuen Nutzen für den Kunden. Und die „Migranten“ liegen dazwischen. Sie bieten einen besseren Nutzen als die Siedler, aber keinen innovativen. Nach der Untersuchung von hunderten Unternehmensbeispielen schlussfolgern Chan Kim und Mauborgne: „Unserer Erfahrung nach ist die Chance, durch eine Nutzeninnovation einen neuen Markt zu schaffen umso größer, je mehr Siedler es in der Branche gibt.“[15]

Insbesondere nutzen die Rulebreaker drei der von Chan Kim und Mauborgne vorgeschlagenen Elemente. Es sind: Die Nutzeninnovation. Der strategische Preis. Und die radikale Fokussierung, um den strategischen Preis zu erreichen.

Blue Ocean-Element: Nutzeninnovation

Die sogenannte Nutzeninnovation ist das zentrale Element der Blue Ocean Theorie. Besonders erfolgreiche Innovatoren nutzen demnach nicht die Konkurrenz als Bezugspunkt. Das ansonsten weit verbreitete Benchmarking spielt bei ihnen keine Rolle. Voraussetzung für den Einstieg in den Markt sind weder eine neue Technologie noch das bessere Timing als die Konkurrenz. Vielmehr definiere man das Problem als solches neu. Chan Kim und Mauborgne führen das Beispiel des Cirque du Soleil an, der die Markgrenzen des Zirkus aber auch des Theaters durchbrach, und damit die Kunden der Zirkusbranche als auch deren Nichtkunden anders verstand. Hier reduzierte man das Zirkuserlebnis auf die drei Schlüsselfaktoren: Zelt, Clowns und Akrobatik und kombinierte es mit einer thematischen Klammer über das ganze Event, also einer durchgängigen Geschichte, ähnlich wie bei Theateraufführungen. Erfolgsrezept war also: Das Beste aus zwei Welten!

Ganz ähnlich haben einige Rulebreaker aus diesem Buch agiert. Horst Rahe hat bei der Entwicklung der AIDAs die zwei Welten Cluburlaub und Kreuzfahrten miteinander verbunden. Oliver Blume hat Apotheken und Supermärkte kombiniert. Karl Matthäus Schmidt und Harald Blumenauer haben die Idee der Honorarberatung mit Banken und Immobilienmaklern kombiniert. Entstanden sind jeweils Produkte, die einen anderen Nutzen für die Kunden haben, als die herkömmlichen Produkte der anderen Anbieter in der Branche. Eine typische Nutzeninnovation!

Die Entdeckung von Nutzeninnovationen findet oft im Kontinuum zwischen alternativen Branchen statt. Insgesamt nennen Chan Kim und Mauborgne aber sechs mögliche Bereiche der Grenzverschiebungen: alternative Branchen, strategische Gruppen, Käufergruppen, komplementäre Produkt- und Dienstleistungsangebote, funktionale oder emotionale Orientierung der Branche oder nachhaltige Trends.

Blue Ocean-Element: Strategischer Preis

Nachdem eine Nutzeninnovation gefunden ist, fragt die Blue Ocean Strategie nach dem Preis. Ist der avisierte Preis für das neue Produkt strategisch so gewählt, dass er für die Masse der Käufer leicht erschwinglich ist? Ist er zugleich so niedrig, dass es sich für die Konkurrenz nicht mehr lohnen würde, billigere Kopien anzubieten? Und: Wie ist mit diesem strategischen Preis das Kostenziel und gleichzeitig ein Profit erreichbar?

Im Rulebreaker-Beispiel der AIDA-Entwicklung durch Horst Rahe lag der strategische Preis bei 1500 D-Mark. Es war jener Preis, bis zu dem laut Marktumfragen eine große Masse an Kunden bereit war, Kreuzfahrten zu buchen. Es war zugleich jener Preis, den die Konkurrenz als ununterbietbar angesehen hatte.

Die strategische Preisgestaltung ist einer der Schlüsselfaktoren eines Rulebreakings. Strategisch bedeutet in diesem Falle, dass die Preisberechnung nicht nach der Logik: Materialkosten + Personalkosten + Gewinnmarge = Preis erfolgt. In dieser traditionellen Kalkulation, die nach wie vor an Universitäten gelehrt wird, werden Personal- und Materialkosten als starr angesehen und dann um den gewünschten Gewinnaufschlag erhöht. Dies ist strategisch aber falsch! Die richtige Rechnung lautet vielmehr: strategischer Preis – Gewinnmarge = Materialkosten + Personalkosten. Nicht der Preis ist also die Variable dieser Gleichung, sondern die Material- und Personalkosten. Der Preis wird vom Markt oder strategischen Überlegungen vorgegeben und ist der Ausgangspunkt aller weiteren Rechnungen. Daher dürfen Material- und Personalkosten dann einen bestimmten Betrag nicht übersteigen. In der Regel wird das zum Absinken des Verkaufspreises führen und daher auch zu Kostensenkungen im Herstellungsprozess.

Dieses Element der demokratisierenden Funktion von Innovation vereint die Blue Ocean Strategie mit der von Christensen. Und es bildet ein zentrales Element des Handelns unserer Rulebreaker. Low-End- und Low-Cost-Angriffe auf etablierte Geschäftsmodelle sind ein wichtiges Handlungsmuster erfolgreicher Rulebreaker. Ob es eine Apothekenkette ist, die den Arzneikauf demokratisiert, ein Online-Broker der Aktienhandel für die Massen erlaubt, Strom gelb und günstig wird, oder die Kreuzfahrt für den Pauschalurlauber erschwinglich wird: In allen Fällen wurde ein Verhalten, das früher einer kleinen Elite vorbehalten war mittels Preissenkungen demokratisiert. Durch die Preissenkung konnte eine viel breitere Basis von Nutzern angesprochen werden, deren Masse den Margenschwund wettmachen kann.

Blue Ocean-Element: Kostensenkung durch radikale Fokussierung

Die Fokussierung auf bestimmte Nutzeninnovationen und das damit einhergehende radikale Streichen anderer Nutzenargumente ist der einzige Weg, um den avisierten strategischen Preis erreichen zu können. Im Beispiel von Chan Kim und Mauborgne verzichtet der Cirque du Soleil radikal auf die Preistreiber der Zirkus-Konkurrenz, die Tiere und auf die Preistreiber der Theater-Konkurrenz, ein festes Haus mit seinem Personal. Stattdessen fokussierte man sich ausschließlich auf die drei Schlüsselfaktoren: Zelt, Clowns und Akrobatik.

Auch Rulebreaker Horst Rahe hat dieses Element der radikalen Fokussierung genutzt. So hat er etwa auf den neuen AIDA-Kreuzfahrtschiffen das à la Carte Essen durch Büffets ersetzt. Sein Ziel war es, nicht nur die Oberkellner einzusparen, sondern mehr als sechzig Prozent des Personals. Auch Oliver Blume hat die radikale Fokussierung genutzt. Bewusst verletzte er die Nutzenkriterien der bisherige Apothekerbranche, etwa die patientennahe Innenstadtlage oder den Ladenbau aus individuell gefertigten Holzregalen. Er eröffnet easyApotheken auf der kostengünstigen, grünen Wiese und mit Standard-Metall-Regalen. Die eingesparten Kosten sichern die strategischen Preise seiner verkauften Medikamente, die bis zu fünfzig Prozent unter den Preisen anderen Apotheken liegen.

Rulebreaker sind keine Blauozean-Kapitäne

Rulebreaker verwenden offenbar intuitiv und unbewusst einige Elemente der Blue Ocean Strategie. Folgen sie also dem vorgeschlagenen Denkmodell? Sind Rulebreaker Kapitäne auf dem Blauen Ozean? Wir meinen: Nein! Im Gegenteil! Sie verhalten sich hinsichtlich eines zentralen Grundprinzips genau konträr zur Lehrmeinung von Chan Kim und Mauborgne. Diese postulieren, dass die Unterscheidung von besonders innovativen und weniger innovativen Unternehmen eine Sache eines besonderen „strategischen Vorgehens" sei, das bereits Richard Foster und Sarah Kaplan beschrieben hatten.[16] Dieses strategische Vorgehen sei ein durchgängig gemeinsames Muster durch das sich alle erfolgreichen Innovatoren signifikant von anderen Marktteilnehmern unterscheiden. In der Gegenüberstellung werden die Unterschiede zwischen den Marktteilnehmern deutlich:[17]

Strategien für rote Ozeane	Strategien zur Eroberung blauer Ozeane
Wettbewerb im vorhandenen Markt	Schaffung neuer Märkte
Die Konkurrenz schlagen	Der Konkurrenz ausweichen
Die existierende Nachfrage nutzen	Neue Nachfrage erschließen
Direkter Zusammenhang zwischen Nutzen und Kosten.	Aushebelung des direkten Zusammenhangs zwischen Nutzen und Kosten.
Ausrichtung des Gesamtsystems der Unternehmensaktivitäten an der strategischen Entscheidung für Differenzierung oder niedrige Kosten.	Ausrichtung des Gesamtsystems der Unternehmensaktivitäten auf Differenzierung **und** niedrige Kosten.

In dieser strategischen Gegenüberstellung wird das wichtigste unterscheidende Element zwischen Rulebreaking und einer Blue Ocean Strategie sichtbar: Die Grundannahme der Blue Ocean Strategie ist das Ausweichen vor Konkurrenz und das Entdecken konkurrenzloser Märkte. Auf dieser Annahme basiert das gedankliche Modell, das das Entdecken neuer Märkte als zentrales Element ansieht. Doch Rulebreaker weichen der Konkurrenz nicht aus. Sie tun genau das Gegenteil. Sie gehen vielmehr häufig frontal auf die Konkurrenten zu, wissend, dass sie das Geschäftsmodell der Konkurrenz empfindlich treffen werden. Sie greifen das Establishment in einem existierenden Markt an, gewissermaßen auf dem heimischen Spielfeld. Und dieser Angriff erfolgt mit offenem Visier, für jedermann sichtbar.

Das bei Blue Ocean angelegte Element des geschickten Ausweichens zur Herstellung einer monopolartigen Situation, in der eventuell sogar Monopolrenten eingefahren werden könnten, ist der Persönlichkeit des Rulebreakers fremd. Er sucht die Konkurrenz. Und trickst sie aus. Er nutzt die Eingefahrenheit des Establishments zu seinem Vorteil. Rulebreaker brauchen die Konkurrenz zur kreativen Zerstörung, sie brauchen ein Feindbild, gegen das sie arbeiten können.

Aber Achtung! Dieses Feindbild kann auch ihre eigene, ergraute Firma sein!

Das Schnellboot ist voller Piraten!

Es ist ein beliebtes Bild, das in der Managementliteratur immer wieder Verwendung findet: Das Unternehmens als großes Schiff. Konzerne und multinationale Unternehmen halten sich sogar oft für Supertanker. Der Vergleich funktioniert natürlich: Supertanker sind schwer zu steuern. Sie haben Bremswege von vielen Kilometern. Sie haben den größten Wendekreis aller von Menschenhand gesteuerten Maschinen. Einfach gesagt: Sie sind groß und sie sind schwerfällig. Sie sind nicht reaktionsschnell und nicht agil. Aber ihre Größe hat Vorteile: Sie sind stabil und durchsetzungsfähig. Haben sie einmal Fahrt aufgenommen, kann sie nichts mehr stoppen. Und sie haben viele fähige Experten an Bord, die in einer strengen Hierarchie arbeiten. Die Kapitäne von Supertankern sind gut ausgewählt, gut ausgebildet, lassen sich gut beraten und treffen weise Entscheidungen.

Nur insgeheim träumen sie von früheren Zeiten, als sie noch mit kleinen, wendigen Schnellbooten über das Meer gejagt sind. Das waren noch Zeiten! Doch die sind lange vorbei! Wer braucht denn allen Ernstes Schnellboote? Wer braucht sie in der maritimen Welt? Und wer braucht sie in der Businesswelt?

Wir meinen: Es sind die Piraten! Es ist auf dem Meer wie in der Wirtschaft, wer Schnellboote wirklich braucht, sind die Piraten! Sie überfallen die Welt, sie entern Schiffe, sie zwingen zur Kursänderung. Mit einer Mischung aus Abenteuerlust, krimineller Energie und Angriffslust versuchen Piraten den Gang der Dinge zu beeinflussen und der Welt ihre Regeln aufzuzwingen.

Märkte zu erobern, ist eine Frage der Anschauung. Vergessen Sie die Mär von den neuen Märkten ohne Konkurrenz. Diese konkurrenzlosen blauen Ozeane gibt es nicht. Rulebreaker sind Piraten, die kleine Schnellboote bauen und mit denen den Ozean so lange aufwühlen, bis die Ozeanriesen zu kentern drohen. Diesen „Piraten" geht es nicht darum, den Profit zu mehren. Es geht darum, den Kurs unserer Welt zu ändern und dafür Anerkennung zu bekommen.

Wie Ihr Unternehmen zum Markteroberer wird

Wenn Sie als Manager eines Unternehmens glauben, dass Sie ein großes Schiff steuern, einen schwer lenkbaren Supertanker gar, dann haben wir Verständnis dafür, dass Ihnen der Gedanke Unbehagen bereitet, einen Piraten an Bord zu holen. Wenn Sie ihm das Steuer in die Hand drücken, wird er sich zuerst mit Ihrer Crew streiten und dann unzufrieden von Bord gehen, weil sich weder Kahn noch Mannschaft in seiner Geschwindigkeit bewegen. Wenn Sie ihm das Steuer nicht überlassen, dann wird er solange meutern, bis er das Steuer doch an sich reißen kann. Was tun?

Sie brauchen einen Perspektivwechsel! Woher wissen Sie denn, dass Sie Tankerkapitän sind? Vielleicht stimmt das gar nicht! Sind Sie nicht vielmehr Flottenadmiral? Haben Sie nicht einige große Schiffe unter Ihrer Flagge, die alle träge vor sich hin segeln aber im besten Fall mit Bergen voller Gold zurückkommen?

Wenn das so wäre, dann ist Ihr Problem schon fast gelöst! Kaufen Sie sich von Ihrem nächsten Goldberg ein Schnellboot. Treffen Sie sich konspirativ mit einem Piraten. Fragen Sie ihn, wie er die Zukunft sieht. Er wird das mögen, denn es gibt ihm Anerkennung. Vielleicht verstehen Sie gar, was er Ihnen antwortet. Dann lassen Sie es ihn spüren. Er fühlt sich selten verstanden. Wenn er Ihnen gefällt, dann übergeben Sie ihm das Schnellboot! Aber versuchen Sie bitte nicht, ihm Aufträge oder Anweisungen zu geben! Lassen Sie ihn seine Mannschaft selbst zusammenstellen! Lassen Sie ihn auch seinen Heimathafen selbst wählen. Ärgern Sie sich nicht, wenn er sich nicht für Ihren Hafen entscheidet. Er hat seine Gründe dafür. Er denkt, dass seine Crew nicht schnell genug wäre, wenn Sie immer mit Ihren Mannschaften in der Hafenkneipe sitzen. Vermutlich hat er recht, denn in seinem Piratennest gibt es keine Kneipe. Nur ein Lagerfeuer und eine Flaschen Rum. Sie werden erleben, wie Ihr Pirat mit Ihrem Schnellboot Fahrt aufnimmt. Er wird mutig und angriffslustig sein. Und schnell außer Sichtweite. Er wird die Boote der anderen Flotten angreifen. Zuerst die kleinen, dann die mittleren. Vielleicht ist auch mal eines aus Ihrer Flotte darunter. Ärgern Sie sich nicht! Freuen Sie sich, dass sein Schiff immer größer wird, denn es ist ja Ihres! Lassen Sie ihn fahren wohin er will. Wenn er unter Beschuss kommt, mischen Sie sich nicht ein! Er weiß, was er tut. Nur wenn er zu sinken droht, dann flicken Sie sein Schiff wieder zusammen. Bestrafen Sie ihn nicht, er tut nur seinen Job! Schicken Sie ihn kommentarlos wieder aufs Meer. Er wird es Ihnen danken. Wenn eines Tages all die kleinen und mittleren Schiffe vor Angst vor ihm zittern, dann wird er die großen angreifen wollen. „Kein Problem", sagen Sie? Wir glauben: Sie werden ein Problem haben. Denn um die anderen großen Schiffe anzugreifen, braucht er Ihr größtes Schiff. Er wird Sie nicht fragen. Er wird es entern. Er wird die Brücke stürmen und einen neuen Kurs setzen. Wir empfehlen Ihnen: Behalten Sie die Ruhe! Wenn es soweit kommt, wird sein neuer Kurs auch gut für Ihr größtes Schiff sein. Er wird Ihnen neue Wege über den Ozean zeigen. Dann allerdings wird es ihm zu langweilig. Lassen Sie ihn gehen!

Es gibt eine Menge Unternehmen, die versuchen, dieser „Nützliche-Piraten" – Strategie schon heute nahe zu kommen. Ulrich Hegges sechste Etage bei Burda ist ein Beispiel dafür, genauso wie Bernd Kolbs vorübergehende Telekom-Innovationssparte. Es noch viele andere mehr.

Darunter sind viele die es falsch machen. Sie geben ihren Piraten nicht genug Unabhängigkeit. Es gibt einige andere, die es besser machen. Aber es gibt kaum jemanden, der es wirklich gut macht. Jedenfalls nicht heute.

Vor 450 Jahren war das anders. Da gab es jenen Sir Francis Drake. Einen Engländer, der zwischen 1570 und 1573 auf seiner „Swan“ den Atlantik durchstreift und enorme Schäden unter spanischen Schiffen anrichtet. Als er zurück nach England kommt, geht er nicht ins Gefängnis, sondern in den besten Häusern Londons ein und aus. Doch niemals nimmt er Weisungen entgegen. Er entscheidet selbst, was gut und richtig ist. 1577 bricht er zur Weltumsegelung auf, die noch heute als „The Famous Voyage“ in den Geschichtsbüchern steht. Auf seiner dreijährigen Fahrt entdeckt er unter anderem das Kap Hoorn. Zurück in England empfängt ihn Königin Elisabeth I. mit dem Ritterschlag. Doch ein Jahr später geht er wieder auf Kapertour. Glauben Sie, die Queen hätte nichts davon gewusst?

Die Regeln des Regelbruchs

Was wir versuchen, Ihnen zu sagen, ist: Unternehmen können unglaublich von Rulebreakern profitieren. Sie treiben Innovationen. Sie arbeiten eigenständig, benötigen wenig Steuerung, wenig Ressourcen und können Großes bewirken. Inmitten der ausdifferenzierten Managementwelt mit ihren hunderten Theorien und tausenden Beratern, schauen wir hier auf jenes Feld, in dem die größten Innovationspotenziale liegen.

Vielleicht haben Sie ein ähnliches Gefühl. Vielleicht habe Sie deshalb schon in der Vergangenheit versucht, die Blue Ocean Strategie oder einen der anderen Innovationsprozesse in ihrem Unternehmen einzuführen. Dann hätten Sie versucht, einen Tanker zum Schnellboot zu machen und den Tankerkapitän zum Piratenchef. Wir wetten mit Ihnen, dass das nicht funktioniert hat. Wenn doch, melden Sie sich bei uns!

Wenn es bisher nicht gut funktioniert hat, bedeutet das nicht, dass es nicht geht. Doch Sie müssen es richtig machen! Neues entsteht durch Regelbruch. Rulebreaker sind Treiber von Innovation und wirtschaftlichem Fortschritt. Was liegt also für ein Wirtschaftsunternehmen näher, als selbst zum Hort des Regelbruchs zu werden? Sollte es nicht Strategie jedes Unternehmens sein, möglichst viele Rulebreaker für sich arbeiten zu lassen? Muss es nicht sogar Ziel für innovative Unternehmen sein, Rulebreaker anzuziehen, sie zu beherbergen und ihnen einen Rulebreaker-Lebensraum zu geben? Nur: wie funktioniert das?

Für Unternehmen, die neue Märkte durch das Verfolgen starker Innovationsarten entdecken wollen, lassen sich einige einfache Regeln formulieren, die wir gern mit Ihnen teilen wollen:

1. Innovation entsteht nie durch Prozesse. Innovation entsteht durch Menschen!

So hilfreich und notwendig Prozesse zur effektiven Führung eines großen Unternehmens sind, so ungeeignet sind sie zur Entwicklung starker Innovationen. Überprüfen Sie, ob Ihre Innovationsprozesse auf schwache oder starke Innovationsarten ausgerichtet sind. Überprüfen Sie die Struktur und Arbeitsweise Ihrer Innovationsabteilung. Arbeiten hier Innovatoren oder Prozessverwalter? Überprüfen Sie die Verteilung Ihres Innovationsbudgets. Investieren Sie in Menschen statt in Prozesse!

2. Werden Sie zu Nicht-Kundenexperten!
Es ist modern, von sich und seinen Mitarbeitern zu verlangen, immer den Kunden ins Zentrum des eigenen Denkens und Handelns zu stellen. Das „Clienting“ des Unternehmensberaters Edgar K. Geffroy[18] ist zum Bestseller der Vision von selbstlosen Unternehmen geworden, die alles für ihre Kunden tun. Langsam aber sicher bekommt der Kunde sogar in den Vorständen seinen Sitz. Mehr und mehr Vorstände haben die Abkürzung CCO auf ihrer Visitenkarte: Die Chief Customer Officer. Falls es den CCO bei Ihnen noch nicht gibt, führen Sie ihn ein! Und doch führt die Fokussierung auf die Kunden in der Realität zu falschen Entscheidungen. Denn zu oft wird Kundenfokus mit den Ergebnissen der Marktforschung verwechselt. Doch Kunden können sich heute nicht vorstellen, was sie morgen kaufen wollen. Geben Sie Ihren Kunden Besseres, als diese erwarten! Nicht die Wünsche der Kunden sind Ihre Inspirationsquelle, sondern die Gründe der Nichtkunden. Verlagern Sie Ihren Fokus: Von den Kunden zu den Nichtkunden![19]

3. Betreiben Sie Innovationsmanagement!
Innovative Unternehmen brauchen ein innovatives Betriebsklima. Betreiben Sie ein modernes und schlankes Innovationsmanagement, das dem Stand des Wissens entspricht! Dazu gehört die aktive Verwaltung eines Ideenpools, der schnelle, mündliche (nicht schriftliche!) Austausch mit den Ideengebern und die unkomplizierte Vergabe von ersten Innovationsmitteln zur Weiterentwicklung von guten Ideen. Dazu gehört ein Stage-Gate-Prozess mit einfachen Kriterien zur Bewertung einer Innovation. Dazu gehört auch, Innovationsfreude von Mitarbeitern zu fordern und zu belohnen. Überprüfen Sie ihre Arbeitsverträge! Erziehen Sie Ihre Mitarbeiter zu Nein-Sagern statt

zu Ja-Sagern! Vermeiden Sie auch hier übermächtige Prozesse. Lassen Sie keine Businesspläne erstellen, sprechen Sie lieber mit den Innovatoren. Machen Sie Innovation abrechenbar und belohnbar. Geben Sie ein dediziertes Budget! Und geben Sie Freiräume!

4. Erkennen Sie gute Ideen!

Nutzen Sie alle sinnvollen Techniken, um gute Ideen zu generieren. Vermeiden Sie allgemeines Brainstorming! Es funktioniert nicht! Bereits seit 1958 ist wissenschaftlich bewiesen, dass die Methode des Brainstormings ideen- und motivationshemmend ist. Lernen Sie aus verwandten Industrien. Lernen Sie von Lead Usern. Nutzen Sie Trendscouts. Nutzen Sie die semantische Analyse Ihres Produktes, etwa durch Osbornes Checklist. Halten Sie Ausschau nach Regelbrüchen in Ihrem Geschäft. Halten Sie Ausschau nach Rulebreakern. Sprechen Sie mit ihnen. Hören Sie zu!

5. Werden Sie zur Plattform durch „elegante Organisation"

Innovation lebt vom Austausch bislang getrennter Welten. Erst das Überbrücken der Wissensklüfte zwischen Branchen, Unternehmen, Milieus, Nationen, Kulturen und Generationen, also das Überbrücken von sogenannten „structural holes" lässt im menschlichen Hirn jene kreativen Ideen entstehen, die die Basis für jede Innovation sind. Öffnen Sie Ihr Unternehmen. Werden Sie zum Netzwerk! Lassen Sie andere hereinschauen und profitieren Sie von deren Gedanken! Versuchen Sie keine neuen Communities aufzubauen, sondern schaffen Sie eine elegante Organisation für bestehende Communities. Dieses Rezept ist von Facebook-Chef Mark Zuckerberg, der im World Economic Forum in Davos erklärte, niemand könne Communities aufbauen und unter seine Kontrolle bringen. Sie existieren bereits und tun was sie wollen. Man könne aber zur Plattform für diese existierenden Communities werden, indem man ihnen hilft, das, was sie tun noch besser zu tun.[20] Helfen Sie der bestehenden Vordenker-Community in Ihrer Branche, noch besser zu werden! Werden Sie zur Innovationsplattform Ihrer Branche!

6. Orientieren Sie Ihr Unternehmen auf disruptive Innovationen

Die Innovationskraft von Unternehmen hat einen engen Zusammenhang mit einer entsprechenden Unternehmenskultur. Dies beginnt im Vorstand. Sorgen Sie dafür, dass der Vorstand persönlich die Entwicklung disruptiver Innovationen treibt. Und sorgen Sie dafür, dass jeder im Unternehmen das weiß! Sorgen Sie dafür, dass bestimmte Mitarbeiter nicht für das Einhalten der Regeln und Erfüllen von Aufgaben belohnt werden, sondern für den Regelbruch und das Denken des „Undenkbaren". Sorgen Sie dafür, dass Mitarbeiter die Angst vor dem Scheitern verlieren. Normalerweise haben disruptive Innovationen in Unternehmen keine Chance. Außer, wenn sie von einem Rulebreaker getrieben werden. Sie brauchen einen Rulebreaker

7. Finden Sie Rulebreaker

Halten Sie Ausschau nach Rulebreakern. Beginnen Sie in Ihrem eigenen Unternehmen. Achten Sie auf Menschen mit gebrochenen Lebensläufen und auf Menschen, die offensichtlich mehrere Neuanfänge gemacht haben. Achten Sie auf Menschen, die sichtbar und absichtlich Hierarchiestufen missachten, um eigenen Ideen zu platzieren. Achten Sie auf Menschen, die Risiken bewusst in Kauf nehmen und nach einem Scheitern wieder aufstehen und weiter machen. Treffen Sie sich außerhalb der Hierarchie mit diesen Menschen. Fragen Sie nach deren Ideen und hören Sie zu. Lassen Sie Ihre Gesprächspartner spüren, dass Sie deren Gedanken für wertvoll halten. Belohnen Sie Gedanken!

8. Werden Sie attraktiv für Rulebreaker

Rulebreaker erfüllen keine Arbeitsanweisungen. Wenn sie es tun, dann sind sie schlecht darin. Versuchen Sie nicht, ihnen Aufgaben zu geben. Versuchen Sie nicht, Rulebreaker an Problemen arbeiten zu lassen, die sie nicht interessieren. Bieten Sie Rulebreakern stattdessen die Möglichkeit, ihre eigenen Ideen umzusetzen. Bieten Sie ihnen Sicherheit. Finanzielle Sicherheit und Unabhängigkeit von den Abhängigkeiten der Unternehmensstruktur. Das Feindbild von Rulebreakern ist das Establishment. Und damit vielleicht auch Sie. Oder das eigene Unternehmen. Das ist nicht schlimm, sondern produktiv. Lassen Sie sich zum Feindbild machen!

9. Gründen Sie die siebeneinhalbte Etage

Wenn Sie einen Rulebreaker gefunden haben und feststellen, dass Sie für ihn attraktiv sind, dann gründen Sie eine eigene Abteilung für Rulebreaker oder noch besser, eine eigene Tochterfirma. Rulebreaking ist Chefsache: Ihr Rulebreaker braucht direkten Kontakt zum Vorstandsvorsitzenden. Lassen Sie den Rulebreaker sein Personal selbst auswählen. Sie werden sehen, dass er sich spannende Menschen aus den verschiedensten Bereichen zusammenstellt. Einen ThinkTank. Versuchen Sie den Wert dieser Denkfabrik zu verstehen. Er macht das für Sie, nicht für sich. Bieten Sie ihm einen besonderen Platz. Einen Platz, der ganz anders aussieht, als das übrige Unternehmen. Der vielleicht an einem anderen Ort liegt. Der nicht grau ist. Hier wohnen die Rulebreaker und diejenigen, die von ihnen lernen wollen.

10. Lassen Sie Rulebreaker unternehmerisch eigenständig arbeiten

Der größte Wert in den Augen Ihres Rulebreakers ist seine Unabhängigkeit. Er sieht sich auf gleicher Augenhöhe zu Ihnen, denn er entwickelt das Modell, von dem Sie in Zukunft leben werden. Halten Sie die Augenhöhe. Rulebreaker treiben vor allem Geschäftsmodellinnovationen mit hoher Innovationsintensität voran, auf die etablierte Unternehmen und deren Mitarbeiter allergisch reagieren. Halten Sie die typischen unternehmenspolitischen Spiele und Intrigen von ihm fern. Das ist nicht seine Welt. Er hat keine Motivation, sich auf diese Spiele einzulassen, denn er kämpft nicht um Positionen in der Hierarchie. Wenn Sie ihn nicht vor den Intrigen schützen, wird er lieber Ihr Unternehmen verlassen als seine Zeit für „sinnlose Kämpfe" aufzuwenden. Lassen Sie dem Rulebreaker unternehmerische Freiheit. Lassen Sie ihn agieren, wie ein Start-Up-Unternehmer. Lassen Sie nachhaltige Veränderung zu. Machen Sie kein „Projekt"! Es geht um die Veränderung Ihrer Geschäftsmodelle, nicht um ein temporäres „Projekt".

11. Kannibalisieren Sie sich selbst

Disruptive Innovationen können Ihr Geschäftsmodell verändern. Sie können es auch obsolet machen. Das ist gut so! Wenn ein Rulebreaker beginnt, Ihr Unternehmen von innen heraus anzugreifen, können Sie nur noch gewinnen. Entweder es gewinnt das etablierte Geschäftsmodell. Dann gewinnen Sie! Oder es gewinnt der Rulebreaker. Dann gewinnen Sie auch! Sie müssen Sie den Rulebreaker nur von den Kräften des Establishments schützen. Auf diese Weise besetzen sie wichtige Marktpositionen und schützen Ihr Unternehmen vor der Gefahr dass andere Unternehmen sie mit neuen Low-End-Geschäftsmodellen an den oberen Rand des Marktes und später nach oben aus dem Markt treiben.

12. Seien Sie intransparent!

Transparenz ist eine der ungeschriebenen Grundregeln des Innovationsmanagements. Sie erscheint wie ein natürliches Gebot. Ideengeber wollen wissen, wie ihre Idee bewertet wurde. Warum Sie von wem geprüft wurde. Sie wollen eine Begründung dafür, dass sie nicht weiterverfolgt wurde. Die meisten Vorschläge für Innovationen werden Sie ablehnen müssen. Genauer gesagt: Sie werden 99 von 100 Innovationsvorschlägen ablehnen müssen. Und, wenn Sie sich für ein transparentes Vorgehen entscheiden, werden Sie ihre Entscheidung nachvollziehbar begründen müssen. Schriftlich. Sie werden Diskussionen mit Ideengebern führen müssen, denn es wird Ihnen vorgeworfen, dass sie den Vorschlag falsch verstanden oder bewertet haben. Geschäftsgebietsleiter, Regulatoren, Aufsichtsräte und Mitarbeiter wollen wissen, wie es um Ihre Innovationsprojekte steht. Transparenz erzeugt Bürokratie! Leisten Sie Widerstand! Widerstehen Sie diesen Forderungen. Ansonsten riskieren Sie Ihre siebeneinhalbte Etage.

Wir haben beschrieben, dass Rulebreaker mit offenem Visier voranschreiten und ihre Pläne nicht geheim halten. Das stimmt. Aber Rulebreaker wollen dabei ihre Methoden und ihre tägliche Arbeitsweise nicht offengelegt sehen. Denn sie arbeiten zwar nicht mit illegalen, aber oft unkonventionellen Methoden, die gegen die unausgesprochenen Regeln des Unternehmens oder des Marktes verstoßen. Sie kopieren die Konkurrenz. Sie werben die spannendsten Mitarbeiter von Konkurrenten ab. Sie nutzen Informanten. Zwingen Sie sie nicht darüber zu reden! Ihre Rulebreaker kommen schneller voran, wenn Sie Ihnen ein gewisses Maß an Intransparenz erlauben. Lassen Sie sie zu ‚Skunk-Works' werden und vom Organisations-Chart verschwinden. Es ist besser, wenn sie sich auf die wirklich wichtigen Dinge konzentrieren!

13. Brechen Sie die Logik des schnellen Profits
Rulebreaker sind intrinsisch motiviert. Sie brauchen zwar Sicherheit und Unabhängigkeit, aber ihr vorrangiges Ziel ist nicht das schnelle Geld. Im Gegenteil! Sie wollen etwas Neues in die Welt bringen. Sie wollen etwas schaffen, das es noch nicht gibt und das die Welt an einer Stelle ein Stückchen voranbringt. Später, wenn sie bewiesen haben, dass ihre Innovation die richtige war und die Geschäftsmodelle der Branche verändert, dann geht es um Geld. Dann geht es um Skalierbarkeit der Modelle und Verkaufsoptionen für Anteile. Doch Rulebreaker sind keine Experten dafür. Wenn Rulebreaker sinnvoll für Ihr Unternehmen wirken sollen, dann müssen Sie es schaffen, die siebeneinhalbte Etage von der Logik der quartalsweisen Profitmaximierung und den zahlengetriebenen Berechnungsbestrebungen des Controllings zu befreien!

14. Lieben Sie seine Andersartigkeit
Rulebreaker verstoßen gegen die Spielregeln. Gegen gute Manieren, gegen eingefahrene Gepflogenheiten, gegen die Rules of Conduct, gegen die ungeschriebenen Regeln. Rulebreaker brechen Tabus. Sie verstoßen gegen Businessregeln und gegen die Regeln Ihrer Branche. Nehmen Sie das nicht persönlich. Es ist keine Missachtung Ihrer Kompetenz und Ihrer Leistung, beim Aufbau des bisherigen Geschäftsmodells. Der Rulebreaker hat einen anderen

Blickwinkel. Er schaut nicht zurück. Er schaut nach vorn. Denken Sie darüber nach, ob seine Sichtweise nicht besser den Nicht-Kundenbedürfnissen und dem veränderten Umfeld entspricht als Ihre. Er wird es Ihnen beweisen wollen. Er braucht Sie als Feindbild! Machen Sie es ihm nicht zu leicht!

15. Fangen Sie immer wieder von vorne an!
Alle erfolgreichen Rulebreaker kommen eines Tages in eine Situation, in der sie feststellen, dass sie sich kaum noch von der Masse des Marktes unterscheiden. Das Rulebreaking ist sozusagen aufgebraucht, die Masse der Nachahmer (Rulemaker, Ruletaker) hat deren eigene Nutzenkurven so an die Nutzenkurve der Rulebreaker angepasst, dass kaum noch Unterschiede bestehen. Wenn Sie diese Konvergenz der Nutzenkurven feststellen, dann ist Zeit für das nächste Rulebreaking. Zwingen Sie Ihren Rulebreaker nicht in das operative Management. Darin ist er kein Experte. Lassen Sie ihn weiter tun, worin er am Besten ist: Die Welt verändern. Schicken Sie ihn wieder aufs Meer!

Wie Sie uneroberte Märkte erkennen

Wir haben Ihnen auf den vorangegangenen Seiten versucht zu zeigen, dass das Erobern von neuen Märkten zuerst keine Frage der Prozesse, sondern eine Frage der Menschen ist. Für ein Rulebreaking braucht man Rulebreaker. Wie diese besondere Spezies von Menschen tickt und wie Unternehmen großen Nutzen aus ihnen ziehen können, haben wir schon beschrieben.

Doch selbst wenn Sie Ihre Rulebreaker gefunden haben, ist die Eroberung neuer Märkte kein Selbstläufer. Sie ist eine Frage der Anschauung. Vergessen Sie die Mär von den neuen Märkten ohne Konkurrenz. Diese konkurrenzlosen blauen Ozeane gibt es nicht. Es ist eine schöne Vorstellung, die unsere Angst vor harten Auseinandersetzungen um die Märkte der Zukunft in Watte packt und eine Markteroberung als Spazierfahrt auf ruhiger See darstellt. Dem ist nicht so. Zwei unserer zehn Rulebreaker haben Morddrohungen bekommen, zwei sind zwischendurch Pleite gegangen und die anderen haben ihre Familie und ihr Privatkonto aufs Spiel gesetzt. Die Eroberung neuer Märkte ist eine Frage der Anschauung, weil Sie die Frage beantworten müssen, ob Sie bereit sind, mehr zu riskieren als alle anderen, weiter zu gehen als alle anderen und aufzustehen, wenn andere liegen bleiben. Vergessen Sie die Vorstellung der blauen Ozeane. Rulebreaker sind Piraten, die mit kleinen Schnellbooten auf dem roten Ozean operieren.

Drittens dreht sich die Eroberung neuer Märkte um die Frage, ob Sie ein Gewässer finden, dass sich zum Angriff auf die Ozeanriesen eignet. Oder anders gesagt: Woran erkennt man eigentlich jene Bereiche und Branchen, in denen demnächst Regelbrüche zu erwarten sind?

Es gibt natürlich kein Patentrezept zum Erkennen künftiger Regelbrüche. Doch die Beobachtung zeigt durchaus Muster von Branchenkonstellationen, die offenbar geradezu nach Regelbrüchen verlangen. Für jene Piratenangriffe sind am besten die stillen, Ozeane geeignet, die lange keine Wellen erlebt haben, auf denen die ältesten und langsamsten Ozeanriesen fahren. Wir zeigen Ihnen, an welchen Mustern und Signalen Sie potenzielle Regelbruch-Branchen erkennen.

1. Signal: Hohe Margen und Fettschichten

Wenn die wichtigsten Akteure eines Marktes allesamt eine Hochpreisstrategie verfolgen, das heißt, die Marge auf das einzelne Produkt sehr hoch ist und sich um ein Produkt oder eine Dienstleistung herum eine „Fettschicht" von teuren Servicedienstleistern gebildet hat, ist dies ein Hinweis auf einen erfolgversprechenden Discountansatz. Dieser Regelbruch muss jedoch mit einem neuen Kundennutzen verbunden sein, wie Horst Rahe mit den AIDAs und Oliver Blume mit der easyApotheke demonstriert haben.

2. Signal: Überwiegend rationale Nutzenargumentation

Wenn die wichtigsten Akteure eines Marktes allesamt die rationalen Nutzenargumente für Produkte in den Vordergrund stellen, ist dies ein Hinweis darauf, dass ein Geschäftsmodell erfolgreich sein könnte, das konsequent auf den emotionalen Kundennutzen aufbaut. Beispiele für derartige Regelbrüche sind etwa Bio-Supermärkte, die inmitten des Preiskampfes unter Lebensmitteldiscountern die entstehen.

3. Signal: Emotionslose Lieferanten-Abnehmer-Verhältnisse in Commodity-Märkten

Ein Sonderfall des emotionalen Ansatzes in rationalen Märkten, sind Commodity-Märkte in denen die Kundenbeziehung nach wie vor über ein Lieferant-Abnehmer-Verhältnis definiert ist. Dies gilt etwa in Teilen für den Energiemarkt, die Wasserversorgung, die Abfallentsorgung, den Telefonmarkt, den öffentlichen Verkehr und ähnliche Utility Markets. Hier lässt sich oftmals dem Produkt ein Gesicht und eine Marke geben. Wenn dies mit einem zusätzlichen Kundennutzen verbunden wird, ist auch dieser Regelbruch erfolgversprechend, wie Michael Zerr mit Yello Strom demonstriert hat.

4. Signal: Massenprodukte für subjektive Erwartungshaltungen

Wenn die wichtigsten Akteure eines Marktes allesamt Massenprodukte anbieten, hingegen die Kunden eher subjektive Erwartungshaltungen an das jeweilige Produkt haben, dann ist das ein deutlicher Hinweis, dass ein Regelbruch hin zu individualisierten Produkten vielversprechend ist. Beispiele dafür sind der Zeitungsmarkt mit Wanja Oberhofs individueller Zeitung niiu oder der Werbemarkt mit Ulrich Hegges individueller Werbeausspielung durch Wunderloop. Durch die neuen technologischen Möglichkeiten des Internet wird dieses Muster für Regelbrüche früher oder später in nahezu jeder Branche anwendbar sein.

5. Signal: Weitgehend individualisierte Märkte

Ein möglicher Regelbruch für bereits individualisierte Märkte sind adaptive Produkte. In Märkten, in denen die Masse der Anbieter bereits individuelle Produkte anbietet, steigt die Wahrscheinlichkeit, dass es unbefriedigte Nicht-

Kundenbedürfnisse gibt, die die Produkte noch flexibler haben wollen. Die Steigerung von flexiblen Produkten sind adaptive Produkte. Während flexible Produkte veränderbar innerhalb eines bei der Produktion oder dem Verkauf vorgedachten Rahmens sind, können sich adaptive Produkte neuen und vorher unbekannten Nutzungsszenarien anpassen. Beispiele dafür sind die Planungen für sogenannte Mobility Service Provider in der Automobilbranche und jene Mobilfunkangebote, wie etwa Base, die keinerlei Grundgebühr kosten und monatlich neu auf verschiedenen Flatrate-Modulen kombinierbar sind.

6. Signal: Märkte mit Versorgungscharakter

In Luxusmärkten zielt die Nutzenargumentation für Produkte regelmäßig stark darauf ab, das entsprechende Produkt als Tool für das eigene Identitätsmanagement zu nutzen. Das Musterbeispiel ist Porsche, dessen Autos kaum gekauft werden, weil sie fahren, sondern weil der Besitzer damit seinen Nachbarn und Kollegen, seiner Familie und den Freunden zeigen kann, dass er ein toller Typ ist. Er betreibt Identitätsmanagement. In vielen anderen Märkten, in denen die Produkte eher Versorgungscharakter haben, lassen sich per Regelbruch Produkte einführen, deren zentrale Nutzenargumentation ebenfalls ist, als Tool für das Identitätsmanagement zu wirken. Nichts anderes meint etwa Michael Zerr mit Yello Strom, wenn er sagt, er habe den Kunden nicht mehr Strom, sondern ein Selbstkonzept verkauft.

7. Signal: Märkte, die auf Informationsherrschaft basieren

Wenn die wichtigsten Akteure in einem Markt ihre Geschäftsmodelle auf der Herrschaft über bestimmte Informationen oder dem vorzeitigen Besitz bestimmter Informationen aufbauen, dann ist das ein Hinweis darauf, dass die Regeln dieses Marktes mit einem Konzept der symmetrischen Informationsverteilung grundlegend gebrochen werden können. Diesen Ansatz verfolgt etwa Harald Blumenauer mit iMakler. Aufgrund der technologischen Entwicklung des Internet ist abzusehen, dass jegliche Geschäftsmodelle die bislang auf einer asymmetrischen Informationsverteilung basieren demnächst infrage stehen. Diese Sondersituation wird im kommenden Absatz nochmals ausführlicher behandelt.

8. Signal: Provisionsmärkte vs. Honorarmärkte

Wenn die wichtigsten Akteure im Markt ihre Geschäftsmodelle nach einem bestimmten Modell der Erlösströme betreiben, dann ist dies der deutliche Hinweis darauf, dass ein alternatives Erlösstrommodelle auf eine bislang unbefriedigte Nicht-Kundengruppe trifft. Dies gilt insbesondere für Branchen, die nach den sogenannten Provisionsmodellen arbeiten. Diese Muster sind das Zeichen dafür, dass sich etwa Honorarmodelle lohnen können. Beispiele sind der Bankenbereich mit der quirin bank, die Immobilienmaklerbranche mit iMakler aber potenziell auch jede andere Branche mit Provisionsmodell. Entgegengesetzt sind auch reine Honorarmärkte ein Signal für mögliche Regelbrüche durch Provisionsmodelle.

9. Signal: Auseinanderlaufende Entwicklungen in benachbarten Branchen

Wenn die Entwicklungen der Geschäftsmodelle in zwei strukturell ähnlichen Branchen signifikant auseinander laufen, dann ist dies der deutliche Hinweis darauf, dass zumindest in einer der beiden Branchen ein Regelbruch lukrativ scheint, indem die Geschäftsmodellentwicklung der anderen Branche nachvollzogen wird. Ein Musterbeispiel ist die Gründung der easyApotheken durch Oliver Blume. Er hat den Trend hin zu fachspezifischen Supermärkten aus der Einzelhandelsbranche nahezu original in die strukturell ähnliche Apothekerbranche kopiert und bei den Kunden vom ersten Tag an große Erfolge gefeiert. Dies ist potenziell in allen strukturell ähnlichen Branchen möglich. Unter Umständen kann sogar ein Regelbruch in die umgekehrte Richtung erfolgversprechend sein.

10. Signal: Dreiecksverhältnis zwischen Verkäufer, Nutzer und Bezahler

In Branchen, in denen der Nutzer eines Produktes nicht zugleich auch der Bezahler ist, lassen sich Regelbrüche durch Veränderungen in diesem Dreiecksverhältnis herstellen. Sollten die wichtigsten Akteure im Markt ihre Geschäftsmodelle etwa so definiert haben, dass der Bezahler ein Produkt bezahlt, der Nutzer es aber nutzt, so kann per Regelbruch die Zahlungsverpflichtung auf den Nutzer übergehen, selbstverständlich nur bei entsprechendem Zusatznutzen. Ein Beispiel dafür sind etwa Patienten, die ihre Arztrechnung für einen Zusatznutzen selbst bezahlen. Der Regelbruch funktioniert aber auch in die andere Richtung, sofern die wichtigsten Akteure im Markt ihre Geschäftsmodelle so definiert haben, dass der Nutzer zahlen muss. In diesem Fall kann per Regelbruch die Zahlungsverpflichtung auf einen dritten Bezahler übergehen. Diesen Regelbruch hat etwa die Firma Carglas vollzogen, wenn sie Kunden anbietet Steinschlagreparaturen kostenlos zu machen und sich die Kosten von den KFZ-Versicherungen zurück zu holen. Natürlich bedingen solcherart Regelbrüche neben der Verschiebung der Transaktionsstrukturen auch immer einen zusätzlichen und neuen Nicht-Kundennutzen.

Symmetrische Informationsverteilung ändert alle Märkte

Eine besonders tiefgreifende Marktveränderung, der sich seit einigen Jahren so gut wie jede Industrie stellen muss, ist die radikale Digitalisierung und das allgegenwärtige Internet. Sie geht einher mit den bekannten Veränderungen und Symptomen, wie etwa der ständigen Verfügbarkeit von Produkten und Dienstleistungen im Internet, verteilten Arbeitsteams, bedarfsgerechten Online-Orderprozessen, schneller Erfassung von Beständen und so weiter. Sie geht auch einher mit einer deutlichen Beschleunigung aller Geschäftsprozesse bis hin zu Echtzeit-Geschäftsprozessen. Und sie führt beim Konsumenten oft zu einer multioptionalen Orientierungslosigkeit, zu deren Beherrschung eigens neue Techniken und Werkzeuge benötigt werden.

Aber am radikalsten dürfte jene Veränderung sein, die die Digitalisierung hinsichtlich der Informationsasymmetrien zur Folge hat. Informationsasymmetrie bedeutet, dass bestimmte Personengruppen ausgewählte Informationen früher haben als andere. Die Information werden also nicht symmetrisch, zugleich an alle, sondern asymmetrisch verteilt.

Die Digitalisierung beseitigt Informationsasymmetrien rasant. War es zum Beispiel vor wenigen Jahren noch sinnvoll, aufgrund der regional unterschiedlichen Kaufkraft bei vielen Produkten auch regional unterschiedliche Preise anzusetzen, so ist dies im Internet-Zeitalter kaum noch möglich. Denn es fliegt auf! Und schon nach wenigen Minuten tauschen sich Internetnutzer über Ihre Preisstrategie aus.

Selbstverständlich ist es absehbar, dass gerade solche Geschäfte, die auf der Aufrechterhaltung oder Nutzung von Informationsasymmetrien basieren, unter dieser radikalen Veränderung leiden. Dies betrifft letztendlich alle Geschäfte, bei denen es Geheimnisse gibt oder bei denen ein Mehr an Wissen bares Geld wert ist. Zu den am ehesten betroffenen Branchen gehören Makler, bei denen die Geheiminformation die Adresse eines Objektes oder des Käufers ist. Ebenso direkt betroffen sind aber auch Beförderungs-, Kommunikations- und Energieversorgungsunternehmen, bei denen bislang die Preistransparenz für ähnliche oder gar identische Leistung oft nicht gegeben ist.

Es ist ganz natürlich, dass Rulebreaker sich gerade hier tummeln. Inmitten dieser radikalen Veränderung, die bestimmten Märkten die Lebensgrundlage zu rauben droht, spüren sie intuitiv die kommenden Regelbrüche. Im Gegensatz zu den etablierten Marktakteuren haben Rulebreaker nicht das Ziel, die Preistransparenz zu verhindern. Im Gegenteil. Sie wollen sie nutzen!

Die Geschichten von Rulebreaker-Maklern, Rulebreaker-Bankern, Rulebreaker-Werbern, Rulebreaker-Zeitungen und Rulebreaker-Apotheken zeigen auf, wohin die Reise für die Rulebreaker geht. Während die etablierten Unternehmen noch immer alles daran setzen, die als Folge der Digitalisierung abgebauten Informationsasymmetrien künstlich wiederherzustellen, greifen die Rulebreaker das Geschäft genüsslich von unten an. Die bekannten Billigfluglinien sind ein perfektes Beispiel für diese Strategie. Dieses Beispiel ist vermutlich in nahezu alle Branchen kopierbar. Dabei basiert die Strategie der Rulebreaker immer auf dem schnellen Abbau dieser Informationsasymmetrien im Bunde mit dem allgegenwärtigen Internet.

Handeln auch Sie wie Rulebreaker!

Rulebreaker sind besondere Menschen. Vielleicht haben Sie tatsächlich jenes „Häuptlings-Gen“ von dem Oliver Blume spricht. Vielleicht ist der Antrieb, die Welt stückchenweise zu verändern, den Bernd Kolb beschreibt, eine Frage der Sozialisation und Prägung in der Jugend. Doch was auch die Gründe dafür sein mögen, dass Rulebreaker sind wie sie sind, wir alle können von ihren ungewöhnlichen Strategien und Denkwelten lernen. Wir alle können zu Regelbrechern werden und starke Innovationen hervorbringen. Wir müssen nur wissen wie. Und wir müssen uns trauen!

Für das „Wie?“ gibt es dieses Buch! Für das „Trauen“ müssen Sie selbst sorgen!

Wir haben bei der Recherche für dieses Buch intensiv mit Innovationschefs, Rulebreakern und Zukunftsmanagern vieler Unternehmen und Branchen debattiert. Und wir haben die Teilnehmer von Deutschlands größtem ThinkTank zur Zukunftsforschung, dem 2b AHEAD ThinkTank, gebeten, mit uns gemeinsam jene Regeln des Regelbruchs zu entwerfen, mit denen jeder Einzelne unter uns zum Rulebreaker werden kann: Das Rulebreaker-Manifest.

Wir haben damals nicht damit gerechnet, dass uns schon wenige Wochen später wildfremde Vorstände und Change Manager ansprechen würden. „Wir haben das Rulebreaker-Manifest gerade an das ganze Team verteilt!“ hieß es in einer Zuschrift, viele andere waren ähnlich.

Probieren Sie es aus! Hängen Sie sich die Regeln über den Schreibtisch, an die Pinnwand, an den Kühlschrank.

Verteilen Sie das Manifest in Ihrer Firma. Wir sind gespannt auf Ihre Kritik, Ihre Anmerkungen und Ihre Ideen.

Denn dies soll kein Manifest im starren Sinne sein. Es ist ein Vorschlag und ein Einstieg in eine Diskussion. Mit Ihnen! Bitte helfen Sie uns, das Rulebreaker-Manifest weiterzuentwickeln. Wir brauchen Ihre Kommentare, Ihre Meinung und Ihre Impulse. Sie finden uns und die Diskussion aller Leser dieses Manifests im Internet unter der Adresse:

www.rulebreaker.co

Die Endung .co ist kein Druckfehler. Es ist die neue internationale Internetdomain für **Co**mmunity, **Co**operation und **Co**mmunication für soziale Netzwerke und Diskussionen. Probieren Sie es aus!

Das Rulebreaker-Manifest

1. Keine Firma wird über längere Zeit Marktführer bleiben.
2. Wenn ich mein eigenes Geschäftsmodell nicht angreife, wird jemand anderes dies tun. Wenn jemand anderes mein Geschäftsmodell angreift, dann wird dies radikaler und schädlicher sein, als wenn ich es selbst angreife.
3. Fortschritt von Geschäftsmodellen entsteht durch kreative Zerstörung und bisher unbekannte Re-Kombination von Geschäfts-Elementen.
4. Die meisten Regeln, die gebrochen werden müssen, sind mentale Regeln. Sie existieren nur durch meine Wahrnehmung und Kognition.
5. Die nicht-kodifizierten und die unausgesprochenen Regeln gehören zu den stärksten Regeln. Sie müssen zuerst gebrochen werden. Jene Regeln, die ich als allererstes brechen werde, sind die Tabus.
6. Digitalisierung und Internet-Technologie werden langfristig jedes Geschäft verändern. Sie beseitigen Informations-Asymmetrien. Ich versuche, mein Geschäft ohne Informations-Asymmetrien zu modellieren, da sie sowieso verschwinden werden.
7. Ich werde einen Markt immer aus der Nutzen-Perspektive definieren, inklusive aller funktionalen Äquivalente.
8. Wenn die Rulemaker ihren Markt ohne mich definieren, mache ich gute Fortschritte. Wenn die Rulemaker nervös werden, bin ich auf dem richtigen Weg. Wenn ich Widerstand von den Rulemakern bekomme, bin

ich bald am Ziel. Wenn die Rulemaker gegen mich vor Gericht ziehen, habe ich fast gewonnen.

9. Ich werde Regelbrechen nicht nur im Geschäftsleben, sondern auch in meinem Privatleben üben. Und ich werde mit den Konsequenzen leben.
10. Ich werde jeden Tag versuchen, gefeuert zu werden.

Anmerkungen

1. In Deutschland und Österreich heißt sie QWERTZ-Tastatur.
2. Zur Entwicklungsgeschichte von QWERTY vgl. u. a. Michael Adler: Antique Typewriters, Shiffer Books, Atglen, PA, USA, 1997; Leonard Dingwerth: Historische Schreibmaschinen, Battenberg Verlag, Regenstauf, 2008; Gerhard Ulbrich: Kleine Entwicklungsgeschichte der Schreibmaschine, Fachbuchverlag Leipzig, DDR, 1953; Wikipedia; Adler diskutiert und bezweifelt die im Beitrag dargestellte Zielgerichtetheit der QWERTY-Anordnung (Michael Adler: Antique Typewriters, Shiffer Books, Atglen, PA, USA, 1997).
3. Mark Pendergrast: Für Gott, Vaterland und Coca-Cola, Heyne Business, München, 1993.
4. In keinem einzigen Anzeigenmotiv erfrischen sich die Kinder an Coca-Cola. Oft weist vielmehr ein Zettel oder eine Unterhaltung darauf hin, dass Coca-Cola ausschließlich für den hart arbeitenden Weihnachtsmann reserviert ist. Vgl. Ulf Biedermann: Ein amerikanischer Traum, Rasch und Röhring, Hamburg, 1985, S. 54.
5. Vgl. u. a. Mark Pendergrast: Für Gott, Vaterland und Coca-Cola, Heyne Business, München, 1993; Ulf Biedermann: Ein amerikanischer Traum, Rasch und Röhring, Hamburg, 1985; Frederick Allen: Die Coca-Cola Story, VGS, Köln, 1994.
6. Vgl. verschiedene Versionen der Entwicklungsgeschichte der 3M-Post-it-Notes u. a. bei: www.invention.smithsonian.org; www.Snopes.com, www.MIT.edu; www.breakthroughideas.org
7. Geht oder steht.
8. In dieser Szene wurden Beschreibungen und Zitate verwendet aus Bernd Kreutz: Also ich glaube, Strom ist gelb, 2000.
9. In dieser Szene wurden Beschreibungen und Zitate verwendet aus Dirk Kurbjuweit: Der Mann, der den gelben Strom erfunden hat, in: Die Zeit (1999).
10. Dieser Dialog ist entnommen aus Tobias Engelmeier: Der Yunus-Virus, in: Süddeutsche Zeitung, 1. 2. 2009, www.sueddeutsche.de/wirtschaft/soziale-projekte-der-yunus-virus-1.481184
11. J. A. Schumpeter: Kapitalismus, Sozialismus und Demokratie, Tübingen (7., erweiterte Auflage 1993).

12. Henderson, Rebecca M. & Clark, Kim B. (1990) Architectural innovation: the reconfiguration of existing product technologies and the failure of established firms. In: Administrative Science Quarterly, 35, S. 9--30.
13. Utterback, James M. [1994], Mastering the Dynamics of Innovation, Boston: Harvard Business School.
14. Christensen, Clayton M. (1997). The innovator‘s dilemma: when new technologies cause great firms to fail. Harvard Business Press.
15. Chan Kim, W. und Mauborgne, R. (2005): Der Blaue Ozean als Strategie – Wie man neue Märkte schafft wo es keine Konkurrenz gibt, München, Seite 89 f.
16. Vgl. Foster, R. und Kaplan, S. (2001): Schöpfen und zerstören: Wie Unternehmen langfristig überleben, Frankfurt/Main
17. Vgl. Chan Kim, W. und Mauborgne, R. (2005): Der Blaue Ozean als Strategie – Wie man neue Märkte schafft wo es keine Konkurrenz gibt, München, Seite 17
18. Vgl. Geffroy, E. K. (2000): Clienting, Landsberg
19. Vgl. Chan Kim, W. und Mauborgne, R. (2005): Der Blaue Ozean als Strategie – Wie man neue Märkte schafft wo es keine Konkurrenz gibt, München, Seite 25
20. Vgl. Jarvis, J. (2009): Was würde Google tun? Wie man von den Erfolgsstrategien des Internet-Giganten profitiert, München (2. Auflage), Seite 87 ff

Anke van Beekhuis

Power sucht Frau

Übernehmen Sie Führung für Ihren Erfolg

In der Wirtschaft sind neue Zeiten für Frauen angebrochen! Es geht nicht länger darum, das Verhalten von Männern 1 : 1 zu kopieren, um an die Spitze zu kommen.

Glasklar spricht die Autorin jene Wahrheiten aus, die dazu führen, dass viele Frauen auch heute noch lieber still im Hintergrund werken, als die Lorbeeren für ihre Arbeit in Empfang zu nehmen.

Aus ihrer langjährigen Beratungstätigkeit weiß sie, dass das größte Hindernis für Frauen auf der Karriereleiter oft die Frauen selbst sind!

Dieses Buch macht auf die Stärken, aber auch auf die Schwächen von Frauen aufmerksam. Es bietet ein Rüstzeug dafür an, mit dem man als Frau in einer von Männern dominierten Business-Welt herausragen und erfolgreich sein kann.

GOLDEGG
VERLAG

Hardcover 256 Seiten
Format 13,5x21,5cm
ISBN: 978-3-902729-96-5

Preis: 22,00 €

Bestellen Sie unter +43 (0) 1 505 43 76-30 oder per Fax: +43 (0) 1 505 43 76-20 oder unter verlag@goldegg-verlag.com

Haben Sie sich schon einmal gefragt, wie [illegible]
unsere Welt wirklich verändern, [illegible]

Die Antwort lautet: Sie denken anders!

Die Autoren portraitieren in diesem Buch hochspannende Persönlichkeiten, die neue Märkte entdeckt, mit ihren Innovationen ganze Branchen an den Rand des Abgrunds gebracht und mit eigenen Händen unsere Welt nachhaltig verändert haben. So unterschiedlich ihre Geschichten und Charaktere auch sein mögen, sie alle kennen ein Erfolgsgeheimnis: Die Kunst des Regelbruchs! Sie suchen nach Regeln, die sie bewusst oder unbewusst aber immer mit Leidenschaft verletzen! Diese Menschen sind Rulebreaker.

Erfahren Sie …

… wie ein Reeder den Kreuzfahrtmarkt neu erfindet!

… wie ein Banker seine Branche revolutioniert!

… wie ein Immobilienmakler gegen seine ganze Zunft aufsteht!

… wie der neue Markt des Social Business erobert wurde!

… wie der deutsche Apothekermarkt aufgebrochen wurde!

Revolutionäre Ansätze verändern unser Leben – entdecken Sie, ob auch Sie zum Rulebreaker geboren sind!

9 783902 903686
ISBN: 978-3-902903-68-6

GOLDEGG